Arthur Schopenhauer
Metaphysik der Natur

Serie Piper
Band 362

Zu diesem Buch

»Die Philosophie Schopenhauers ist der absolute philosophische Ausdruck für den inneren Zustand des modernen Menschen.« (Georg Simmel) Schopenhauers große Vorlesung von 1820, die didaktische Fassung seines Hauptwerks »Die Welt als Wille und Vorstellung«, kann als Königsweg in das Zentrum seiner Philosophie gelten. Mit der »Metaphysik der Natur«, dem zweiten Teil der Vorlesung, beginnt der Piper Verlag eine Neuedition des seit Jahrzehnten vergriffenen Werks, die von dem Tübinger Philosophen Volker Spierling, einem ausgewiesenen Schopenhauer-Kenner, herausgegeben und eingeleitet wird.

Schopenhauers brisante Aktualität liegt in dem provozierenden Perspektivenwechsel, Natur auch als eigenständiges Subjekt – als »Wille« – zu begreifen, statt lediglich als nützliches Objekt von Wissenschaft und Technik, wie es für das neuzeitliche Denken symptomatisch geworden ist. Dagegen setzt Schopenhauer: »Die ganze Natur ist eine große Hieroglyphe, die einer Deutung bedarf.« Trotz der Kühnheit seines Denkens, das die verborgene metaphysische Innenseite der Natur zu erkennen sucht, ist Schopenhauer bemüht – geschult an Kants Erkenntnistheorie –, die Grenzen der menschlichen Erfahrung zu erkennen und sie nicht durch dogmatische Setzungen zu überschreiten.

Arthur Schopenhauer, geboren 1788 in Danzig, unternahm als Jugendlicher ausgedehnte Reisen durch Europa, studierte u. a. bei J. G. Fichte, wurde von Goethe in die Probleme der Farbentheorie eingeführt, habilitierte sich 1820 unter Mitwirkung Hegels in Berlin, lebte von 1833 bis zu seinem Tod 1860 meist als unbeachteter Privatgelehrter in Frankfurt am Main. Schopenhauer, der »Kaspar Hauser der Philosophieprofessoren« (F. A. Dorguth), begründete in seinem Hauptwerk »Die Welt als Wille und Vorstellung« (Bd. 1: 1819, Bd. 2: 1844) eine »Metaphysik aus empirischen Erkenntnisquellen«. Seine wichtigsten Werke dienen nur noch der Ergänzung und Fundierung: »Über die vierfache Wurzel des Satzes vom zureichenden Grund« (1813/1847), »Über den Willen in der Natur« (1836), »Die beiden Grundprobleme der Ethik« (1841) und »Parerga und Paralipomena« (1851).

Arthur Schopenhauer

Metaphysik der Natur

Philosophische Vorlesungen
Teil II

Herausgegeben und eingeleitet
von Volker Spierling

Piper
München Zürich

Textgrundlage: Arthur Schopenhauers handschriftlicher Nachlaß: Philosophische Vorlesungen, hrsg. von Franz Mockrauer. In: Arthur Schopenhauers sämtliche Werke, hrsg. von Dr. Paul Deussen, Bd. X, München: R. Piper & Co. 1913, S. 13–171.

ISBN 3-492-00662-0
Oktober 1984

Umschlag: Federico Luci, unter Verwendung
des Gemäldes »Der Wanderer über dem Nebelmeer«
von Caspar David Friedrich (Hamburger Kunsthalle)
Gesamtherstellung: Clausen & Bosse, Leck
Printed in Germany

Vorlesung

über

Die gesammte Philosophie

d. i.

Die Lehre vom Wesen der Welt und von dem menschlichen Geiste.

In vier Theilen.

Zweiter Theil: Metaphysik der Natur

1820.

Inhalt

Zur Neuausgabe 11

Volker Spierling
Erkenntnis und Natur 19

Arthur Schopenhauer
Metaphysik der Natur 53

Cap. 1. Ueber den Begriff der Metaphysik 55
Cap. 2. Das Problem der Metaphysik (und dessen Verhältniß zum Problem andrer Wissenschaften) 61

Cap. 3. Lösung des Problems durch vorläufige Nachweisung der Identität des Leibes mit dem Willen 70

Cap. 4. Problem des Wesens an sich der bloß in verständiger Anschauung gegebenen Objekte, und vorläufige Auflösung 78

Cap. 5. Nähere Nachweisung der Identität des Leibes mit dem Willen 83
Vorgängige Einsicht. Intelligibler Karakter und empirischer Karakter . 83
Der Leib selbst ist an sich Wille 88

Cap. 6. Anwendung dieser Einsicht auf die gesammte Natur zur Erkenntniß des Wesens an sich in aller Erscheinung 96

Cap. 7. Bestimmung des Begriffes Wille in seinem Gebrauch als Grundbegriff der Metaphysik 99

Cap. 8. Betrachtung des Willens als Dinges an sich und der ihm als solchem zukommenden *metaphysischen Eigenschaften.* (Einheit, Grundlosigkeit, Erkenntnißlosigkeit.) 104

Cap. 9. Betrachtung der Erscheinung des Willens als unabhängig von der Erkenntniß, und in dieser Hinsicht Nachweisung seiner Erscheinungen in der Stufenfolge abwärts, durch die ganze Natur 107

Triebe der Thiere 107

Auch alle Bewegung auf Reize ist Erscheinung des Willens. Blinder Bildungstrieb in Thieren und Pflanzen 116

Auch die unorganische Natur ist Erscheinung des Willens 122

Cap. 10. Verhältniß des Dinges an sich zu seiner Erscheinung, oder der Welt als Wille zur Welt als Vorstellung 129

Falsche Natur-Ansichten der Aristoteliker und eben so falsche der Kartesianer 133

Irrthum der Aetiologie ohne Ende und falscher Zurückführung ursprünglicher Kräfte auf andre 137

Metaphysische Einheit des Willens 143

Cap. 11. Die Stufen der Objektivation des Willens 145

Erklärung des Wortes Idee 145

Cap. 12. Stufenleiter der Objektivation des Willens in aufsteigender Linie 147

Unorganische Natur 147

Naturkraft 147

Gegensatz des Organischen und Unorganischen in Hinsicht auf Individuation und Individualität 149

Naturgesetze 152

Beispiel der Maschine 156

Gelegenheits-Ursachen 158

Aufgabe und Ziel der Aetiologie 163

Falsches Bestreben der Aetiologie in der Zurückführung der Kräfte auf einander 167

Innere Verwandschaft der Erscheinungen vermöge der Einheit des Dinges an sich 169

Daher Analogie des Typus der Organismen 170

Durchgängige Form der Polarität 170
Sieg der Erscheinungen höherer Stufen über niedrigere, besonders im Organismus 172
Kampf der Erscheinungen der verschiedenen Ideen in der Natur, auf allen Stufen 175
Organische Natur 178
Pflanzen 178
Thiere, Eintritt der Erkenntniß 181

Cap. 13. Verhältniß des Willens zur Abstufung und Vielheit seiner Erscheinungen 187

Cap. 14. Teleologie der Natur 190
Innere Zweckmäßigkeit 191
Aeußere Zweckmäßigkeit 200

Cap. 15. Schlußerläuterungen 208

Literatur 213

Zur Neuausgabe

Die umfangreichen Vorlesungen von Schopenhauer aus dem Jahre 1820 – rund 1100 Druckseiten – sind weitgehend unbekannt und auch in Fachdiskussionen unberücksichtigt geblieben. Sie wurden 1913 zum ersten und zum letzten Mal im Piper Verlag vollständig veröffentlicht als Band 9 und 10 der großen Schopenhauer-Ausgabe von Paul Deussen.[1] Lediglich die kurze lateinische Einführungsrede, die »Declamatio in laudem philosophiae«, fehlte. Sie wurde erst Jahrzehnte später von Arthur Hübscher in einer Akte entdeckt, in der sich Dokumente und Geschäftsbriefe von Schopenhauer befanden.[2] Die textkritische Herausgabe der beiden erwähnten Bände unternahm Franz Mockrauer. Da sie bereits sorgfältig bearbeitet vorlagen, verzichtete Hübscher darauf, sie in den von ihm herausgegebenen fünfbändigen »Handschriftlichen Nachlaß« Schopenhauers (1966–1975) einzugliedern:

> Dagegen sollen die in einer befriedigenden Edition vorliegenden, wenn auch z. Z. nur in größeren Bibliotheken greifbaren »Philosophischen Vorlesungen« Schopenhauers, die eine gemeinverständliche Zusammenfassung des Inhalts des 1. Bandes der »Welt als Wille Vorstellung« bieten, zunächst unberücksichtigt bleiben – sie könnten, wenn das Bedürfnis gegeben ist, immer noch angeschlossen werden.[3]

Unsere sukzessiv erscheinende Neuausgabe, die der Ausgabe von 1913 folgt, möchte die didaktisch abgefaßten Vorlesungen einem breiten, interessierten Publikum wieder leicht zugänglich machen. Für eine nochmalige textkritische Behandlung der »mustergültig veröffentlichten philosophischen Vorlesungen«[4] (Hübscher) bestand kein Anlaß, wohl aber für eine behutsame Textgestaltung. Sie verfolgt das Ziel, eine optimale Lesbarkeit zu erreichen, ohne zugleich den authentischen Haupttext verändern zu müssen.

Nach Beendigung des ersten Bandes seines Hauptwerks »Die Welt als Wille und Vorstellung« und einer elfmonatigen Erholungsreise nach Italien schreibt Schopenhauer Anfang Dezember 1819 an seinen ehemaligen Lehrer Johann Friedrich Blumenbach, Professor in Göttingen:

Nachdem nun besagtermaaßen die Lehrjahre und auch die Wanderjahre vorüber sind, glaube ich mir nunmehr den Doktorgrad auch selber bestätigen zu dürfen und fange an zu meinen, daß jetzt wohl Einer und der Andre Manches von mir möchte lernen können. Daher ist jetzt mein Plan mich auf einer Universität zu habilitiren, um denen die es etwa hören möchten, spekulative Philosophie nach meiner Weise vorzutragen. Meine Absicht schwankt zwischen Göttingen, Berlin und Heidelberg.[5]

Ähnlich schreibt er am 13.12.1819 an den Berliner Professor der Zoologie, Martin Hinrich Carl Lichtenstein, ebenfalls einen seiner früheren Hochschullehrer:

Mir liegt hauptsächlich daran, persönlich wirksam zu werden, doch endlich eine bürgerliche Existenz zu haben, mit einzugreifen; obgleich der Hauptzweck meines Lebens in meinem letzten Werk völlig erreicht ist.[6]

Schopenhauer habilitiert sich in Berlin als Privatdozent und hält am 23.3.1820 seine Probevorlesung »Über die vier verschiedenen Arten der Ursachen«. In einer Mitteilung von Carl Georg Bähr, die sich auf Schopenhauer beruft, heißt es, daß Hegel, der Schopenhauers Thema zuvor bereitwillig genehmigt hatte, den Vortrag durch eine Zwischenfrage unterbrochen habe:

Wenn nun ein Pferd sich auf der Straße hinlegt, was ist da Motiv?
Antw. Der Boden, den es unter sich findet, im Zusammentreffen mit seiner Müdigkeit, einer Gemüthsbeschaffenheit des Pferdes. Stünde das Pferd an einem Abgrund, so würde es sich nicht niederlegen.
Einwurf: Sie rechnen die animalischen Funktionen gleichfalls zu den Motiven? Also der Schlag des Herzens, der Blutumlauf usw. erfolgt auf Anlaß von Motiven? – ›Da zeigte sich Monsieur Nichtswisser.‹ –
Antw. Nicht diese heißen animalische Funktionen. In der Physiologie nennt man so die bewußten Bewegungen des thierischen Leibes. Ich berufe mich hier nur auf Hallers Physiologie usw.
Einwurf: Ach, aber das versteht man nicht unter animalischen Funktionen. Da steht ein Mediciner von Fach [Lichtenstein] auf, unterbricht Hegel und sagt: Herr Doctor, verzeihen Sie, wenn ich mich dazwischen lege, aber ich muß Herrn Doctor Schopenhauer in diesem Falle Recht geben, unsere Wissenschaft nennt allerdings die von ihm mit diesem Namen benannten Funktionen die animalischen. –

Hiermit wurde die Disputation beschlossen – und Schopenhauer in die Reihe der Docenten aufgenommen. Böckh hatte den Vorsitz. Und so hatte Schopenhauer seinen Vortrag nicht ganz bis zu Ende gehalten. Er war ursprünglich auf eine Stunde berechnet.[7]

Eine Bestätigung von anderer Seite liegt nicht vor.

Schopenhauers »Declamatio« leitet Ende März 1820 seine Vorlesungen ein. Sie greift die in Berlin herrschende nachkantische Philosophie an, indem sie deren Vertreter unverblümt und warnend für den allgemeinen wie auch sprachlichen Niedergang der Philosophie verantwortlich macht. Die »Declamatio« bringt Schopenhauers Anliegen, für das er sich als Dozent der Universität Berlin einsetzen wollte, emphatisch zum Ausdruck:

In der neuesten Zeit aber, gegen Ende des vorigen Jahrhunderts, stand unser Landsmann Kant auf, den ich allen Philosophen seit der Zeit Platons voranstellen möchte. Vor unseren Augen veränderte er die ganze Methode der Philosophie, er untersuchte nur das, was sich dem Scharfsinn so vieler und so großer Männer entzogen hatte, und wurde deshalb mit wohlverdienten Anerkennungen und mit gebührendem Ruhme in den Himmel gehoben. Dieser Anstoß bewirkte, daß die edle Beschäftigung mit der Philosophie, mochte sie in den andern europäischen Ländern noch im Schlafe liegen, in Deutschland auf erstaunliche Weise wieder auflebte. Schon hatte sich die Philosophie des Denkens aller und auch der Halbgebildeten bemächtigt, und jeder führte die neue und vorher nicht erhörte Weisheit im Munde. Leider aber erlahmte der rührige Eifer in kurzer Zeit, er wurde ausgelöscht, gleichwie ein Feuer unter der allzugroßen Menge des aufgelegten Holzes, das ihm Nahrung geben sollte, begraben und erstickt wird. Bald nämlich traten auf einmal so viele Weisheitslehrer auf, so viele Schöpfer neuer Systeme, so viele Paradoxe wurden auf Paradoxe gehäuft, und daraus kamen so große Widersprüche, so viele Meinungsverschiedenheiten, Streitigkeiten und Händel, und überdies wurde die Sache in einer so barbarischen und dunklen Sprache verhandelt, daß die menschliche Denkkraft, von so viel Geräusch und so vielen aufdringlichen Wortkämpfen ermüdet, zugleich jedoch in ihrer Hoffnung enttäuscht, allmählich im Eifer des Lesens und des Hörens ermattete und die Philosophie in einem Zeitraum von zwanzig Jahren aus dem Stande der höchsten Ausbildung und des höchsten Ruhmes wieder in Verachtung und Vernachlässigung zurückfiel. Dieser Niedergang aber ist keineswegs der Philosophie, sondern einzig jenen zur Last zu legen, die gegen den Willen Minervas ihr genaht waren und sie verkehrt betrieben hatten. Deshalb haben wir keine Sorge, daß jene Vernachlässigung und Geringschätzung, unter der heute die vor allen anderen erhabene und edelste Wissenschaft leidet, ewig andauern und daß der Philosophie nicht wiederum ein Rächer erstehen werde, der sie, mit stärkeren Kräften ausgerüstet, in ihren alten Glanz und den gebührenden Ruhm wieder einsetzen werde.[8]

Je stärker seine Überzeugung von der Sache war, die er zu vertreten gedachte, und von seiner dazu berufenen Person, desto nachhaltiger mußte sein Scheitern als Hochschullehrer auf ihn gewirkt haben. Wegen des Desinteresses der Studenten hält Schopenhauer nur ein einziges Mal, im Sommersemester 1820, die große Vorlesung, mit deren Herausgabe dieser Band beginnt. Der Lektionskatalog vom Sommer 1820 zeigt an: »*Die gesamte Philosophie* oder *die Lehre vom Wesen der Welt und dem menschlichen Geiste*, Herr *Dr. Schopenhauer*, sechsmal wöchentlich von 4–5 Uhr.«[9] Gleichwohl kündigt er noch bis zum Wintersemester 1831/32 weitere Vorlesungen an. Keine von ihnen hat er mehr gehalten. Auch die provozierend gezielte Festsetzung der Stunde seiner Vorlesungen – »am passendesten ist wohl die, wo Herr Prof: Hegel sein Hauptkollegium liest«[10] – trägt zum Scheitern seiner Universitätskarriere bei. Neben Hegels Ruf und Zulauf bleibt der Unbekannte gänzlich unbeachtet. Schopenhauers Enttäuschung und Groll entladen sich später, abgesehen von vielen in seinen Schriften verstreuten Haßtiraden gegen Hegel, in die auch Schelling und sein früherer Lehrer Fichte einbezogen werden, in dem Essay »Über die Universitäts-Philosophie«.[11] Er stellt ihm als Motto das Platon-Zitat voran:

In Verachtung ist die Philosophie deshalb geraten, weil man sich nicht mit ihr befaßt, wie es sich gehört; denn nicht die unechten, sondern die echten Philosophen sollten sich mit ihr befassen.

Diese verächtliche Haltung, die Schopenhauer mit philosophischen Sachargumenten stützt[12], behält er sein Leben lang bei, selbst in den letzten Jahren zwischen 1850 und 1860, in denen seine Philosophie mehr und mehr Beachtung findet. Folgende Episode gibt auf ihre Weise davon Kunde. Im Jahr 1854 wird Schopenhauer von einem »leibhaftigen Philosophieprofessor«[13] aufgesucht, von Georg F. Ludwig W. Weißenborn:

[Schopenhauer bat] den Besuch, Platz zu nehmen, und wandte sich zur Tür, um nach dem Kaffee zu rufen. In dem Augenblick hub Professor Weißenborn an zu rühmen, wie jetzt ein Philosophieprofessor nach dem andern von dem hellen Licht der Philosophie Schopenhauers bezwungen werde; ihm selbst sei es ja nicht anders gegangen. Da blieb Schopenhauer stehen und knurrte den Sprecher an: »Ich wollte, Ihr wäret alle miteinander echte Skorpione!«

»Wie«, sagte Professor Weißenborn, »Skorpione? Wieso?« ...

»Ja, ja! Skorpione! Wissen Sie: ich hatte heute mittag interessanten Besuch, den englischen Naturforscher Allen Thomson, den, der auf Skorpione Jagd macht. Die lieben Tiere kennen Sie doch? Diese greulichen Gliederspinnen mit den zwickenden Kieferfühlern und dem Giftstachel am Ende des Schwanzes: richtige Philosophieprofessoren! Von denen hat mir der Thomson erzählt, wie sie Selbstmord begehen.«

»Was?« sagte Professor Weißenborn, »Selbstmord?«, und er versuchte zu lächeln.

»Jawohl, Selbstmord! Hören Sie nur! Ein dutzendmal hat der Thomson das Experiment gemacht: Er setzt einen Skorpion unter ein Wasserglas und läßt ihn drin, bis es dunkel geworden. Dann nimmt er eine brennende Kerze und hält sie dicht an das Glas. Sofort beginnt der Skorpion in seinem Glaskäfig herumzurasen, als wollte er vor dem Lichte fliehen. Da das aber ruhig weiterleuchtet, wird das Licht dem Skorpion augenscheinlich unerträglich. Er bleibt plötzlich stehen, streckt den Schwanz über seinen Rücken so weit nach vorn, bis der Giftstachel über dem Kopfe hängt, dann stößt er sich ihn wie einen Dolch in die Schädeldecke. Und in zwei Sekunden ist er tot. Sehen Sie, lieber Freund, die brennende Kerze, das ist meine Philosophie. Und die Skorpione, die wahrlich lange genug gezwickt haben, sollten nun auch den Mut haben, da sie dem Licht doch nicht entschlüpfen können, sich selbst auszulöschen.«

Professor Weißenborn lächelte etwas gezwungen, dann dankte er für das anregende Gespräch, verneigte sich und ging rasch zur Türe.[14]

Schopenhauers Vorlesungen umfassen insgesamt: 1. die »Probevorlesung über die vier verschiedenen Arten der Ursachen« (Gelesen am 23. 3. 1820), 2. die »Declamatio in laudem philosophiae« (Gelesen im März 1820), 3. die »Vorlesung über Die gesammte Philosophie d. i. Die Lehre vom Wesen der Welt und von dem menschlichen Geiste. In vier Theilen« (gelesen im Sommer 1820; angekündigt im Winter 1820/21, Sommer 1821, Sommer 1822), 4. die »Vorlesung über die Grundlegung zur Philosophie oder die Theorie der gesammten Erkenntniß«, in den Manuskripten auch »Dianoiologie« genannt (nicht gelesen; angekündigt im Winter 1821/22 und alle Semester seit Winter 1826/27 bis einschließlich Winter 1831/32).

Die »Dianoiologie« hat Schopenhauer weitgehend in den ersten Teil der »Vorlesung über Die gesammte Philosophie« eingearbeitet. Die beiden Vorlesungen lassen sich nicht mehr mit Sicherheit in ihre ursprünglichen zwei Fassungen zerlegen. Diese Einverleibung der »Dianoiologie« in die alle philosophischen Disziplinen umfassende große Vorlesung ist der Grund dafür, daß der erste Vorlesungsteil, der erkenntnistheoretische, so umfangreich ausfällt und etwa die Hälfte des Gesamttextes beansprucht.

Die vollständige Neuedition bringt nacheinander die vierteilige »Vorlesung über Die gesammte Philosophie« zusammen mit der textintegrierten »Dianoiologie« heraus. Die vier Teile entsprechen der Abfolge der vier Bücher des ersten Bandes der »Welt als Wille und Vorstellung« (1819) und lehnen sich auch inhaltlich eng an ihn an beziehungsweise sind über Strecken mit ihm identisch – jedoch versehen mit zusätzlichen, zum Teil sehr ausführlichen und auf Verständlichkeit bedachten Ergänzungen sowie Erläuterungen. Die einzelnen Teile sind betitelt: »Erster Theil. Theorie des gesammten Vorstellens, Denkens und Erkennens«, »Zweiter Theil. Metaphysik der Natur«, »Dritter Theil. Metaphysik des Schönen«, »Vierter Theil. Metaphysik der Sitten«.

Die Neuedition beginnt mit dem zweiten Teil, über den der Zugang zum Werk leichter zu gewinnen ist als über den umfangreichen ersten. Schopenhauer entfaltet den Grundgedanken seiner Metaphysik in diesem zweiten Teil. Ihm sollen der dritte, der vierte und schließlich der erste Teil folgen. Um mühsames Blättern und störende Unterbrechungen der Gedankengänge zu vermeiden, wurden Schopenhauers inhaltliche Marginalien und Anmerkungen sowie die Übersetzungen seiner Fremdsprachenzitate und seltener Fremdwörter in eckigen Klammern in den Text gesetzt. Schopenhauers Zusätze sind kenntlich gemacht [»daneben am Rand«, »Fußnoten« etc.]. Seine Fußnoten, in denen er ohne nähere inhaltliche Hinweise auf seine Manuskripte verweist, wurden weggelassen. Ebenfalls weggelassen wurden alle früheren eckigen Klammern, mit denen Mockrauer Schopenhauers handschriftliche Abkürzungen kenntlich machte, ferner alle Ziffern in eckigen Klammern, die die Bogennummern des Manuskripts angaben. Schließlich entfielen noch die Anmerkungen Mockrauers, die hauptsächlich die Zusätze der Vorlesungen gegenüber dem ersten Band der »Welt als Wille und Vorstellung« detailliert bis hin zur genauen Zeilenangabe registrierten. Die originale Orthographie und Interpunktion Schopenhauers wurden beibehalten, was die Lesbarkeit nicht vermindert, aber den historischen Abstand anzeigt, der zwischen uns und dem Text liegt. Ebenso beibehalten wurden Schopenhauers Markierungen verschiedener Textstellen mit (»illustr.«), die er seinen Studenten ad hoc mit Beispielen oder Ergänzungen verdeutlichen wollte.

Insgesamt gilt: Der Grundtext ist mit der Ausgabe von 1913 identisch, der Anmerkungsapparat dagegen wird vereinfacht vorgelegt. Die Ausgabe ist für den philosophisch-problemgeschichtlich interessierten Leser gedacht. Wer philologisch-textkritischen Fragestellungen nachgeht, wird auch die alte Ausgabe konsultieren.

Die Einleitung »Erkenntnis und Natur« versucht, Schopenhauers erkenntnistheoretische Grundproblematik zu skizzieren, um damit auch den zunächst zurückgestellten ersten Vorlesungsteil in den Kontext der »Metaphysik« mit einzubeziehen. Gleichzeitig führt sie in das Zentrum der unabgeschlossenen Diskussion über die Philosophie Schopenhauers.

Tübingen, im Mai 1984 Volker Spierling

Anmerkungen

(Verzeichnis der Siglen s. u., S. 47 f.)

1 Vorl. I und II. – In kurzen Auszügen wurden die Vorlesungen veröffentlicht in: E. O. Lindner und J. Frauenstädt: Arthur Schopenhauer. Von ihm. Ueber ihn. Berlin 1863, S. 739–762; ferner in: E. Grisebach (Hrsg.): Arthur Schopenhauers handschriftlicher Nachlaß. Leipzig 1891–1893, Bd. II, S. 7–67 und weitere Bruchstücke in Bd. IV, S. 372–412.
2 32. Jb. 1945–1948, S. 3–14.
3 HN I, S. XII.
4 Bibliogr, Nr. 155, S. 52.
5 GBr, Nr. 53, S. 43.
6 GBr, Nr. 55, S. 46.
7 Gespr, Nr. 57, S. 47 f. – Vgl. Hegels flüchtige Bleistiftnotizen von Schopenhauers Probevorlesung (A. Hübscher: Schopenhauer als Hochschullehrer, 39. Jb. 1958, S. 172 ff.).
8 32. Jb. 1945–1948, S. 12.
9 Vorl I, S. XI.
10 GBr, Nr. 57, S. 55.
11 P I, S. 147–210, 171–242.
12 Ebd.
13 GBr, Nr. 334, S. 346.
14 Gespr Nr. 320, S. 180 f. – Vgl. die kritische Würdigung dieses Gesprächs mit H. Zint, 17. Jb. 1930, S. 329 ff.

Volker Spierling

Erkenntnis und Natur

Die Welt ist nicht weniger in uns,
als wir in ihr.
Schopenhauer

1. *Der sechste Sinn der Fledermäuse*

Arthur Schopenhauer besteigt am 3. Juni 1804 den Mt. Pilatus in der Schweiz. Es ist die erste Gipfelbesteigung des Siebzehnjährigen. In sein Reisetagebuch schreibt er:

Ich wurde jetzt nach u. nach entsetzlich müde, meine Ruhepunkte wurden immer häufiger u. länger. Endlich sank ich wenn ich funfzehn Schritt gemacht hatte, jedes Mal ermattet nieder, u. stand dann auf um wieder so weit zu gehn. [...] Schon gleich nach dem ich das waldige Vorgebürge verlassen hatte, erhob sich nach u. nach die Aussicht: doch jetzt lag sie in ihrer unendlichen unbeschreiblichen Pracht vor mir. Mir schwindelte als ich den ersten Blick auf den gefüllten Raum warf, den ich vor mir hatte. Auf der Einen Seite übersah ich den größten Theil der sogenannten kleinen Kantone: u. wenn ich mich umwand reichte mein Blick bis zum fernen Jura der hell im Nebel verschwandt. Welche unzähliche Menge von Städten u. Dörfern, von niedrigern Bergen, von Landseen u. glänzenden Flüssen, wie viel angebautes Land, u. Wiesen u. Wälder, erglänzten, jegliches in seiner eignen Farbe, verwirrten u. blendeten mich! Ich finde daß eine solche Aussicht von einem hohen Berge außerordentlich viel zur Erweiterung der Begriffe bey trägt. Sie ist von jeder andern so ganz verschieden, daß es unmöglich ist, ohne sie gesehn zu haben sich einen deutlichen Begriff davon zu machen. Alle kleinen Gegenstände verschwinden, nur das große behält seine Gestalt bey. Alles verläuft in einander, man sieht nicht eine Menge kleiner abgesonderter Gegenstände, sondern ein großes, buntes, glänzendes Bild, auf dem das Auge mit Wohlgefallen weilt. Dinge die unten so groß scheinen, die Gegenstände vieler Bemühungen u. Entwürfe sind, sind, wenn man oben steht verschwunden [...] Die Welt so von oben zu überschauen, ist ein so eigenthümlicher Anblick, daß ich dencke, daß er für den der von Sorgen gedrückt ist, etwas sehr tröstliches haben muß.[1]

Schopenhauer wird schwindlig, als er den ersten Blick von der

Gipfelhöhe auf die »unbeschreibliche Pracht« wirft. Er ist zunächst der Fülle des Anblicks nicht gewachsen. »Verwirrt und geblendet« muß er sich erst an das Aussehen der Natur gewöhnen und ihr großes Bild in sich aufnehmen. Schopenhauer ist ganz bei der Sache. »Welchen Gegenstand ich betrachte, der bin ich«, schreibt er später in seinem handschriftlichen Nachlaß. »Sehe ich den Berg, mit blauem Himmel dahinter und Sonnenstrahlen auf dem Gipfel, so bin ich nichts als dieser Berg, dieser Himmel, diese Strahlen: und das Objekt erscheint, rein aufgefaßt, in unendlicher Schönheit«[2]. Die schöne Anschauung nimmt das Bewußtsein ganz ein und drängt ablenkende Regungen des Willens zurück.

Dieses intuitive Naturerleben, in dem auch Schopenhauers spätere Kunsttheorie schon anklingt, prägt – zusammen mit ähnlichen Erlebnissen dieser Art[3] – sein weiteres Denken. Er gewinnt die Überzeugung, daß es notwendig ist, etwas aus eigener Anschauung zu kennen, um sich einen deutlichen Begriff davon machen zu können. Begriffe können Anschauungen nicht ersetzen. Eine neue Erkenntnis, eine »Erweiterung der Begriffe«, hängt entscheidend von Anschauungen ab: Sie ist an *Empirie* gebunden.

Bei dieser Ein-Sicht handelt es sich nicht um die abstrakte Kenntnis eines Sachverhalts, die auch ein Text mitteilen könnte, z. B. der vorliegende, sondern hier geht es um die Umwendung einer gewohnten Erkenntnishaltung durch lebendige Evidenzerlebnisse.[4] Ein neues, wirklichkeitsnahes Sichzurechtfinden stellt sich ein. Als Begriffsreisender begann Schopenhauer den Aufstieg, als Anschauungsreisender wandert er hinab: Das habe ich mir ganz anders vorgestellt. »Ich traute kaum meinen Augen.«[6] Unter ihm liegt das Nebelmeer der vorgefaßten Meinungen und das Wetteifern um die Begriffsschatten konkurrierender Bücher. Der neue Blick – »die Welt so von oben zu überschauen« – läßt ihn auch an Trost für die denken, die von ihren Sorgen gefesselt sind. Die Problematik dagegen, daß die sinnliche Gewißheit relativ ist und auch täuschen kann, geht zwar in das Naturerlebnis des jugendlichen Schopenhauer mit ein, bleibt aber noch unthematisiert.[5]

Die pädagogische Bedeutung seiner großen Reise quer durch

Europa von Mai 1803 bis August 1804 hebt Schopenhauer 1820 in seinem Lebenslauf für die Berliner Universität anläßlich seiner Habilitation ausdrücklich hervor:

Denn gerade in den Jahren der erwachenden Mannbarkeit, in welchen die menschliche Seele sowohl Eindrücken jeder Art am meisten offen steht, als nach der Aufnahme und Erkenntnis der Dinge am stärksten verlangt und neugierig ist, wurde mein Geist, nicht, wie gewöhnlich geschieht, mit leeren Worten und Berichten von Dingen, von denen er noch keine richtige und sachgemäße Kenntnis haben konnte, angefüllt und auf diese Weise die ursprüngliche Schärfe des Verstandes abgestumpft und ermüdet; sondern statt dessen durch die Anschauung der Dinge genährt und wahrhaft unterrichtet und lernte daher, was und wie die Dinge seien, früher als er die über ihre Beschaffenheit und Veränderung fortgepflanzten Meinungen in sich aufgenommen hatte. Besonders erfreue ich mich dessen, daß mich dieser Bildungsgang frühzeitig daran gewöhnt hat, mich nicht mit den bloßen Namen von Dingen zufrieden zu geben, sondern die Betrachtung und Untersuchung der Dinge selbst und ihre aus der Anschauung erwachsende Erkenntnis dem Wortschalle entschieden vorzuziehen, weshalb ich später nie Gefahr lief, Worte für Dinge zu nehmen.[7]

Interessant und aufschlußreich ist, daß acht Jahre vor Schopenhauers Naturerlebnis in der Schweiz sein Antipode Hegel eine Reise in die Berner Oberalpen unternimmt (1796) und sich schrecklich langweilt, weil die Dialektik der Berge so phlegmatisch innezuhalten scheint. Hegel schreibt in sein Tagebuch:

Weder das Auge noch die Einbildungskraft findet auf diesen formlosen Massen irgendeinen Punkt, auf dem jenes mit Wohlgefallen ruhen oder wo diese Beschäftigung oder ein Spiel finden könnte. Der Mineralog allein findet Stoff, über die Revolutionen dieser Gebirge unzureichende Mutmaßungen zu wagen. Die Vernunft findet in dem Gedanken der Dauer dieser Berge oder in der Art von Erhabenheit, die man ihnen zuschreibt, nichts, das ihr imponiert, das ihr Staunen und Bewunderung abnötigte. Der Anblick dieser ewig toten Massen gab mir nichts als die einförmige und in die Länge langweilige Vorstellung: *es ist so.*[8]

Hegel möchte mehr Aktion beim Fern-Sehen, verweilende Kontemplation ist seine Sache nicht.

Ist Schopenhauers System auch nicht aus seinen Reiseerfahrungen oder aus weiteren Aspekten seines Lebenslaufs abzuleiten, so lassen sich doch enge Zusammenhänge nachweisen zwischen seinem Leben und seiner Philosophie. Schopenhauers Denken ist ein geistiges Selbstporträt. Gleichwohl durchkreuzt und durchformt das Medium, in dem er seine Lebenserfahrungen auszudrücken und zu reflektieren sucht, der zu Beginn des

19. Jahrhunderts vorgegebene Problemstand der Philosophiegeschichte, sein Selbstdenken. »Denn der jedesmalige Zeitgeist gleicht einem scharfen Ostwinde, der durch Alles hindurchbläst.«[9] Die Lebendigkeit seines Denkens aber bleibt erhalten, weil er seiner persönlichen, ursprünglichen Erfahrung zeitlebens eine große philosophische Bedeutung beimißt.

Schopenhauer ist Anschauungsdenker, kein »Begriffsarchitekt«. Er nennt die Anschauungen »primäre«, die Begriffe »sekundäre Vorstellungen«. Der Vorrang der Anschauung gegenüber dem »Hin- und Herwerfen mit abstrakten Begriffen nach Art der algebraischen Gleichungen« ist ein Grundzug seiner Philosophie. Da Begriffe ihren Stoff von dem anschauenden Erkennen entlehnen und somit das ganze Gebäude unserer Gedankenwelt auf der Welt der Anschauungen ruht, so muß jeder Begriff unmittelbar oder mittelbar durch exemplarische Anschauungen belegt werden können. Andernfalls haben wir nicht Begriffe, sondern »beinahe« bloße Worte im Kopf gehabt. Beispiele solch »leerer Hülsen« sind: das Absolute, absolute Substanz, Gott, absolute Identität, Sein, Wesen, Endliches, Unendliches, Grund. Mit solchen Begriffshülsen, also mit bloßen Worten, zu denken läßt eine ähnliche Empfindung entstehen wie bei dem Versuch, sehr leichte Körper zu werfen. Kraft und Anstrengung sind da, aber das Objekt vermag sie nicht voll aufzunehmen.[10]

Mephisto verspottet in Goethes »Faust« die Wortdenker. Verkleidet als Faust gewährt er dem ratsuchenden Schüler bereitwillig Studienberatung:

MEPHISTOPHELES. Nachher, vor allen andern Sachen,
Müßt Ihr Euch an die Metaphysik machen!
Da seht, daß Ihr tiefsinnig faßt,
Was in des Menschen Hirn nicht paßt!
Für was drein geht und nicht drein geht,
Ein prächtig Wort zu Diensten steht.
[...]
Im ganzen: haltet Euch an Worte!
Dann geht Ihr durch die sichre Pforte
Zum Tempel der Gewißheit ein.
SCHÜLER. Doch ein Begriff muß bei dem Worte sein.
MEPHISTOPHELES. Schon gut! Nur muß man sich nicht allzu ängstlich quälen;
Denn eben, wo Begriffe fehlen,

Da stellt ein Wort zur rechten Zeit sich ein.
Mit Worten läßt sich trefflich streiten,
Mit Worten ein System bereiten,
An Worte läßt sich trefflich glauben,
Von einem Wort läßt sich kein Iota rauben.[11]

Demgegenüber ist für unseren Intellekt die Anschauung das, was für unseren Leib der feste Boden, auf welchem er steht. Schopenhauer übersieht dabei nicht, daß es auch Begriffe gibt, die durch keine Anschauung belegt werden können. Aber solche Begriffe, die allenfalls zu »halben Erkenntnissen« führen, dürfen nie die Erkenntnisquelle, der Ausgangspunkt oder der eigentliche Stoff der Philosophie sein. »Daher darf zwar bisweilen und im Nothfall das Philosophiren in solche Erkenntnisse auslaufen, nie aber mit ihnen anheben.« Die Philosophie hat ihre Resultate in Begriffe niederzulegen, aber nicht von ihnen als dem Gegebenen, dem scheinbar Ursprünglichen auszugehen. Sie soll nicht *aus* Begriffen, sondern *in* sie arbeiten.[12]

Schopenhauers beharrliches Fragen nach dem Ursprung, der Rechtmäßigkeit und der Reichweite abstrakter Begriffe – ein erkenntniskritisches Kennzeichen der neuzeitlichen Philosophiegeschichte – wird verständlicher, wenn es als Kritik gesehen wird an einem bestimmten Typus des Philosophierens, als Kritik am deduktiven Dogmatismus. Diese Denkart ist in unterschiedlichen Gestalten beispielsweise in der Spätscholastik zu finden, ferner im Rationalismus des 17. und 18. Jahrhunderts. Sie versucht, aus Allgemeinbegriffen mit Hilfe der Regeln des logischen Schließens notwendige und allgemeingültige Wahrheiten abzuleiten. Also vornehmlich solche Wahrheiten, die als unumstößlich gewiß gelten, weil sie von keiner zufälligen, täuschenden oder unvollständigen Empirie abhängen, sondern ausschließlich logisch bündig deduziert werden.

Als Beispiel für solches »Vernünfteln« zitiert Schopenhauer einen Taschenspielertrick des Platonikers Maximos aus Tyros (ca. 125–195 n. Chr.), der ohne Rücksicht auf die Wirklichkeit mit Begriffen jongliert:

Jede Ungerechtigkeit ist die Entreißung eines Guts: es giebt kein anderes Gut, als die Tugend: die Tugend aber ist nicht zu entreißen: also ist es nicht möglich, daß der Tugendhafte Ungerechtigkeit erleide von dem Bösen. Nun bleibt übrig, daß entweder gar keine Ungerechtigkeit erlitten werden kann, oder daß solche der Böse von dem Bösen erleide. Allein der Böse besitzt gar kein Gut; da nur die Tugend ein solches ist: also kann ihm keines genommen werden. Also kann auch er keine Ungerechtigkeit erleiden. Also ist die Ungerechtigkeit eine unmögliche Sache.[13]

Mit dieser Art Philosophie, die den Menschen hinters Licht führt, möchte Schopenhauer nichts zu tun haben. Das unkritische Philosophieren mit Abstraktionen vermag fast zu jedem gewünschten Resultat zu führen und »nöthigenfalls sogar den Teufel und seine Großmutter *a priori* zu deduciren«.[14] Auch die rationalistischen Gottesbeweise, die bis Kants »Kritik der reinen Vernunft« (1781, erste Auflage) häufig konstruiert wurden, gehören zu diesen Begriffsmärchen.[15] Schopenhauer kann kein übersinnliches, über alle Möglichkeit der Erfahrung hinausführendes Erkenntnisorgan ermitteln, das das Absolute unmittelbar wahrnehmen oder vernehmen könnte. Es geht Schopenhauer um den wirklichen, leiblich-sinnlichen Menschen. Auf den »sechsten Sinn der Fledermäuse«[16] erhebt er keinen Anspruch.

Dieser Grundzug der Philosophie Schopenhauers, der Vorrang der lebendigen Anschauung gegenüber dem mitteilbaren Begriff, der intuitiven gegenüber der diskursiven Erkenntnis, führt zu einer strikten Abgrenzung gegenüber den vielen Spielarten der beiden dogmatischen Positionen des Spiritualismus und des Materialismus.[17] Am Spiritualismus setzt Schopenhauer aus, daß er willkürlich eine göttliche Substanz außer und neben der Materie behauptet. Den Materialismus kritisiert er als »Philosophie des bei seiner Rechnung sich selbst vergessenden Subjekts«[18] (Abschnitt 2). Beiden ursprungsphilosophischen Erklärungsmodellen – der Ursprung unserer Welt liegt entweder in einem absoluten Geist oder einer absoluten Materie – wirft Schopenhauer vor, die Grenzen der menschlichen Erfahrung durch dogmatische Setzungen zu überschreiten. Der Mensch kann nicht aus den Beschränkungen seines Bewußtseins heraustreten und gleichsam einen göttlich-objektiven Blickpunkt einnehmen.

Von Geist oder Materie auszugehen, zumal von ihrem substantialisierten, »grundfalschen Gegensatz« sowie von einem uneingeschränkten Gebrauch der Kausalität ist philosophiegeschichtlich überholt. Es wäre so, sagt Schopenhauer pointiert, als hätte es nie einen Kant gegeben und giengen wir noch, mit Allongenperücken geziert, zwischen geschorenen Hecken umher, indem wir, wie Leibnitz, im Garten zu Herrenhausen, mit Prinzessinnen und Hofdamen philosophirten, über »Geist und Natur«, unter letzterer die geschorenen Hecken, unter ersterem den Inhalt der Perücken verstehend. [...]

In Wahrheit aber giebt es weder Geist, noch Materie, wohl aber viel Unsinn und Hirngespinste in der Welt.[19]

2. Das blaue Glas

Schopenhauer begründet in seiner Erkenntnistheorie, dem Fundament seiner Metaphysik, die Vorrangstellung der Anschauung gegenüber dem Begriff. Hier zeigt sich, daß er kein naiver Empirist ist, der nur das gelten ließe, was seine Augen sehen. Vielmehr stellt er heraus, daß sowohl die intuitive Anschauung als auch das darauf aufbauende diskursive Denken Erkenntniswerkzeuge sind, die das, worauf sie angewandt werden, verändern. Diese subjektive Einflußnahme geschieht nicht bewußt und kann erst mühsam im nachhinein durch philosophisch-erkenntnistheoretische Untersuchungen in Erfahrung gebracht werden. Schopenhauers Erkenntnistheorie wird durch diese Problematik als *Transzendentalphilosophie* gekennzeichnet. Sie untersucht den Sachverhalt der Bedingtheit unseres Erkennens auf zwei Ebenen: einmal in seiner allgemeinsten Struktur in Anlehnung an Berkeley, zum anderen in seinen besonderen Differenzierungen im Anschluß an Kant. Da Schopenhauers Vorlesung »Metaphysik der Natur« entscheidend von Berkeley und Kant beeinflußt wurde, soll diese Einleitung wenigstens einige Resultate ihrer Ansätze skizzieren. Zugleich werden damit die Überlegungen des vorigen Abschnitts weitergeführt.

Schopenhauers erkenntnistheoretischer Grundgedanke – »Die Welt ist meine Vorstellung« – geht auf George Berkeley (1684–1753) zurück. Der Einfluß, den der gebürtige Ire auf Schopenhauer hatte, kann kaum überschätzt werden. Schopenhauer nennt ihn den »Urheber des eigentlichen und wahren *Idealismus*«.[20] Das Verständnis dafür, wie Schopenhauer sein Hauptwerk »Die Welt als Wille und Vorstellung« (Band 1, 1819) beginnt, kann durch eine begleitende Lektüre Berkeleys wesentlich erweitert und vertieft werden, z. B. durch dessen »Drei Dialoge zwischen Hylas und Philonous«. Das folgende, längere Zitat aus diesem Werk von 1713 erleichtert das Verständnis von Schopenhauers erkenntnistheoretischem Ausgangspunkt:

Phil.: [...] Wenn du dir die Möglichkeit vorstellen kannst, daß irgendein beliebiger sinnlicher Gegenstand unabhängig vom Geist Dasein habe, so will ich zugeben, daß er wirklich so besteht.

Hyl.: Wenn es *dazu* kommt, so wird die Frage bald entschieden sein. Was leichter, als sich einen Baum oder ein Haus vorzustellen, die für sich bestehen von keinerlei Geist abhängig und wahrgenommen? Ich stelle mir ihr Dasein im gegenwärtigen Augenblick in dieser Weise vor.

Phil.: Aber, Hylas, kannst du denn etwas sehen, das zu gleicher Zeit nicht gesehen wird?

Hyl.: Nein – das wäre ein Widerspruch.

Phil.: Ist es nicht ein ebenso großer Widerspruch, über das *Vorstellen* von etwas, das nicht *vorgestellt* wird, zu reden?

Hyl.: Natürlich.

Phil.: Also ist der Baum oder das Haus, an welches du denkst, von dir vorgestellt?

Hyl.: Wie könnte es anders sein?

Phil.: Und das Vorgestellte ist doch sicherlich im Geist?

Hyl.: Ohne Frage, das Vorgestellte ist im Geist.

Phil.: Wie kamst du denn zu der Behauptung, daß du dir ein Haus oder einen Baum vorstelltest, der unabhängig und außerhalb jeglichen Geistes bestünde?

Hyl.: Ich gebe zu, das war ein Versehen. Doch halt, laß mich bedenken, was mich dazu verleitete. Es ist ein ganz spaßhafter Fehler. Als ich mir einen Baum an einem einsamen Ort dachte, und niemanden dabei, ihn zu sehen, da dünkte mich, das hieße einen Baum vorstellen, der von niemand wahrgenommen und unbeachtet da sei, ohne zu bedenken, daß ich selbst ihn die ganze Zeit vorstellte. Aber jetzt sehe ich klärlich: ich kann weiter nichts als Vorstellungen in meinem eignen Geist bilden. Ich kann allerdings in meinen eigenen Gedanken die Vorstellung eines Baumes, eines Hauses oder eines Berges fassen – aber das ist auch alles. Und das beweist noch lange nicht, daß ich ihr *Dasein außerhalb des Geistes aller Seelenwesen* vorstellen kann.

Phil.: Du erkennst also an, daß du unmöglich dir vorstellen könnest, wie irgendein körperliches sinnliches Ding anders als in einem Geist bestehen sollte?

Hyl.: Jawohl.

Phil.: Und dennoch willst du ernstlich für etwas, das du nicht einmal vorstellen kannst, streiten?

Hyl.: Ich weiß mir wahrhaftig nicht zu helfen.[21]

Es geht in dem Streitgespräch zwischen Hylas (der »Materialist«) und Philonous (der »Freund des Geistes«) um die Frage nach der objektiven Natur der Dinge. Berkeley argumentiert auf seiten Philonous, daß es nicht möglich ist, eine Vorstellung von einem Gegenstand zu haben, dessen Dasein von dieser Vorstellung unabhängig wäre. Dies sei ein logischer Widerspruch. Der Versuch, diesen Gedanken zu realisieren, also eine objektive Welt ohne ein erkennendes Subjekt vorzustellen, muß scheitern, weil er das voraussetzt, was gerade ausgeschlossen werden soll: das erkennende Subjekt.

Das Erkennen hat es demnach nur mit bewußtseinsimmanenten Gegenständen zu tun, mit Vorstellungen. Da der Mensch aus seinem Bewußtsein nicht heraus kann, sind seine Vorstellungen seine Welt. Sein ist Bewußt-Sein (Esse = percipi). Bei Schopenhauer heißt es: »Das Seyn der Dinge ist identisch mit ihrem Erkanntwerden. Sie sind, heißt: sie werden vorgestellt.«[22]

Die subjektive Bedingtheit der Welt ist aus logischen Gründen prinzipiell unhintergehbar. Schopenhauer folgt also Berkeley, wenn er schreibt:

> Man muß sich deutlich machen daß die ganze Außenwelt ihrem Daseyn nach durchweg und unausweichbar von einer Bedingung abhängt, welche das Erkennende, das Subjekt ist. Glauben Sie etwa eine Sonne, eine Erde zu erkennen, wie diese dasind, an und für sich? Glauben Sie von einem solchen Daseyn derselben nur irgend eine Vorstellung zu haben? – Das wäre sehr irrig. Sie haben bloß die Vorstellung von einem Auge, das eine Sonne sieht. Ein solches Auge kennen Sie; eine Sonne nimmermehr. Mit dem Auge verschwindet auch die Sonne, die Erde, die Welt. Zu sagen, sie wären noch da, auch wenn sie keiner wahrnehme, ist eine leere Rede, ohne Sinn und Bedeutung: denn ein solches Daseyn einer objektiven Welt ohne ein Subjekt in dessen Erkenntniß sie da ist, ist etwas völlig unvorstellbares, ist ein Ausdruck, der sich selbst aufhebt. Die Welt ist Vorstellung: und Vorstellung setzt ein Vorstellendes voraus. Was wir Daseyn nennen, heißt Vorgestelltwerden: solches Daseyn ist also durchgängig mit einer Bedingung behaftet, dem Subjekt, für welches es allein da ist.[23]

Die *allgemeinste Form* der uns möglichen Erkenntnis ist das Zerfallen in zwei ganz verschiedene, aber untrennbare Hälften, in Vorstellung und Vorstellendes, in Objekt und Subjekt, in Erkennbares und Unerkennbares. In dieser Ur-Teilung, in der wir uns die Welt objektiv vor-stellen, sie uns gegenüberstellen, verwandeln wir sie. Schopenhauers Erkenntnistheorie ist ein Versuch, uns über unsere intellektuelle Verwandlung der Welt aufzuklären. Sein Hauptsatz, »kein Objekt ohne Subjekt«,[24] möchte den Schein beenden, der darin besteht, daß unsere subjektiven Bedingungen unbemerkt für die Erkenntnis des Objekts gehalten werden.[25] Schopenhauer merkt in diesem Zusammenhang ausdrücklich an, daß die ausschließliche Betrachtung der Welt als Vorstellung noch *einseitig* ist. Die Einseitigkeit soll durch die Metaphysik der Natur ausgeglichen werden.

Bei seiner Untersuchung der *besonderen Formen* der uns möglichen Erkenntnis folgt Schopenhauer, wenn auch mit Einschränkungen, Kants Transzendentalphilosophie. Die subjektive Bedingtheit der Welt ist ihr zufolge eine *gesetzmäßige*. Das Subjekt ist mit transzendentallogischen (nicht physiologischen!) Erkenntnis*formen* ausgestattet, die es bei *jeder* Erkenntnis anwenden *muß*. Anders ausgedrückt: Jedes Objekt an sich kann nur dadurch Objekt für ein Subjekt werden, indem es diese gesetzmäßigen Erkenntnisformen des Subjekts annimmt und durch sie nunmehr gleichsam verkleidet selbst als gesetzmäßig erscheint. Der ursprünglich rohe, formlose Stoff, der zunächst nur aus unbestimmten subjektiven Empfindungen besteht, wird erst durch den Akt des Erkennens von dem Subjekt zu einem gesetzmäßig strukturierten, gegenständlichen Objekt geformt.

Das erkennende Subjekt richtet sich nicht nach seinem Erkenntnisgegenstand, sondern der Erkenntnisgegenstand richtet sich nach dem erkennenden Subjekt. Das ist Kants sogenannte Kopernikanische Wende.[26] In seinen »Prolegomena« schreibt er: »Die Möglichkeit der Erfahrung überhaupt ist also zugleich das allgemeine Gesetz der Natur, und die Grundsätze der erstern sind selbst die Gesetze der letztern. [...] *der Verstand schöpft seine Gesetze (a priori) nicht aus der Natur, sondern schreibt sie dieser vor* [...] so ist der Verstand der Ursprung der allgemeinen Ordnung der Natur [...]«[27]

Schopenhauer nennt die Gesetzmäßigkeit der subjektiven Bedingtheit der Welt »Satz vom zureichenden Grund«. Er ist gleichsam – bildhaft gesprochen und an dieser Stelle nicht mit einer physiologischen Bedingung zu verwechseln – wie ein »geschliffenes Glas«, durch das wir hindurchsehen müssen, um überhaupt etwas anschauen oder denken zu *können*. Von diesen »Gläsern« gibt es drei, die unserer Erkenntnis *a priori* »vorgesetzt« sind und die wir deshalb nicht »absetzen« können: Zeit,

Raum und Kausalität. Das, was wir an den Dingen sehen beziehungsweise von ihnen denken können, ist nichts anderes als die verbindungsstiftenden Formen unserer eigenen Erkenntnisausstattung. Das Nebeneinander der Dinge z. B. entspringt unserer räumlichen Anschauungsform. Das »Kaleidoskop« unserer Erkenntnisformen läßt uns die Welt nur so vorstellen, *erscheinen*, als wären Zeit, Raum und Kausalität ontologische Strukturen der Dinge an sich. Jedes für uns mögliche Objekt ist bloße Erscheinung – nicht Ding an sich.

Ohne die Bedingungen unserer apriorischen »Gläser« freilich könnten wir gar nichts erkennen, mit ihnen jedoch nichts Unbedingtes. Ein Resultat von Schopenhauers transzendentalem Idealismus ist, daß der Mensch in seinen Erkenntnissen nur sich selbst begegnet. Wieder gilt: Die dogmatischen Positionen des Spiritualismus oder des Materialismus, die sich über die Zerbrechlichkeit der »gläsernen« Erfahrung hinwegsetzen, sind Scheinlösungen.

Der bei Kant ähnliche Grundgedanke hat schon vor Schopenhauers Philosophie die Zeitgenossen erschüttert. So schreibt beispielsweise Heinrich von Kleist am 22.3.1801 an seine Verlobte Wilhelmine Charlotte von Zenge:

> Vor kurzem ward ich mit der neueren sogenannten Kantischen Philosophie bekannt – und Dir muß ich jetzt daraus einen Gedanken mitteilen, indem ich nicht fürchten darf, daß er Dich so tief, so schmerzhaft erschüttern wird, als mich. [...]
>
> Wenn alle Menschen statt der Augen grüne Gläser hätten, so würden sie urteilen müssen, die Gegenstände, welche sie dadurch erblicken, *sind* grün – und nie würden sie entscheiden können, ob ihr Auge ihnen die Dinge zeigt, wie sie sind, oder ob es nicht etwas zu ihnen hinzutut, was nicht ihnen, sondern dem Auge gehört. So ist es mit dem Verstande. [...]
>
> Seit diese Überzeugung, nämlich, daß hienieden keine Wahrheit zu finden ist, vor meine Seele trat, habe ich nicht wieder ein Buch angerührt.[28]

Nicht ohne Grund spricht Schopenhauer, der die Metapher »blaues Glas« verwendet, von der *»Kantischen Katastrophe«*.[29] Sie ist die große Herausforderung an die Philosophie des späten 18. und frühen 19. Jahrhunderts.

Das Kernstück von Schopenhauers transzendentalem Idealismus, in dem die Vorrangigkeit der Anschauung ihre eigentliche Begründung erhält, ist die Untersuchung, wie die empirische

Wirklichkeit *für uns* zustande kommt. Mit den unmittelbaren Empfindungen unseres Leibes nämlich, z. B. mit Schmerzempfindungen, ist uns noch nichts gegeben, was einer anschauenden Vorstellung ähnlich wäre. (Die Empfindungen sind – Schopenhauer argumentiert hier auch physiologisch – ein Vorgang innerhalb des Organismus und daher »auf das Gebiet unterhalb der Haut beschränkt«.[30] Wären wir diesen Eindrücken ausschließlich passiv ausgesetzt, dann besäßen wir ein dumpfes, pflanzenartiges Bewußtsein von Affektionen des Leibes innerhalb seiner vegetativen Grenzen.)

Erst die aktive Tätigkeit des Verstandes schafft aus dem Chaos der Empfindungen die geordnete Welt unserer Anschauungen, unserer anschaulichen Vorstellungen, von denen später die abstrakten Begriffe gebildet werden. Sobald der Verstand seine apriorische Erkenntnisform der Kausalität auf das amorphe Empfindungsmaterial anwendet, »geht eine mächtige Verwandlung vor«.[31] Die subjektiven Empfindungen werden in eine projizierte Räumlichkeit und Zeitlichkeit gleichsam nach außen geklappt und erwecken fortan den objektiven Anschein, als seien sie von einer subjektunabhängigen materiellen Wirklichkeit verursacht worden. Schopenhauer nennt den Verstand daher den »werkbildenden Künstler«. Die empirische Wirklichkeit, wie sie sich uns – scheinbar ursprünglich – in Anschauungen darstellt, ist *Resultat* seines konstitutiven Erkenntnisprozesses. Zwar können Begriffe Anschauungen nicht ersetzen (Abschnitt 1), aber andererseits werden Anschauungen erst durch die nichtempirischen, apriorischen Begriffe – durch die Erfahrungs-»Gläser« Zeit, Raum und Kausalität – ermöglicht. Schopenhauer wendet sich hierbei zugleich gegen materialistische Abbildtheorien:

Demnach hat der Verstand die objektive Welt erst selbst zu schaffen: nicht aber kann sie, schon vorher fertig, durch die Sinne und die Oeffnungen ihrer Organe, bloß in den Kopf hineinspazieren. Die Sinne nämlich liefern nichts weiter, als den rohen Stoff, welchen allererst der Verstand, mittelst der angegebenen einfachen Formen, Raum, Zeit und Kausalität, in die objektive Auffassung einer gesetzmäßig geregelten Körperwelt umarbeitet. Demnach ist unsere alltägliche, *empirische Anschauung eine intellektuale.*[32]

Hervorzuheben ist, daß die »Intellektualität der Anschauung«, die bei Schopenhauer alles andere als ein übersinnliches Erkenntnisorgan ist, sich reflexartig vollzieht und nichts mit Vernunft und begrifflichem, sekundärem Denken zu tun hat. Der Verstand ist ein primäres, intuitives Vermögen, über das auch Tiere verfügen. Er geht in seiner »Unmittelbarkeit und Bewußtlosigkeit«[33] jeder bewußten Begriffsoperation voraus.

Die zum Verstand hinzukommende willkürliche »Verarbeitung«[34] der Vernunft besteht darin, aus bereits »umgearbeiteten« Anschauungen Begriffe zu abstrahieren, Urteile zu fällen, Schlüsse zu ziehen. Ihre Aktivität jedoch ist lediglich eine formale und keine materiale, denn sie kann bloß die vorhandenen, vom Verstand aufgebauten anschaulichen Vorstellungen umformen, ohne dabei neue, erfahrungsunabhängige Inhalte aus sich selbst heraus zu erzeugen. Im Gegenteil: Die Weiterverarbeitung der Vernunft zersetzt die Anschauungen und leert aus ihnen das aus, was lebendig und konkret ist, was atmet und fühlt. Zuletzt behält sie nur noch abstrakte, gleichgültige Hülsen übrig wie z. B. Sein, Wesen, Ding, Werden. Aus bloßen Begriffen läßt sich aber nichts Neues zutage fördern, und das Vergleichen von Begriffen mit Begriffen ergibt keine neue Erkenntnis.

Schopenhauer stimmt im wesentlichen mit den erkenntniskritischen Resultaten von Kants »Kritik der reinen Vernunft« überein: Die menschliche Vernunft kann nicht a priori aus sich heraus mit Hilfe allgemeiner Begriffe und logischer Regeln die von Leibempfindungen abhängigen Anschauungen transzendieren, um das Absolute der Dinge an sich zu erkennen. Denn jeder abstrakte Begriff verdankt sich der intuitiven Anschauung, der »Urquelle aller Erkenntniß«, auf die er letztlich zurückführbar sein muß, andernfalls er einem »Wolkengebilde ohne Realität« gleicht. Ein Kennzeichen für eine (selbst-)kritische Philosophie im Sinne Schopenhauers wie für Kant ist deshalb ihre bescheidene Nähe zur anschauenden Erkenntnis, also zur empirischen Realität.

Zwar gehört Schopenhauer zu den wenigen Philosophen, die sich die Mühe machen, dem Leser durch eine deutliche Sprache entgegenzukommen, aber es ist dennoch nicht leicht, seinen philosophischen Ansatz gründlich zu verstehen. Leichter ist es, ihn vereinfacht darzustellen, um ihn desto besser kritisieren und widerlegen zu können. Eine frühe Kritik erhielt Schopenhauer von seinem Freund Quandt in einem langen Brief vom 19.1.1849. Quandt schreibt darin:

Wenn ich auch den Satz zugeben muß: Kein Object ohne Subject – so giebt es doch unendlich viel Dinge von Ewigkeit her, welche waren und sind, ohne Objecte zu seyn, denn waren jene neuerlich entdeckten Planeten nicht schon vorher, ehe sie entdeckt wurden? und haben sie etwa nun dadurch Daseyn, daß sie Objecte der Wahrnehmung und des Denkens sind? – Kein Ding hat durch das Denken Daseyn und Object und Subject sind nur logische Beziehungen, welche über seyn oder nicht seyn gar nicht entscheiden, die Vernunft ist nur regulativ für sich selbst. [...] Den Herren Philosophen möchte ich aber noch den Vorwurf machen, daß sie wissen und seyn verwechseln und meinen daß das, was sie nicht wissen, nicht sey, woran ihre Eitelkeit schuld ist.[35]

Quandts Kritik greift zu kurz. Sie träfe ins Schwarze, wenn Schopenhauers Erkenntnistheorie nicht weiterginge als unsere bisherige Skizze. Aber seine Erkenntnistheorie ist komplizierter und philosophiegeschichtlich interessanter. Denn für Schopenhauer sind unsere anschaulichen und begrifflichen Vorstellungen nicht einfach Phantasmagorien denkender Subjekte und sonst nichts. Schon gar nicht gehen die welterzeugenden Vorstellungen auf den Geist Gottes zurück, auf den Deus ex machina, der in Berkeleys Philosophie noch rechtzeitig heruntergekurbelt wird, um den Menschen nicht in ungelöste nihilistische Konflikte zu stürzen. Das Dasein der Dinge ist für Schopenhauer eben *auch* vorstellungsunabhängig. Im zweiten Band seiner »Welt als Wille und Vorstellung« (1844), auf den er in seinem kurzen Brief an Quandt vom 18.1.1849 verweist, schreibt er:

Andererseits aber darf ich nicht annehmen, daß auch nur diese leblosen Körper ganz allein in meiner Vorstellung existirten; sondern muß ihnen, da sie unergründliche Eigenschaften und vermöge dieser Wirksamkeit haben, ein *Seyn an sich*, irgend einer Art, zugestehn.[36]

Wie erklärt sich dieser Widerspruch? Wieso ist das Dasein der Dinge einmal vorstellungsbedingt und ein andermal nicht?

Der systematische Drehpunkt der Erkenntnistheorie ist der Satz: »Kein Objekt ohne Subjekt.« Er resümiert formelhaft Schopenhauers transzendentalidealistisches Selbstverständnis, die subjektive Bedingtheit der Welt als Vorstellung. Aber Schopenhauer setzt in diesen methodischen Drehpunkt *zugleich* einen komplementären, gegenläufigen Wendepunkt: »Kein Subjekt ohne Objekt.« Diesem Dreh- und Wendepunkt entsprechen zwei von Grund auf verschiedene Betrachtungsweisen des Intellektes, die auf der Verschiedenheit des Standpunkts beruhen.

Die erste Betrachtung des Intellekts ist die *subjektive*. Sie geht von *innen* aus und untersucht – wie im vorigen Abschnitt umrissen – die transzendentallogischen Funktionen des Intellekts. Die anschaubare Wirklichkeit wird als *Resultat* des Erkenntnisvorganges aufgefaßt.

Die zweite Betrachtung ist die *objektive*. Sie hebt von *außen* an und betrachtet den Intellekt als empirisches Ding unter Dingen, als Gehirn. Die anschaubare Wirklichkeit erscheint jetzt als *Voraussetzung* des Erkenntnisvorganges. Die Welt als Vorstellung wird hier als physiologisch abhängig und bedingt – vorgestellt.

Die erste Betrachtungsweise, die, wenn auch mit erheblichen Einschränkungen, der Transzendentalphilosophie Kants folgt, soll durch die zweite ausgeglichen werden, die der zeitgenössischen Physiologie gerecht werden möchte.[37] Schopenhauer geht so weit, zu sagen, daß eine Philosophie wie die Kantische, die den physiologischen Gesichtspunkt für den Intellekt gänzlich ignoriert, einseitig und unzureichend sei. Denn sie lasse zwischen unserem philosophischen und physiologisch-naturwissenschaftlichen Wissen eine unübersehbare Kluft, mit der wir uns nicht abfinden können.

Mit diesem Dreh- und Wendepunkt, der noch mit der Metaphysik vermittelt werden muß (Abschnitt 4), steht die Erkenntnistheorie vor ihrer entscheidenden Herausforderung. Sie muß den zweiten, systematischen Standpunkt integrieren, demzufolge Anschauen und Denken physiologische Funktionen eines

Eingeweides – des Gehirns – sind. Die objektive Welt ist unter diesem Gesichtspunkt »eigentlich nur eine gewisse Bewegung oder Affektion der Breimasse im Hirnschädel«, also ein »Gehirnphänomen«.[38] Die Tätigkeit des Gehirns, seine »Maschinerie und Fabrikation«, wird zum bedingenden Träger des Daseins der empirischen Wirklichkeit.

Die Einheit des Bewußtseins, Kants »Ich denke«, die Tatsache also, daß ich es in meinem Denken bin, der alle meine anschaulichen und begrifflichen Vorstellungen begleitet, entsteht demzufolge durch die physiologische Vereinigung aller Gehirntätigkeiten in einem Punkt. Kants »Ich denke« kann mit dem Faden einer Perlenschnur verglichen werden, auf den sich alle meine Vorstellungen wie Perlen zusammenhängend aufreihen. Dieser Faden – die zusammenhangstiftende Tätigkeit des theoretischen »Ich denke« – hat bei Schopenhauer eine physiologische Basis in dem materiell verstandenen »Brennpunkt der Gehirnthätigkeit«. Schopenhauer ist davon überzeugt, Kant auch in diesem Punkt konsequent zu Ende gedacht zu haben: »Dieser Brennpunkt der gesammten Gehirnthätigkeit ist Das, was *Kant* die synthetische Einheit der Apperception nannte.«[39] Kant selbst aber faßt diesen Einheitspunkt des Bewußtseins oder, wie er sagt: »Das: Ich *denke*, muß alle meine Vorstellungen begleiten können«,[40] ausschließlich als eine rein *logische*, unhintergehbare Bedingung unseres Denkens auf. Jeder Versuch, diese Bedingung physiologisch-materialistisch fundieren zu wollen, muß Kant zufolge – logisch – scheitern, weil jeder Versuch der Fundierung selbst wieder unter der Bedingung steht, die fundiert werden soll: dem »Ich denke«.

Es handelt sich hierbei um dieselbe Problematik, um die sich Hylas und Philonous in Berkeleys Dialog streiten (Abschnitt 2). Nur geht es hier nicht um einen Baum oder ein Haus, sondern um das Gehirn. Auch hier gilt, daß es nicht möglich ist, eine Vorstellung von einem Gegenstand »Gehirn« zu haben, dessen Dasein von dieser Vorstellung unabhängig ist. Anders ausgedrückt: Jeder Versuch, das »Ich denke« zu hinterdenken, es physiologisch begründen zu wollen, setzt es logisch immer wieder voraus. Wie aber kann ich mein eigenes Denken auf etwas anderes zurückführen, wenn ich an diesem anderen stets mein Denken wiederfinde?

Schopenhauer ist mit dieser Problematik bestens vertraut, wie Abschnitt 2 zeigt, nicht zuletzt durch sein Studium der Werke Berkeleys. Dennoch versucht er, die von Kant vorgegebene Grenzziehung zu überwinden, indem er die subjektive und objektive Betrachtungsweise des Intellekts gegeneinander dreht und wendet, indem er die »Kritik der reinen Vernunft« als »Kritik der Gehirnfunktionen«[41] interpretiert. Kants logisches »Ich denke« bekommt dadurch eine nicht-logische, eine physiologische Basis, aber diese Basis hat ihrerseits wieder das logische »Ich denke« zum Grund. Der Intellekt konstituiert das Dasein der Welt als Vorstellung, zu der auch unsere Vorstellung vom Gehirn gehört. (»Man muß inne werden, daß die Welt nur als eine Erkenntniß da ist. [...] Das Seyn der Dinge ist identisch mit ihrem Erkanntwerden.« Und: »Das Gehirn selbst ist [...] nur Vorstellung.«[42]) Andererseits aber ermöglicht erst das Gehirn das Dasein unseres Intellekts. Von alledem freilich haben wir immer nur standortgebundene Vorstellungen, innerhalb deren die Dinge uns erscheinen gemäß den apriorischen Formen des Intellekts beziehungsweise gemäß den empirisch zu ermittelnden Funktionen des Gehirns.

Ganz bewußt und auf der Höhe der Reflexion seines Jahrhunderts nimmt Schopenhauer hier eine Zirkelstruktur in Kauf, die es in Kants »Kritik der reinen Vernunft« nicht gibt. Er ist überzeugt, daß es sich bei ihr nicht um einen Denkfehler handelt, um einen unstatthaften Circulus vitiosus, sondern um die notwendige Kennzeichnung eines komplizierten Sachverhalts der Welt als Vorstellung, die für die menschliche Erkenntnis *paradox* in Erscheinung tritt. Schopenhauer drückt diese hier lediglich erkenntnistheoretisch erörterte Problematik, die er die »Antinomie in unserm Erkenntnißvermögen« nennt, so aus:

> Allerdings setzt, in meiner Erklärung, das Daseyn des Leibes die Welt der Vorstellung voraus; sofern auch er, als Körper oder reales Objekt, nur in ihr ist: und andererseits setzt die Vorstellung selbst eben so sehr den Leib voraus; da sie nur durch die Funktion eines Organs desselben entsteht.[43]

Schopenhauer überwindet mit dieser antinomischen Grundproblematik, die sich durch sein ganzes Werk, *auch* durch seine Metaphysik, zieht, letztlich die Transzendentalphilosophie Kants –

und sein eigenes transzendentalidealistisches Selbstverständnis, das hinter der eigentlichen Tragweite seines philosophischen Werks zurückbleibt.[44] Kants »Kopernikanische Wende« bestand ja gerade darin, daß der nicht physiologisch aufgefaßte Verstand der Natur ihre Gesetze auf eine Weise vorschreibt, die nicht reversibel zu verstehen ist. Schopenhauer sucht diese einmalige Wende beizubehalten und sie doch gleichzeitig von einem zweiten Standpunkt aus ergänzend vor- und zurückzudrehen, etwa wenn er schreibt: »Nicht ein Intellekt hat die Natur hervorgebracht, sondern die Natur den Intellekt.«[45] Aus Kants »Kopernikanischer Wende« wird das, was ich Schopenhauers »Kopernikanische Drehwende« nennen möchte.[46] Sie ist das Charakteristikum seiner Erkenntnistheorie.

Folgender Aspekt kann dies prägnanter herausstellen. Auf die Evolutionstheorie bezogen, besagt die antinomische Betrachtungsweise des Intellekts:

> Einerseits ist nothwendig das Vorhandenseyn der ganzen Welt abhängig vom ersten erkennenden Wesen; ein so unvollkommnes dieses auch seyn mag: andererseits aber ist eben so nothwendig dieses erste erkennende Thier völlig abhängig und bedingt durch eine lange ihm vorhergegangene Kette von Ursachen und Wirkungen, in die es selbst zuletzt, als ein kleines Glied eintritt.[47]

Einerseits mußte sich im Laufe der Zeit das organische Leben erst entwickeln, bevor das erste Auge sich öffnen konnte. Andererseits bleibt von diesem ersten Auge das Dasein der anschaubaren, objektiven Welt abhängig. Dies erklärt sich dadurch, daß der Verstand gemäß seiner apriorischen Erkenntnisform der Kausalität – seinem »blauen Glas« – *notwendigerweise* eine kausal geformte Welt als Vorstellung schaffen muß, daß aber andererseits der Verstand aufgrund derselben Erkenntnisform sich selbst *ebenso notwendig* als von dieser Vorstellungswelt kausal verursacht begreifen muß. Der Zirkel besteht darin, daß die transzendentalidealistischen Voraussetzungen der Welt zugleich als ihre materialistisch-evolutionären Resultate gedacht werden *müssen* – materialistisch bei Schopenhauer jedoch in dem Sinne des sich bei seiner Rechnung selbst erinnernden Subjekts:

> Es ist eben so wahr, daß das Erkennende ein Produkt der Materie sei, als daß die Materie eine bloße Vorstellung des Erkennenden sei: aber es ist auch eben so einseitig.[48]

Mit dieser komplizierten, alles andere als bequemen Denkschleife unterstreicht Schopenhauer mit Nachdruck, daß naturwissenschaftlich-materialistische Theorien nicht im eigentlichen Sinne wahr sein können:

Im Grunde jedoch sind alle jene Vorgänge, welche Kosmogonie und Geologie als lange vor dem Daseyn irgend eines erkennenden Wesens geschehn vorauszusetzen uns nöthigen, selbst nur eine Uebersetzung in die Sprache unsers anschauenden Intellekts, aus dem ihm nicht faßlichen Wesen an sich der Dinge.[49]

Aber was bedeutet dann noch ihr Dagewesensein? Schopenhauer antwortet: »Es ist im Grunde ein bloß *hypothetisches*: nämlich *wenn* zu jenen Urzeiten ein Bewußtseyn dagewesen wäre; so würden in demselben solche Vorgänge sich dargestellt haben.«[50]

Schopenhauer setzt sich zwischen die Stühle. Er ist letztlich kein transzendentaler Idealist mehr, aber auch kein Materialist – wohl aber ist er »irgendwie« beides zugleich. Der Schopenhauer-Rezeption bereitet diese Eigenwilligkeit seit 1819 bis heute nicht restlos gelöste Schwierigkeiten. Häufig müssen die »Widersprüche« als Widerlegung seiner Philosophie herhalten, häufig werden sie apologetisch geleugnet oder heruntergespielt.[51] Doch die Stärke der Philosophie Schopenhauers liegt gerade in der Dynamik ihrer – begründeten – »Widersprüchlichkeit«.

An Aktualität hat Schopenhauers Erkenntnistheorie nichts verloren, auch wenn sie in vielem überholt sein mag. Die Grundproblematik der »Drehwende« ist noch immer ungelöst. Ein Beispiel für ihre aktuelle Bedeutung ist die zur Zeit viel diskutierte »Evolutionäre Erkenntnistheorie«. Hier kann Schopenhauers Ansatz diskutiert werden als alternative Zwischenposition zwischen Kant und Konrad Lorenz. Dies soll kurz angedeutet werden.

Lorenz geht in der von ihm initiierten Evolutionären Erkenntnistheorie davon aus, daß es angeborene, vererbbare Strukturen der Erkenntnis gibt, die aus denselben Gründen mit der Außenwelt übereinstimmen wie der Huf des Pferdes schon vor seiner Geburt auf den Steppenboden paßt oder die Flosse des Fisches ins Wasser, bevor er dem Ei entschlüpft. Lorenz bemerkt weiter:

Bei keinem derartigen Organ glaubt irgendein vernünftiger Mensch, daß seine Form dem Objekt seine Eigenschaften »vorschreibe«, sondern jedermann nimmt als selbstverständlich an, daß das Wasser seine Eigenschaften völlig unabhängig von der Frage besitzt, ob Fischflossen sich mit ihnen biologisch auseinandersetzen oder nicht. [...] Aber ausgerechnet bezüglich der Struktur und Funktionsweise seines eigenen Gehirnes nimmt der Transzendentalphilosoph grundsätzlich anderes an.[52]

Für die Evolutionäre Erkenntnistheorie sind die angeborenen Strukturen phylogenetisch gesehen a posteriori, also stammesgeschichtlich durch Anpassungsprozesse erworben, aber ontogenetisch gesehen a priori, weil sie dem Individuum unabhängig von dessen Erfahrung vorgegeben sind.

Schopenhauer – nicht Kant – würde Lorenz zustimmen, wenn dieser die Organgebundenheit des Denkens einschließlich seiner transzendentallogischen Voraussetzungen herausstellt. Der Weg führt eher von Schopenhauer als von Kant zu Lorenz. Lorenz schreibt:

Das »Apriori«, das die Erscheinungsformen der realen Dinge unserer Welt bestimmt, ist, kurz gesagt, ein Organ, genauer: die Funktion eines Organs, und wir kommen seinem Verständnis nur näher, wenn wir ihm gegenüber die typischen Fragen der Erforschung alles Organischen stellen, die Fragen Wozu, Woher und Warum [...] Wir sind überzeugt, daß das »Apriorische« auf zentralnervösen Apparaten beruht, die völlig ebenso real sind wie etwa unsere Hand oder unser Fuß, völlig ebenso real wie die Dinge der an sich existenten Außenwelt, deren Erscheinungsform sie für uns bestimmen. Diese zentralnervöse Apparatur schreibt keineswegs der Natur ihr Gesetz vor, sie tut das genausowenig, wie der Huf des Pferdes dem Erdboden seine Form vorschreibt.[53]

Schopenhauer ist wagemutiger als Kant, aber vorsichtiger als Lorenz. Von seiner objektiven Betrachtungsweise des Intellekts, von dem Standpunkt empirisch-naturwissenschaftlicher Untersuchungen würde er die Leistungen von Lorenz begrüßen und von ihnen bereitwillig lernen. Durch seine methodische Drehwende jedoch würde er die behauptete Übereinstimmung zwischen Erkenntnisorgan und bewußtseinunabhängiger Wirklichkeit erkenntnistheoretisch abbremsen und ihren einseitigen, hypothetischen Status betonen. Die Evolutionäre Erkenntnistheorie nennt sich zwar »hypothetischer Realismus« und hebt unter Bezug auf Poppers »Kritischen Rationalismus« hervor, daß wir kein sicheres Wissen über die Welt haben können. Gleichzeitig aber schützt das vorausgesetzte ontologische Fundament die Evolutionäre Erkenntnistheorie vor Grundproblematisierungen. Denn an die »Dinge der an sich existenten Außenwelt« mit ihren ontologischen Strukturen wird »geglaubt«. Die näheren Gebote dieses Glaubens regeln zehn »Postulate wissenschaftlicher Erkenntnis«.[54] Die Evolutionäre Erkenntnistheorie ist nur in ihren oberen Stockwerken, in ihren empirischen Einzelaussagen hypothetisch und widerlegbar, nicht jedoch in ihrem Fundament. Damit ist Schopenhauers Drehwende per Dekret übersprungen und ihre unbequeme, ungelöste Problematik bleibt außer acht.

Um philosophisch besonnen zu bleiben, wäre es für Schopenhauer in diesem Zusammenhang unerläßlich, Kants Position zu stärken: Die Rückseite des Spiegels – die materielle Basis des Bewußtseins – kennen wir nur im Spiegel.[55]

4. Die Hieroglyphe der Natur

An Schopenhauers Erkenntnistheorie – »Die Welt ist meine Vorstellung« – schließt sich aufbauend die Vorlesung »Metaphysik der Natur« an. Sie ist der zweite Vorlesungsteil, dem der erste Teil, die umfangreichere »Theorie des gesammten Vorstellens, Denkens und Erkennens«, vorausgeht. Nicht ohne Grund stellt Schopenhauer seine Metaphysik – sowohl in seiner »Welt als Wille und Vorstellung« als auch in seiner vierteiligen Vorlesung – auf ein erkenntnistheoretisches Fundament. Die Wichtigkeit dieser Grundlage betont er durch drei Forderungen an den Leser, die er in der Vorrede zum ersten Band der »Welt als Wille und Vorstellung« aufstellt. Sie lauten: zweimaliges Lesen seines Buches, weil der Anfang (Erkenntnistheorie) das Ende (Metaphysik) beinahe ebensosehr voraussetze wie das Ende den Anfang; die unabdingbare Bekanntschaft mit seiner Schrift »Über die vierfache Wurzel des Satzes vom zureichenden Grund«, ohne die das eigentliche Verständnis seines Werkes ganz und gar unmöglich sei, und schließlich die gründliche Kenntnis der Hauptschriften Kants, deren Wirkung zu vergleichen sei mit der der Staroperation an einem Blinden. Die drei Forderungen unterstreichen, auch wenn sie dem heutigen Leser eher als zurückweisende Barrieren entgegentreten, wie notwendig es ist, die »Metaphysik der Natur« unter erkenntnistheoretischen Vorzeichen zu lesen. Diese Notwendigkeit wird dadurch noch verstärkt, daß Schopenhauer die Erkenntnistheorie von der Metaphysik abtrennt, um eine größere Klarheit in der Darstellung zu erzielen, wenngleich er beide Bereiche als »organisches Ganzes« versteht.[56] Aufgabe dieser Einleitung muß es daher sein, einseitig verzerrende, dogmatisierende Mißverständnisse vermeiden zu helfen.

Schopenhauer untersagt sich aufgrund seiner Erkenntnistheorie, von einem vorstellungsunabhängigen, absolut Ersten *auszugehen*, um von diesem her eine metaphysische Seinslehre von den Dingen an sich kausal abzuleiten. Andernfalls verfiele er seiner eigenen Kritik, die er an der traditionellen Dogmatik herkömmlicher Metaphysiken übt. Schopenhauer ist es klar, daß seine »Metaphysik der Natur« an seinem eigenen Anspruch gemessen wird:

Diejenigen sonach, welche vorgeben, die letzten, d. i. die ersten, Gründe der Dinge, also ein Urwesen, Absolutum, oder wie sonst man es nennen will, nebst dem Proceß, den Gründen, Motiven, oder sonst was, in Folge welcher die Welt daraus hervor geht, oder quillt, oder fällt, oder producirt, ins Daseyn gesetzt, »entlassen« und hinauskomplimentirt wird, zu erkennen, – treiben Possen, sind Windbeutel, wo nicht gar Scharlatane.[57]

Wie aber kann Metaphysik dann noch möglich sein? Die Welt als Vorstellung ist Erscheinung, ist das Sein der Dinge *für mich* – nicht aber ihr Sein *an sich*, unabhängig vom erkennenden Subjekt. Wenn ich von der Welt als Vorstellung ausgehe, gelange ich niemals zur vorstellungsabgewandten Seite der Welt. Zudem haben die Gesetzmäßigkeiten der Vorstellungen untereinander (Satz vom Grund) nur innerhalb der Subjektbedingtheit der empirischen Wirklichkeit Gültigkeit. Ist Metaphysik an ihrem Ende?

Schopenhauer zufolge »bedeutet« die anschaubare Realität etwas. Sie weist auf etwas hin, was sie über ihr Vorstellungssein hinaus außerdem noch ist. In ihr findet etwas seinen Ausdruck, das für uns selbst nicht vorstellbar ist, das heißt weder gegenständlich anschaubar noch mit unseren von der Dingwelt abhängigen Begriffen objektiv denkbar ist. Die Welt als Vorstellung gleicht einer »Geheimschrift«, deren Bedeutung zu entziffern die Aufgabe der Metaphysik ist. »Die ganze Natur ist eine große Hieroglyphe, die einer Deutung bedarf.«[58] Das Ding an sich muß sein Wesen in der uns erscheinenden Welt ausdrücken, weil es in verwandelter Form nichts anderes als diese Vorstellungswelt selbst ist, und muß daher aus ihr – im Rahmen unserer Möglichkeiten – herausdeutbar sein.

Die Lösung des Rätsels sucht Schopenhauer in der eigenen Leiberfahrung. Die Kopernikanische Drehwende, die es ihm gestattet, Kants »Kritik der reinen Vernunft« immer zugleich als »Kritik der Gehirnfunktionen« aufzufassen, rückt den Leib auf eine höchst reflektierte Weise in das Zentrum seiner transzendentalmaterialistischen Philosophie: »das Daseyn des Leibes [setzt] die Welt der Vorstellung voraus [...] und andererseits setzt die Vorstellung selbst eben so sehr den Leib voraus.»[59] Schopenhauer gibt dem in der Philosophiegeschichte immer mehr vergeistigten und überheblicher gewordenen Intellekt seinen Körper zurück – als Grundrealität. Der Mensch ist kein »geflügelter Engelskopf ohne Leib«.[60]

Der eigene Leib ist der primäre Ort der Selbstreflexion. Von allen Objekten ist er das außergewöhnlichste. Er ist uns von allen übrigen Objekten am nächsten und auf eine zweifache Weise gegeben. Von außen erkennen wir ihn als anschaubares Ding, von innen als Mannigfaltigkeit subjektiver Sinnesreize, Bedürfnisse und Leidenschaften. Dem erkennenden Subjekt ist mit seiner Selbsterkenntnis über das Medium des eigenen Leibes das Lösungswort des metaphysischen Rätsels gegeben. Es heißt *Wille*.

Nämlich, dem Subjekt des Erkennens, welches durch seine Identität mit dem Leibe als Individuum auftritt, ist dieser Leib *auf zwei ganz verschiedene Weisen gegeben*: einmal als *Vorstellung* in verständiger Anschauung, als Objekt unter Objekten und den Gesetzen dieser unterworfen: sodann aber auch zugleich auf eine ganz unmittelbare Weise, nämlich als Jenes, Jedem ganz unmittelbar völlig Bekannte, welches das Wort *Wille* bezeichnet.[61]

Dies ist Schopenhauers metaphysischer Grundgedanke, den er in seiner Vorlesung »Metaphysik der Natur« Schritt für Schritt entfaltet. Der Wille ist das, was sich *uns* als Ding an sich darstellt, was unter den Bedingungen der menschlichen Erkenntnis gegenständlich als vorgestellter Leib beziehungsweise darüber hinaus als vorgestellte Welt erscheint. Dies meint der Titel seines Hauptwerks: »Die Welt als Wille und Vorstellung«. Ausgehend vom Modell der eigenen Leiberfahrung eröffnet sich ein Verständnis für die »Rückseite« der Vorstellungswelt. Die eigene Leiberfahrung gewährt einen Blick hinter die Kulissen, wenn auch nur tendenziell. Würde ein Mensch sich ausschließlich von außen als Ding unter Dingen wahrnehmen und begreifen müssen, erschiene ihm der Gedanke, er habe überdies noch eine Innenseite, absurd. Er könnte einen menschlichen Leib bis in alle Fasern hinein sezieren, er würde wie bei der Zertrümmerung eines Steines nur Äußeres, Objektives, Meßbares finden – aber nichts, was einem Willen ähnlich wäre. Diese Problematik kennzeichnet zugleich Schopenhauers Kritik an dem Reduktionismus der naturwissenschaftlichen Erkenntnis, die unvermeidbarerweise auf die Äußerlichkeit der Welt als Vorstellung festgelegt ist und den Inhaltsreichtum der inneren Subjektivität als gegenstandslos – im wahrsten Sinne des Wortes – methodisch ausklammern muß.

Was Schopenhauer unter Willensseite im Gegensatz zur Vorstellungsseite versteht, verdeutlicht er am Beispiel der Zeugung:

Der Zeugungsakt nämlich stellt sich uns auf zweifache Weise dar: erstlich für das Selbstbewußtseyn, dessen alleiniger Gegenstand, wie ich oft nachgewiesen habe, der Wille mit allen seinen Affektionen ist; und sodann für das Bewußtseyn anderer Dinge, d. i. der Welt der Vorstellung, oder der empirischen Realität der Dinge. Von der Willensseite nun, also innerlich, subjektiv, für das Selbstbewußtseyn, stellt jener Akt sich dar als die unmittelbarste und vollkommenste Befriedigung des Willens, d. i. als Wollust. Von der Vorstellungsseite hingegen, also äußerlich, objektiv, für das Bewußtseyn von andern Dingen, ist eben dieser Akt der Einschlag zum allerkünstlichsten Gewebe, die Grundlage des unaussprechlich komplicirten animalischen Organismus, der dann nur noch der Entwickelung bedarf, um unsern erstaunten Augen sichtbar zu werden.[62]

Von dem Schema dieser unmittelbaren Selbsterkenntnis geht Schopenhauer aus und sucht – nunmehr mittelbar –, das innere Wesen auch aller übrigen Erscheinungen zu erkennen. Er überträgt die Innenerfahrung seines Willens auf das, was sich ihm lediglich als äußere Vorstellung darstellt: auf andere Menschen, auf Tiere, auf Pflanzen und schließlich auf die anorganische Natur. Schopenhauer sucht in der »Metaphysik der Natur« den

Willen als das innere Wesen aller Naturerscheinungen nachzuweisen. Es ist ein innerweltlicher »Wille, der in Allem [was organisch ist – d. Hrsg.] dasselbe will, Leben, Daseyn, Wohlseyn, Fortpflanzung«.[63] Entgegen der philosophischen Tradition schaltet er hierbei den Intellekt als den ursprünglichen Ort des Willens aus. Die Welt als Wille ist erkenntnislos. Indizien für eine kosmische Intelligenz oder eine Gottheit kann Schopenhauer nicht ermitteln.

Häufig ist Schopenhauer der Vorwurf gemacht worden, er habe mit seiner Metaphysik die von ihm selbst gesetzten Schranken seiner Erkenntnistheorie überschritten.[64] Diese Kritik muß ernst genommen und es muß ihr sorgfältig nachgegangen werden. Zunächst gilt es festzuhalten, daß Schopenhauers metaphysische Auffassung vom Willen als Ding an sich komplex ist und sich nicht so einfach bestimmen läßt, wie manche Kritiker es behaupten.

Außerdem wird häufig übersehen, daß der ausschließliche Erkenntnisgegenstand, den Schopenhauers Philosophie zu erklären und zu verstehen unternimmt, das *empirische Bewußtsein* ist. Er untersucht es als Bewußtsein von anderen Dingen (äußere Anschauung) und als Bewußtsein des eigenen Selbst (Selbstbewußtsein). Auch seine Metaphysik hält an dem Vorrang der Anschauung gegenüber dem Begriff fest. Nur ist die Erkenntnisquelle der Metaphysik nicht die äußere Erfahrung allein, sondern ebensosehr die innere. Ihr entscheidender Schritt besteht darin, »daß sie, an der rechten Stelle, die äußere Erfahrung mit der innern in Verbindung setzt und diese zum Schlüssel jener macht«.[65] Diese Rückbindung an die empirischen Inhalte des Bewußtseins erzwingt eine entscheidende Änderung des Erkenntnisanspruchs: *Schopenhauer gibt das apriorische Wissenschaftsideal für die inhaltliche, metaphysische Seite seiner Philosophie auf.* Er begnügt sich mit metaphysischen Wahrheiten, die nur noch eine annähernde, eine »approximative Allgemeingültigkeit«[66] beanspruchen. In diesem eingeschränkten und doch zugleich erweiterten Sinne bewahrt er die Metaphysik vor ihrem Ende: Erweitert ist die Metaphysik, weil sie im Gegensatz zu Kant theoretisches Wesenswissen wieder zuläßt, eingeschränkt ist sie, weil dieses Wesenswissen kein absolut notwendiges und allgemeingültiges mehr sein kann.

Es ist ein charakteristisches Kennzeichen der Philosophie Schopenhauers, daß er seine ganze Metaphysik – die Metaphysik der Natur, des Schönen und der Sitten – an empirische Daten bindet und durch dieses »Eingeständnis« den traditionellen Anspruch auf apodiktische Gewißheit, die allein durch Erkenntnis a priori möglich ist, aufgibt. Schopenhauer unterstreicht damit die Autorität der Erfahrungsinhalte. In seinem Denken soll der Erfahrung nicht bedeutet werden können, »sie verstehe nichts davon und solle das Maul halten, wenn Philosophie *a priori* geredet hat«.[67] Die innere und äußere Erfahrung avanciert – und dies ist neu in der Geschichte der Philosophie – zum Prüfstein einer »Metaphysik aus empirischen Erkenntnißquellen«[68], die sich den anmaßenden Herrschaftsansprüchen dogmatischer Begriffssetzungen nicht länger beugen will.

Der Wille als Ding an sich aller Naturerscheinungen läßt sich begrifflich nicht beweisen. Schopenhauer weist darauf hin, daß dies unmöglich ist. Jeder einzelne muß aufgrund der Evidenz seiner eigenen Selbsterkenntnis die lebendige Bestätigung in sich selbst finden:

Nachgewiesen habe ich es so weit es sich nachweisen läßt: habe Sie stufenweise von einer Erscheinung zur andern geführt, immer abwärts, und Ihnen als den Schlüssel zu allem immer die unmittelbare Erkenntniß Ihres eignen Wesens vorgehalten: Andemonstriren kann ich's Ihnen weiter nicht: Sie müssen es unmittelbar erfassen: denn hier werden nicht Urtheile aus Urtheilen abgeleitet; nicht bloß Begriffe hin und her geschoben um aus ihren Verhältnissen neue Kombinationen zu machen; hier werden nicht bloße Verhältnisse von Vorstellungen zu Vorstellungen nachgewiesen; sondern hier muß der Uebergang geschehn von der Vorstellung zu dem was nicht Vorstellung ist, sondern Wesen an sich und das Verhältniß zwischen beiden aus der unmittelbarsten Selbsterkenntniß aufgefaßt werden: die unmittelbare Erkenntniß vom innern Wesen der Erscheinung, die Ihnen Ihr eigenes Daseyn giebt, müssen Sie übertragen auf die Ihnen nur mittelbar bekannten Wesen: diese Erfassung ist die *philosophische Wahrheit*. Ich kann Sie nur darauf hinweisen.[69]

Schopenhauer stellt dabei ganz klar heraus: »Der Wille, so wie wir ihn in uns finden und wahrnehmen, ist nicht eigentlich das *Ding an sich*.«[70] Der Wille – an dieser Einschränkung kommt er nicht vorbei – ist lediglich das Ding an sich *für uns* in seiner deutlichstmöglichen Erscheinung. Auch in der unmittelbaren Selbsterkenntnis stehen wir uns im Wege, weil es die erste Eigentümlichkeit unseres Erkennens ist, das, was erkannt werden soll, zu einem vorgestellten Objekt zu machen, der Wille aber alles andere als ein solches Objekt ist. Was das Ding an sich zuletzt selbst sei, abgesehen davon, daß es sich *uns* als Wille *darstellt*, diese Frage kann Schopenhauer nur noch stellen, aber, wie er selbst betont, nicht mehr beantworten.

Erbittert ist er über das vulgär-voluntaristische, ursprungsphilosophische Mißverständnis, der Wille sei das außerweltliche Absolute. Diese Interpretation weist er nachdrücklich zurück, was sein leidenschaftlich erregter Brief vom 21.8.1852 an Julius Frauenstädt belegt, der zuvor in einer »wahren Begeisterung von Absurdität« den Willen erfahrungstranszendent als das absolut Ursprüngliche, Ewige und Unzerstörbare schlechthin dogmatisiert hatte:

Ich muß, mein werther Freund, mir alle Ihre vielen und großen Verdienste um die Verkündigung meiner Philosophie vergegenwärtigen, um nur nicht außer aller Geduld und Fassung zu gerathen, bei ihrem letzten Briefe. [...] Vergebens z. B. habe ich geschrieben, daß Sie das Ding an sich nicht zu suchen haben in Wolkenkukuksheim (d. h. da, da wo der Judengott sitzt), sondern in den Dingen dieser Welt, – also im Tisch, daran Sie schreiben, im Stuhl unter Ihrem Werthesten. Vielmehr sagen Sie, »es bliebe ein Widerspruch, daß ich vom Dinge an sich aussagte, was mit dem Begriffe des Dinges an sich unvereinbar wäre.« Ganz richtig! mit *Ihrem* Begriff von Ding an sich ist's ewig unvereinbar, und diesen eröffnen Sie uns in folgender präklaren Definition: das Ding an sich ist »das ewige, unentstandene und unvergängliche Urwesen.« – *Das* wäre das Ding an sich?! – Den Teufel auch! – Ich will Ihnen sagen was das ist: das ist das wohlbekannte *Absolutum*, also der verkappte kosmologische Beweis, auf dem der Judengott reitet. [...]

Meine Philosophie redet nie von Wolkenkukuksheim, sondern von *dieser Welt*, d. h. sie ist *immanent*, nicht transscendent. Sie liest die vorliegende Welt ab, wie eine Hieroglyphentafel (deren Schlüssel ich gefunden habe, im Willen) und zeigt ihren Zusammenhang durchweg. Sie lehrt, was die Erscheinung sei, und was das Ding an sich. Dieses aber ist Ding an sich blos *relativ*, d. h. in seinem Verhältniß zur Erscheinung: – und diese ist Erscheinung bloß in ihrer Relation zum Ding an sich. Außerdem ist sie ein Gehirnphänomen. Was aber das Ding an sich *außerhalb* jener Relation sei, habe ich nie gesagt, weil ich's nicht weiß: *in* derselben aber ist's Wille zum Leben.[71]

Gleichwohl betrachtet Schopenhauer den Willen als Ding an sich doppelt: einmal mit kritischen, phänomenalistischen Einschränkungen, zum andern als metaphysisches Urprinzip. Auch diesen Sachverhalt hat man als Widerspruch seines philosophischen Systems gedeutet und als Mangel an Gedankentiefe bewertet. Bei näherem Hinsehen aber zeigt sich, daß die vermeintlichen Widersprüche zwischen Metaphysik und Erkenntnistheorie eine innere logische Konsistenz aufweisen – auch wenn diese Konsistenz mit Schopenhauers einseitigem transzendentalidealistischen Selbstverständnis nicht mehr vereinbar ist (Abschnitt 2).

Die eigene Willenserfahrung wird der Natur als ihre Innenseite unterlegt. In dieser Deutungsperspektive ist die Rückbindung an die eigene Erfahrung offensichtlich. »Wir müssen die Natur verstehn lernen aus unserm eignen Selbst, nicht unser eignes Selbst aus der Natur.«[72] Der Wille als Grundbegriff der Metaphysik ist hierbei nur eine »denominatio a potiori«, eine Benennung nach dem, was uns am bekanntesten ist. Insofern mit dem Willen die gesamte Natur entschlüsselt – nicht kausal erklärt! – werden soll, erfährt der Terminus eine große Ausdehnung. Der von *Erkenntnis*, von Motiven geleitete menschliche Wille bildet nur noch einen Teilbereich, einen verschwindend kleinen Bezirk innerhalb des *erkenntnislosen* Willens. Aus dieser Perspektive ist die Deutung der Welt als Vorstellung im Rahmen unserer Selbsterkenntnis, die Untersuchung also des Verhältnisses der Erscheinungen zum Willen, ein hermeneutisch-interpretativer Versuch mit erkenntniskritischen Einschränkungen.

Aber Schopenhauer geht auch den umgekehrten Weg, indem er die Deutungsperspektive wendet. Dann geht er von dem Willen als metaphysisches, an sich seiendes Urprinzip aus. Er untersucht den Willen als Ding an sich in seinem Verhältnis zu den Erscheinungen und verfolgt die Stufenleiter der Objektivation des Willens in aufsteigender Linie, von der unorganischen Natur über die Pflanzen bis zum Auftreten der tierischen und menschlichen Erkenntnis. Aus dem Willen, dem Lösungswort der hermeneutischen, nichtkausalen Entzifferung der Welt, wird hier ein für sich seiender Urgrund. Schopenhauers Programm lautet jetzt: Wir müssen unser eigenes Selbst aus der Natur verstehen lernen, nicht aber die Natur aus unserem eigenen Selbst. Spätestens hier transzendiert er die Immanenz der Welt als Vorstellung und ratifiziert ein vorstellungsunabhängiges Sein an sich. Bei der ersten Perspektive war der Wille noch vorstellungsbedingt, noch bewußtseinsimmanent, bei der zweiten wird er als vorstellungsbedingend, als bewußtseinstranszendent gesetzt: der zur Vorstellung gewordene Wille und der die Vorstellung hervorbringende Wille. Schopenhauer kann jetzt schreiben:

Ich setze also erstlich *den Willen, als Ding an sich*, völlig Ursprüngliches; zweitens seine bloße Sichtbarkeit, Objektivation, den Leib; und drittens die Erkenntniß, als bloße Funktion eines Theils dieses Leibes. Dieser Theil selbst ist das objektivirte (Vorstellung gewordene) Erkennenwollen, indem der Wille, zu seinen Zwecken, der Erkenntniß bedarf. Diese Funktion nun aber bedingt wieder die ganze Welt als Vorstellung, mithin auch den Leib selbst, sofern er anschauliches Objekt ist, ja, die Materie überhaupt, als welche nur in der Vorstellung vorhanden ist. Denn eine objektive Welt, ohne ein Subjekt, in dessen Bewußtseyn sie dasteht, ist, wohlerwogen, etwas schlechthin Undenkbares. Die Erkenntniß und die Materie (Subjekt und Objekt) sind also nur relativ für einander da und machen die *Erscheinung* aus. Mithin steht, durch meine Fundamentalveränderung, die Sache so, wie sie noch nie gestanden hat.[73]

Der Wille ist erkenntnistheoretisch gesehen vorstellungsbedingt *und* ontologisch gesehen vorstellungsbedingend. Beide Betrachtungsweisen aber gehören *zusammen*, weshalb die zweite, die ursprungsphilosophische Perspektive wieder relativiert wird. Der logisch notwendige Zusammenhang beider standortgebundener Perspektiven aber liegt in Schopenhauers Kopernikanischer Drehwende begründet. Sie vermag in ihrer metaphysischen Auslegung ihre antinomische Struktur nicht abzustreifen. Mit dem oft konstruierten Widerspruch zwischen Erkenntnistheorie und Metaphysik hat diese Struktur nichts zu tun. Die Drehwende ist die paradoxe Struktur der Welt als Vorstellung, und die Welt als Wille ist – für unsere Vorstellung – ihre Innenseite. Insgesamt gilt: Die Welt als Wille setzt die Welt als Vorstellung voraus, und die Welt als Vorstellung setzt die Welt als Wille voraus. Schopenhauers Drehwende ist der systematische Dreh- und Angelpunkt *auch* für die Dynamik seiner Metaphysik der Natur. Ich bin der Auffassung, daß mit dieser Interpretation ein weiterer Hauptvorwurf, mit dem sich die Schopenhauer-Rezeption schwertut, wegfällt: Die Bestimmung des Willens in der Philosophie Schopenhauers sei schwankend.[74]

Die Kopernikanische Drehwende holt Schopenhauers Metaphysik immer wieder auf den Boden der Anschauung, auf den Boden der Empirie zurück. Die Erfahrungstranszendenz des Willens muß erfahrungsimmanent rückversichert werden. Der

Wille als Ding an sich bleibt dadurch ein bloß *relatives* Ding an sich *innerhalb* der Relation zu seiner Erscheinung, die von unseren »blauen Gläsern« abhängt. Nicht die sekundären Begriffe, nur die primären Anschauungen bieten der menschlichen Erkenntnis einen sicheren Boden – aber die Innenerfahrung unserer Selbsterkenntnis wird einer schwindelerregenden Doppelbödigkeit der Anschauung gewahr und leuchtet in den unausleuchtbaren Abgrund der Natur, der unser eigener ist. Schopenhauer belehrt sich über sein Nichtwissen:

Welche Fackel wir auch anzünden und welchen Raum sie auch erleuchten mag; stets wird unser Horizont von tiefer Nacht umgränzt bleiben. Denn die letzte Lösung des Räthsels der Welt müßte nothwendig bloß von den Dingen an sich, nicht mehr von den Erscheinungen reden. Aber gerade auf diese allein sind alle unsere Erkenntnißformen angelegt: daher müssen wir Alles uns durch ein Nebeneinander, Nacheinander und Kausalitätsverhältnisse faßlich machen. Aber diese Formen haben bloß in Beziehung auf die Erscheinung Sinn und Bedeutung: die Dinge an sich selbst und ihre möglichen Verhältnisse lassen sich durch jene Formen nicht erfassen. Daher muß die wirkliche, positive Lösung des Räthsels der Welt etwas seyn, das der menschliche Intellekt zu fassen und zu denken völlig unfähig ist [...][75]

Anmerkungen

Folgende Siglen werden verwendet:
Arthur Schopenhauer: Sämtliche Werke. Hrsg. von Arthur Hübscher, 7 Bände. Wiesbaden [3]1972 (= Werke);
Arthur Schopenhauer: Sämtliche Werke. Hrsg. von Wolfgang Frhr. von Löhneysen, 5 Bände. Stuttgart/Frankfurt am Main 1960 [= Werke]

G	= Ueber die vierfache Wurzel des Satzes vom zureichenden Grunde (Werke Bd. I) [Werke Bd. III]
WI	= Die Welt als Wille und Vorstellung Bd. I (Werke Bd. II) [Werke Bd. I]
WII	= Die Welt als Wille und Vorstellung Bd. II (Werke Bd. III) [Werke Bd. II]
N	= Ueber den Willen in der Natur (Werke Bd. IV) [Werke Bd. III]
E	= Die beiden Grundprobleme der Ethik (Werke Bd. IV) [Werke Bd. III]
PI	= Parerga und Paralipomena Bd. I (Werke Bd. V) [Werke Bd. IV]
PII	= Parerga und Paralipomena Bd. II (Werke Bd. VI) [Werke Bd. V]

Arthur Schopenhauers handschriftlicher Nachlaß. Philosophische Vorlesungen. Hrsg. von Franz Mockrauer. In: Arthur Schopenhauers sämtliche Werke. Hrsg. von Dr. Paul Deussen. München 1913 (= Werke)

Vorl I	= Probevorlesung; Vorlesung über die Grundlegung zur Philosophie; Vorlesung über die gesammte Philosophie, 1. Theil (Werke Bd. IX)
Vorl II	= Vorlesung über die gesammte Philosophie, 2.–4. Theil (Werke Bd. X)

Arthur Schopenhauer: Der Handschriftliche Nachlaß. Hrsg. von Arthur Hübscher, 5 Bände in 6. Frankfurt am Main 1966–1975

HN I	= Die frühen Manuskripte 1804–1818 (Bd. I)
R	= Arthur Schopenhauer: Reisetagebücher aus den Jahren 1803–1804. Hrsg. von Charlotte von Gwinner. Leipzig 1923
GBr	= Arthur Schopenhauer: Gesammelte Briefe. Hrsg. von Arthur Hübscher. Bonn 1978
Gespr	= Arthur Schopenhauer: Gespräche. Hrsg. von Arthur Hübscher. Stuttgart-Bad Cannstatt [2]1971

Jb	=	Schopenhauer-Jahrbuch (mit vorangesetzter Ziffer und folgender Jahreszahl)
Bibliogr	=	Arthur Hübscher: Schopenhauer-Bibliographie. Stuttgart-Bad Cannstatt 1981
Mat	=	Volker Spierling (Hrsg.): Materialien zu Schopenhauers »Die Welt als Wille und Vorstellung«. Frankfurt am Main 1984.

Die Zitate aus Schopenhauers sämtlichen Werken sind doppelt belegt. Sie folgen der historisch kritischen Ausgabe von Arthur Hübscher und in eckigen Klammern der von Wolfgang Frhr. von Löhneysen.

1 R, S. 225 f.

2 HN I, Nr. 220, S. 126.

3 Vgl. z. B. R, S. 170–191.

4 Weitere Erlebnisse dieser Art, Konfrontationen von Begriff und Anschauung, finden sich in R, S. 71, 76, 81 f., 89 f., 91 f., 100, 109, 131, 133, 164, 237, 297.

5 Vgl. jedoch R, S. 181 f.

6 R, S. 133.

7 GBr, Nr. 56, S. 650.

8 G. W. F. Hegel: Frühe Schriften. Werke, Bd. 1, Hrsg. v. E. Moldenhauer und K. M. Michel. Frankfurt 1971, S. 618.

9 P II, § 233, S. 477 [529].

10 W II, Kap. 7, S. 76–98 [95–121]. Vgl. W II, Kap. 6, S. 69 [88] und W II, Kap. 17, S. 199 [233].

11 J. W. Goethe: Faust I, Verse 1948–1953 und 1990–2000.

12 Vgl. W II, Kap. 7, S. 90–96 [111–118].

13 W II, Kap. 7, S. 93 f. [115–117].

14 N, S. 7 [326].

15 Vgl. z. B. den unter dem Einfluß von Christian Wolff stehenden kosmologischen Gottesbeweis von Johann Christoph Gottsched: Erste Gründe der gesammten Weltweisheit. Leipzig [7]1762, §§ 1099–1110, S. 561–565.

16 W I, S. 618 [698]. Schopenhauer merkt in diesem Zusammenhang an: »Solchen Behauptungen hätte längst, wenn man seine Vernunft, statt sie zu vergöttern, hätte brauchen wollen, die einfache Bemerkung sich entgegenstellen müssen, daß, wenn der Mensch, vermöge eines eigenthümlichen Organs zur Lösung des Räthsels der Welt, welches seine Vernunft ausmache, eine angeborene, nur der Entwickelung bedürftige Metaphysik in sich trüge; alsdann über die Gegenstände der Metaphysik eben so vollkommene Uebereinstimmung unter den Menschen herrschen müßte, wie über die Wahrheiten der Arithmetik und Geometrie; wodurch es ganz unmöglich würde, daß auf der Erde eine große Anzahl grundverschiedener Religionen und eine noch größere grundverschiedener philosophischer Systeme sich vorfände; vielmehr alsdann Jeder, der in religiösen oder philosophischen Ansichten von den Uebrigen abwiche, sogleich angesehn werden müßte, wie Einer, bei dem es nicht recht richtig ist.« (E, S. 151 [678 f.]).

17 Vgl. W II, Kap. 1, S. 16 [24].

18 W II, Kap. 1, S. 15 [23 f.].
19 P II, § 74, S. 111 [125].
20 P I, S. 14 [23]. – Vgl. P I, S. 82 [99].
21 G. Berkeley: Drei Dialoge zwischen Hylas und Philonous. Übers. v. R. Richter. Leipzig 1901, S. 49 f.
22 Vorl I, S. 113.
23 Vorl I, S. 114. – Vgl. W I, § 1, S. 3 f. [31 f.].
24 W I, § 7, S. 35 [65]. – Vgl. Vorl I, S. 115.
25 Vgl. I. Kant: Kritik der reinen Vernunft, Akad.-Ausg., Bd. IV. Berlin 1968, A 396.
26 Vgl. a. a. O., Akad.-Ausg., Bd. III, B XVI f.
27 I. Kant: Prolegomena zu einer jeden künftigen Metaphysik, die als Wissenschaft wird auftreten können, Akad.-Ausg., Bd. IV, § 36, S. 319 f. und § 38, S. 332
28 H. v. Kleist: Werke und Briefe, Bd. 4. Hrsg. v. S. Streller. Berlin und Weimar 1978, S. 200.
29 S. u., S. 54 – Erkenntnisse a priori beruhen Schopenhauer zufolge darauf, »daß sie die bloßen Formen, d. h. Funktionen, unsers Intellekts ausdrücken, mittelst deren allein wir eine objektive Welt aufzufassen fähig sind, in denen diese sich also darstellen *muß*, daher eben für dieselbe jene Formen absolut gesetzgebend sind, so daß alle Erfahrung jedesmal ihnen genau entsprechen *muß*, wie Alles, was ich durch ein blaues Glas sehe, sich blau darstellen *muß* [...])« (E, § 6, S. 132 f. [658 f.] – vgl. P II, § 21, S. 19 [26]).
30 G, § 21, S. 52 [68].
31 G, § 21, S. 52 [69].
32 G, § 21, S. 53 [69 f.].
33 W II, Kap. 2, S. 27 [36].
34 W II, Kap. 6, S. 68 [87].
35 Der Briefwechsel Arthur Schopenhauers. Hrsg. v. C. Gebhardt, Bd. 1. In: Arthur Schopenhauers sämtliche Werke. Hrsg. v. P. Deussen, Bd. XIV. München 1929, Nr. 343, S. 632 f. – Schopenhauers Antwort, a.a.O., Nr. 344, S. 632 oder GBr, Nr. 216, S. 232 f.
36 W II, Kap. 18, S. 217 [251].
37 Schopenhauer war ein intensiver Leser z. B. des französischen Physiologen Pierre-Jean Georges Cabanis (1757–1808). Wie der Magen die Speisen verdaut, so lautet Cabanis' berühmt gewordener Vergleich, so verarbeitet das Gehirn die Sinneseindrücke zu Vorstellungen. Schopenhauer greift auf diesen Vergleich häufiger zurück. In W II, Kap. 6, S. 70 [89] z. B. schreibt er: »[...] denn ein denkendes Wesen ohne Gehirn ist wie ein verdauendes Wesen ohne Magen.« Vgl. in unserem Zusammenhang W II, Kap. 22, S. 308 [353].
38 W II, Kap. 22, S. 309 [353]. Vgl. G, § 20, S. 44 [59].
39 W II, Kap. 22, S. 314 [359]. Vgl. W II, Kap. 20, S. 284 [324].
40 Vgl. I. Kant: Kritik der reinen Vernunft, B 131.
41 W II, Kap. 1, S. 14 [22].
42 Vorl I, S. 113.
43 W II, Kap. 22, S. 312 [357].

44 Vgl. V. Spierling: Schopenhauers transzendentalidealistisches Selbstmißverständnis. Diss. München 1977.
45 N, S. 39 [360].
46 Vgl. V. Spierling: Die Drehwende der Moderne. Schopenhauer zwischen Skeptizismus und Dogmatismus. In: ders., Mat, bes. S. 37–55.
47 Vorl I, S. 493. Vgl. W I, § 7, S. 36 [66].
48 W II, Kap. 1, S. 15 [23].
49 P II, § 85, S. 149 [167].
50 Schopenhauer sagt weiter: »Wenn man nämlich einerseits zugeben muß, daß alle jene physischen, kosmogonischen, chemischen und geologischen Vorgänge, da sie nothwendig, als Bedingungen, dem Eintritt eines Bewußtseyns lange vorhergehn mußten, auch *vor* diesem Eintritt, also außerhalb eines Bewußtseyns, existirten; so ist andererseits nicht zu leugnen, daß eben die besagten Vorgänge außerhalb eines Bewußtseyns, da sie in und durch dessen Formen allererst sich darstellen können, gar nichts sind, sich nicht ein Mal denken lassen.« (Ebd.)
51 Vgl. V. Spierling: Mat, S. 55–62, 131 ff., 183 ff., 186 ff., 197 ff., 212 ff., 341 ff., 346 ff., 371 ff.
52 K. Lorenz: Kants Lehre vom Apriorischen im Lichte gegenwärtiger Biologie (1941). In: K. Lorenz und F. M. Wuketits (Hrsg.): Die Evolution des Denkens. München / Zürich 1983, S. 100.
53 a. a. O., S. 99.
54 G. Vollmer: Evolutionäre Erkenntnistheorie. Stuttgart 1981, S. 28–35.
55 Vgl. den Diskussionsbeitrag von C. F. v. Weizsäcker in: Reproduktion des Menschen. Beiträge zu einer interdisziplinären Anthropologie. Frankfurt / Berlin / Wien 1981, S. 29–54.
56 HN I, Frühe Manuskripte, Nr. 92, S. 55. – Vgl. V. Spierling: Mat, S. 59–62.
57 W II, Kap. 17, S. 206 [240].
58 S. u., S. 60 – Vgl. W II, Kap. 17, S. 202–206 [236–240].
59 = Anm. 43.
60 S. u., S. 66.
61 S. u., S. 67 f.
62 W II, Kap. 41, S. 569 [635].
63 S. u., S. 178.
64 Vgl. V. Spierling: Mat, S. 131 ff., 253 ff., 285 ff., 304 ff., 328 ff., 341 ff., 346 ff.
65 W II, Kap. 17, S. 201 [235].
66 W II, Kap. 7, S. 93 [115].
67 W I, S. 498 [569].
68 W II, Kap. 17, S. 201 [235].
69 S. u., S. 122.
70 S. u., S. 97.
71 GBr, Nr. 280, S. 290 f.
72 S. u., S. 138.
73 N, S. 20 f. [340 f.].
74 Vgl. V. Spierling: Mat, S. 285 ff.
75 W II, Kap. 17, S. 206 [240].

Arthur Schopenhauer

METAPHYSIK DER NATUR

CAP. 1.
Ueber den Begriff der Metaphysik.

Den zweiten Theil meiner Betrachtung betitle ich »*Metaphysik*«, zur Unterscheidung der beiden noch folgenden nenne ich ihn zwar *Metaphysik der Natur*; aber eigentlich liegt hierin eine Tautologie. Wir wollen vorläufig die Bedeutung des Wortes *Metaphysik* erörtern. Denn Sie Alle haben den Ausdruck schon oft gehört; aber wahrscheinlich würde es Ihnen schwer werden bestimmt anzugeben, was eigentlich damit gemeint sei: denn die Bedeutung des Wortes ist mit der Zeit sehr vieldeutig geworden und hat sich nach den verschiednen Systemen bequemen müssen. »Metaphysik«: – Es ist ein schöner Name! »das was jenseit der Natur und des bloß Natürlichen, jenseit der Erfahrung liegt«, – oder »die Erkenntniß desjenigen dessen Erscheinung die Natur ist, das sich in der Natur offenbart – die Erkenntniß des Kerns, dessen Hülle die Natur ist; – die Erkenntniß dessen wozu sich die Erfahrung als bloßes Zeichen verhält«; – in diesem Sinne klingt das Wort so reizend im Ohre Jedes der zum tiefen Denken gestimmt ist, dem die Erscheinung der Welt nicht genügt, sondern der das wahre Wesen in ihr erkennen möchte. – Diesen Sinn giebt schon die Etymologie des Wortes an und in diesem Sinne überhaupt nehme auch ich das Wort Metaphysik. Auch glaube ich, daß dieses mit dem ursprünglichen Sinne des Worts so ziemlich zusammentrifft. Nämlich der Ursprung des Worts sind die vierzehn Bücher des *Aristoteles* überschrieben *τα μετα τα φυσικα* [das, was hinter den natürlichen Dingen]: Einige nehmen an, diese Ueberschrift beziehe sich bloß darauf, daß diese Bücher auf die *φυσικα* [natürlichen Dinge; Physik] folgen: was selbst nicht ausgemacht ist, wegen der Unordnung, Zerstückelung, Verstümmelung in der alle Aristotelischen Schriften auf uns gekommen sind: auch ist gar nicht wahrscheinlich daß dieser Titel der zu einem so viel sagenden Worte geworden ursprünglich eine solche bloß Aeußerliche und so nüchterne Bedeutung habe. Vielmehr meynte auch Aristoteles damit das, was Jenseit der Natur liegt, über die Erfahrung hinausgeht. Er handelt darin von dem *Seienden* als solchen, dem *ον* [Schopenhauer zitiert in einer Fußnote Aristoteles: »Dem Seienden, sofern es ein Seiendes ist, sind gewisse Bestimmungen eigen; und diese sind es, über welche die Wahrheit zu erforschen des Philosophen Aufgabe ist.« (Metaphysik, IV, 2; 1004b14)]; sucht also auszumachen was sich von jedem Dinge sofern es ein Ding ist, also vom Daseienden als solchen sagen läßt: dazu braucht es keiner weitern Erfahrung; bloß der Begriff des Seienden überhaupt wird genommen. Das Verfahren ist daher *apriori* und ist eine Entwickelung aus bloßen Begriffen. Das Allgemeinste in aller unsrer Erkenntniß, die obersten Principien werden aufgestellt, und das ist der hauptsächliche Inhalt des Werks. Was Wissen, Wissenschaft, Erfahrung und Kunst sei; der Satz vom Widerspruch, wird aufgestellt und sogar bewiesen; der vom ausgeschloßnen Dritten; Untersuchung der verschiednen Arten von Beweisen; – sodann die vier Arten von Ursachen; über Materie und Form; über Begriffe, ihre Natur, und ob sie an sich existiren; viel Polemik gegen frühere Philosophen, besonders gegen die Ideenlehre des Plato. Das ist im Ganzen der Inhalt. Das Werk ist eine Hauptquelle der Geschichte der ältern Philosophie weil so viele frühere Philosopheme angeführt werden, um sie zu bestreiten. Das Ganze aber hat einen sehr vagen, unzusammenhängenden Gang: Aristoteles springt immer ab, er geht immer vom Hundertsten ins Tausendste: er sammelt sich nicht auf Einen Punkt, er ergründet und erschöpft keine Untersuchung; wenn er bei einem interessanten Punkt ist, und wir meinen, nun soll die Untersuchung erst recht los gehn, dann ist er schon fertig und läuft weiter. Dies kommt eben von seinem karakteristischen Grundfehler, der ihn hauptsächlich zum Gegensatz des Plato macht, nämlich ein unaufhaltsames Streben nach Oberfläche, nach Vielheit, Aufhäufung, statt nach Tiefe und Koncentration zu streben, wie Plato: er vertheilt seine Kraft an das Unzählige und Einzelne, statt sie zu sammeln in einem Punkt. Ohne diesen Fehler, hätte höchst wahrscheinlich schon Aristoteles die Entdeckungen gemacht die

Kant 2000 Jahre später machte. Er war ganz nahe daran in den *Analytica poster. Lib. I, cap. 32.* –

Nach dieser Aristotelischen Metaphysik wurde nun später im Mittelalter von den Scholastikern alle Philosophie zugeschnitten, daher denn die Philosophie überhaupt den Namen Metaphysik bekam. Es war die Wissenschaft vom *ens quâ ens* [das Seiende, sofern es ein Seiendes]: man bereicherte und ordnete die Aristotelische Metaphysik, führte sie aufs weitläuftigste aus, und amalgamirte sie mit Christlicher Theologie: da unterschied man das *ens* [Seiende] in *ens creatum et increatum* [das erschaffene Seiende und das unerschaffene] u. dgl. m. Ein Hauptsatz war z. B. *quodlibet ens est unum, verum, bonum* [Jedes beliebige Seiende ist eines, ist wahr und ist gut.], gab den Stoff zu vielen Kapiteln. – Die höchste Vollendung, zu der das Alles am Ende gediehen war, zeigen Ihnen Suarez' *disputationes metaphysicae*. Aber auch nach der Scholastischen Zeit blieb die Philosophie Metaphysik und behielt selbst den Aristotelischen Zuschnitt zum Theil bei. Z. B. noch ganz spät Bayle's *traité de Métaphysique, 1700*. Chr. Wolf verarbeitete die Leibnitzischen Lehren zu einer höchst vollständigen und systematischen Metaphysik, dergleichen bis dahin noch nicht gewesen. Sie hatte vier Haupttheile. 1) *Ontologie*, auch *philosophia prima* [erste Philosophie] genannt; das war die Metaphysik im engsten Sinn, die Lehre vom Seienden, als solchen, vom *ens*, vom Ding überhaupt. 2) *Kosmologie*, die Lehre vom Weltganzen, von seiner Verkettung, dadurch es ein Ganzes ist, den Gesetzen dieser Verkettung, der Ordnung und Schönheit desselben, Form und Materie, – dem Ursprung, Abhängigkeit, Zufälligkeit, u. s. f. – Nach der Betrachtung der Welt als eines Ganzen kam man zu ihrem speciellern Inhalt: In der Welt waren nun zwei grundverschiedne Arten von Wesen, Körper und Geister: die Körper kamen in die *Physik* und schieden so aus der Metaphysik aus; die Geister machten den Stoff des *dritten* Theils aus, der *Psychologie*; die war theils *rational*, theils *empirisch*. Die *rationale* lehrte was, ohne alle Erfahrung, sich von der Seele ausmachen ließ aus dem Begriff eines einfachen, immateriellen erschaffnen Wesens; die *empirische* lehrte was wir aus Erfahrung über den menschlichen Geist wissen, diese besteht noch jetzt isolirt als Erfahrungsseelenkunde, psychische Anthropologie, Psychologie. Endlich der vierte Theil der Metaphysik war die *Theologie*, als *natürliche Theologie*. Seit der *Kantischen Katastrophe* aller dieser Weisheit, tritt auch dieser letztre Theil noch hin und wieder isolirt auf, unter einem andern Namen »Religionsphilosophie« (eine sonderbare Zusammensetzung).

Kant machte endlich die große Katastrophe, die ewig eine Weltperiode in der Geschichte der Philosophie bleiben wird. Er stürzte alle jene Weisheit über den Haufen und zwar so daß sie nie wieder aufstehn wird. Daher kommt es, daß wohl nie eine Wissenschaft in so kurzer Zeit so gänzlich verändert worden als die Philosophie in diesen letzten vierzig Jahren. Was Ihre Großväter unter dem Namen Metaphysik höreten hat fast keine Aehnlichkeit mit dem was heute als solche vorgetragen wird. Es ist der Mühe werth einmal Meiers Metaphysik in vier Bänden zu durchblättern: es ist das A° 1750–1780 sehr berühmte Buch, nach welchem selbst Kant seine Vorträge hielt, ehe er selbst die Philosophie umgestaltete, was erst nach seinem 50sten Jahr geschah 1781: erst nach vier Jahren nahm man Rücksicht auf sein Buch. Wie verschieden jene Meiers Metaphysik von allem was in diesem Jahrhundert gelehrt wird! Um den Geist dieser großen Revolution kurz auszusprechen, kann man sagen: Bis dahin hielt man die Dinge dieser Erfahrungswelt für absolut real, für Dinge an sich, und daher ihre Ordnung für eine Ordnung der Dinge an sich, und endlich die Gesetze dieser Ordnung für ewige Gesetze der Welt an sich. Nun aber zeigte und bewies Kant, daß diese Erfahrungswelt bloße *Erscheinung* ist, ihre Ordnung bloße Ordnung der Erscheinung und die Gesetze derselben bloß gültig für Erscheinungen, daher sie nie darüber hinaus führen können; – das Ding an sich sonderte sich von der Erscheinung; Kant erklärte es für unerkennbar. Daher nahm er keine eigentliche Metaphysik mehr an. Jedoch gebrauchte er den Ausdruck Metaphysik und metaphysisch um das zu bezeichnen, was uns unabhängig von der Erfahrung und gänzlich *apriori* bekannt ist: in diesem Sinn fällt das Wort *»metaphysisch«* zusammen mit *»transscendental«*: die Scholastiker benannten damit das allerallgemeinste in unsrer Erkenntniß, eigentlich das was noch allgemeiner ist als die zehn Kategorien des Aristoteles, also eben das was allen Dingen als Dingen zukommt, folglich was den Stoff der *Metaphysik* hergiebt. Kant nennt *transscendental*, was uns vor aller Erfahrung bewußt ist, also *a priori* gewiß ist, was also die Form der Erfahrung aussagt. [Daneben am Rand: Genau genommen nennt Kant transscendental die Erkenntniß des *apriori* Gewissen, mit dem Bewußtseyn daß sie vor aller Erfahrung in uns liege: also die Erkenntniß unsers Wissens *apriori* als eines solchen.] Eben das nennt er auch *Metaphysisch*: daher seine Metaphysik der Natur, und der Sitten (*illustr.*). In diesem Sinne habe ich von *metaphysischer Wahrheit* geredet bei Eintheilung der vier Arten von Wahrheit. Jedoch nehme ich das Wort *Metaphysik* noch in einem andern Sinn, der mehr mit dem ursprünglichen übereinstimmt. Ich habe nämlich gefunden, daß unsre Erkenntniß von der Welt nicht durchaus beschränkt ist auf die bloße Erscheinung, sondern wir allerdings *data* haben zur Erkenntniß des innern Wesens der Welt, desjenigen davon sie die Erscheinung ist, ihres innern Wesens und Kerns, also, da die Natur bloße Erscheinung ist, desjenigen was jenseit der Natur liegt, des innern Wesens, das Ansich der Natur: die Lehre von dieser Erkenntniß, macht den 2ten Theil aus, den ich jetzt beginne: sie heißt demnach *Metaphysik*, oder tautologisch, jedoch bestimmter bezeichnend *Metaphysik der Natur*.

Den 3ten Theil meines Vortrags werde ich *Metaphysik des Schönen* nennen, sofern wir darin nicht bloß das Schöne sofern es in unsrer Erfahrung gegeben ist betrachten, sondern hierüber hinausgehend, den Eindruck des Schönen auflösen werden in sein Wesen Ansich, sehen werden was in uns vorgeht, wenn wir das Gefühl des Schönen und Erhabnen erfahren, und wie dieses eigentlich mit dem Wesen an sich unsres Selbst und der Welt zusammenhänge.

Endlich den 4ten Theil wird die *Metaphysik der Sitten* ausmachen, weil wir darin nicht bloß den Unterschied zwischen Gut und Böse, sofern er in der innern Erfahrung als Stimme des Gewissens sich darstellt, betrachten werden und daraus folgern was zu thun und zu lassen sey; sondern wir werden die innere Bedeutung dieser Unterscheidung von Gut und Böse ausfinden und sehn wie sie zusammenhängt mit dem Wesen an sich unsres

Selbst und der Welt überhaupt, wie sie aus diesem innern Wesen entspringt und darauf Beziehung hat. (Davon *suo loco*.) Jetzt zum 2ten Theil, der *Metaphysik der Natur*.

CAP. 2.
Das Problem der Metaphysik (und dessen Verhältniß zum Problem andrer Wissenschaften).

Wir haben bisher [im ersten, erkenntnistheoretischen Teil der Vorlesung] ganz allein von der Vorstellung geredet, die Welt nur betrachtet sofern sie Vorstellung ist. – Und zwar eigentlich nur der *Form* nach. –

Zwar die abstrakte Vorstellung auch ihrem Gehalt nach, sofern sie nämlich allen Gehalt bloß hat durch ihre Beziehung auf die anschauliche Vorstellung. Auf diese werden wir also gewiesen. – Jetzt entsteht uns die Frage nach dem *Gehalt* der anschaulichen Vorstellung. Wir wollen ihre näheren Bestimmungen, das was an ihr nicht formell, sondern materiell, was nicht *a priori* uns bewußt ist, sondern empirisch gefunden wird, kennen lernen.

Besonders aber wollen wir über die Bedeutung jener ganzen als Vorstellung in uns sich darstellenden Welt einen Aufschluß. Wir sehn daß diese Bilder, aus denen sie besteht, nicht etwa fremd und nichtssagend an uns vorüberziehn, sondern daß sie uns unmittelbar ansprechen, und so sehr wohl von uns verstanden werden, daß sie ein Interesse erhalten welches unser ganzes Wesen oft stark und heftig bewegt. Darum nun fragen wir: was ist diese Welt noch außerdem daß sie unsre Vorstellung ist? was bleibt übrig, wenn man vom Vorgestelltwerden, d. h. vom Vorstellungs-seyn absieht? Was bedeutet diese ganze Welt der Vorstellung? Was ist von dieser Erscheinung das Wesen, das Erscheinende, das Ding an sich? –

Diese Frage ist das Hauptproblem der Philosophie. –

Sie ist zu unterscheiden von den Problemen andrer Wissenschaften die sich auch gewissermaaßen mit dem Ganzen aller Erscheinung beschäftigen.

Z. B. Jede Erscheinung kann auch Gegenstand der Mathematik seyn; – auch diese erstreckt sich auf alle Dinge. Aber was sie an ihnen betrachtet ist ganz allein die *Größe*: bloß sofern sie Theile des Raumes und der Zeit sind, oder vielmehr solche füllen, gehn sie die Mathematik an. Sie mißt und zählt nur. Sie wird das Wiegroß und Wieviel höchst genau angeben: aber weiter nichts. Und dies ist immer nur relativ: – nämlich Vergleichung einer Vorstellung mit der andern und zwar nur in jener einseitigen Rücksicht auf Größe. –

Näher auf unser Problem einzugehn scheint die Naturwissenschaft. Sie hat es nicht mit dem bloß Formalen der Erscheinung zu thun, Zeit und Raum, sondern mit dem Inhalt, dem Empirischen. Daher wollen wir genauer angeben und uns deutlich machen, wiefern unser Problem von dem ihrigen ganz verschieden ist, sehn, daß wir die Erscheinungen doch in ganz andrer Hinsicht betrachten, und scharf die Gränze ziehn zwischen ihrem Gebiet und dem unsrigen, also zwischen Physik und Metaphysik. Wir müssen deshalb ihr Gebiet überblicken.

Wir finden das Gebiet der Naturwissenschaft in viele Felder getheilt. Jedoch können wir sogleich zwei Hauptabtheilungen unterscheiden. Alle *Naturwissenschaft* ist entweder Beschreibung von Gestalten, die nenne ich *Morphologie*: oder Erklärung von Veränderungen die ich nenne *Aetiologie*. – Erstere betrachtet die bleibenden Formen; – letztere die wandelnde Materie, nach den Gesetzen ihres Uebergangs aus einer Form in die andre. – Morphologie ist das was man im weitesten Sinn Naturgeschichte nannte: Zoologie, Botanik, Mineralogie. Zoologie und Botanik lehren uns die beim unaufhörlichen Wechsel der Individuen bleibenden, organischen, und dadurch festbestimmten Gestalten kennen: diese Gestalten machen einen großen Theil der ganzen anschaulichen Vorstellung aus. Sie werden von jenen Wissenschaften (Zoologie und Botanik) klassifizirt, gesondert, vereinigt, nach natürlichen und künstlichen Systemen geordnet und dadurch unter gewisse Begriffe gebracht und vertheilt, welche eine Uebersicht und Kenntniß aller dieser höchst mannigfaltigen Gestalten möglich machen. Diese Begriffe bestimmen die Ordnungen, Klassen, Familien, Geschlechter, Arten. Ferner wird eine durch sie alle gehende, unendlich nüancirte Analogie nachgewiesen, im Ganzen und in den Theilen, vermöge welcher sie sehr mannigfaltigen Variationen zu einem nicht mitgegebenen Thema gleichen – (Erläuterung, Stufenleiter). –

Also die Formen: – hingegen den Uebergang der stets wandelnden Materie in jene Gestalten, d. h. die Entstehung der Individuen, ist kein wesentlicher Theil der Betrachtung, da jedes Individuum aus dem ihm gleichen durch Zeugung hervorgeht, die überall gleich geheimnißvoll sich bis jetzt der deutlichen Erkenntniß entzieht: das Wenige was man darüber weiß findet seine Stelle in der Physiologie, die schon der ätiologischen Naturwissenschaft angehört. – Die Mineralogie gehört zwar auch noch zur Morphologie, da sie es mit bleibenden Gestalten zu thun hat; die jedoch keine organischen und daher nicht so ganz fest bestimmte Formen haben, sondern deren Formen schon durch Zwischenstufen, die sich nicht genau bestimmen lassen, in einander übergehn: Opal, durch Halbopal, Pechopal, in Pechstein, auch in gelben Chalcedon, Hornstein in Feuerstein. Chalcedon in Quarz, Hornstein Opal. Die Ursachen, die äußern Einflüsse der Uebergänge, Modifikationen, Varietäten, muß daher die Mineralogie betrachten, und wird eben dadurch ätiologisch: sie wird es noch mehr, sofern sie auch die Bestandtheile und die Entstehungsart der Mineralien betrachtet, ihr successives Abscheiden aus dem ursprünglichen Fluido betrachtet, die Reihenfolge dieser Abscheidungen aus ihrer Lage erforscht, das Nebeneinanderfinden bestimmter Mineralien aus seinen Ursachen ableitet, z. B. Feuerstein häufig in Kreidelagern: insofern ist sie Geognosie; gelangt sie dahin bestimmte Rechenschaft zu geben von den successiven Veränderungen und Revolutionen die die Oberfläche der Erde erlitten, und die gegenwärtige Gestalt dieser Oberfläche aus jenen Veränderungen als ihren Ursachen genau zu erklären, dann wird sie *Geologie* seyn. Geologie ist daher ganz zur Aetiologie gehörig. Also die Morphologie begreift Zoologie, Botanik, Mineralogie: sie betrachtet die *äußerlich* gegebenen Formen: *innere Morphologie* wäre etwa die Anatomie und vergleichende Anatomie, sodann die Untersuchung der Kerngestalt der Krystalle nach Hauy.

Eigentliche *Aetiologie* sind nun alle die Zweige der Naturwissenschaft, denen die Erkenntniß der Ursach und Wirkung überall die Hauptsache ist: diese lehren: wie, gemäß einer unfehlbaren Regel, auf *einen* Zustand der Materie nothwendig ein bestimmter andrer folgt: wie eine bestimmte Veränderung nothwendig eine bestimmte andre herbeiführt: diese Nachweisung heißt hier *Erklärung*. – Mechanik, Physik, Chemie, Physiologie. – Physiologie der Pflanzen und Thiere.

Wenn wir nun aber auch diese Wissenschaften alle erlernen, so werden wir dennoch nicht die Auskunft erhalten die unser Problem löst; sondern sehn daß unser Problem ganz ein andres ist als das der Morphologie und Aetiologie. Denn: die *Morphologie* führt uns unzählige, unendlich mannigfaltige und doch durch eine unverkennbare Familienähnlichkeit verwandte Gestalten vor, nach ihren Aehnlichkeiten und Verschiedenheiten geordnet und dadurch übersehbar gemacht: aber diese läßt sie als Erscheinungen stehn, geht darüber nicht hinaus: es sind Wesen die nur für die Vorstellung dasind, Erscheinungen: und wenn wir das innre Wesen derselben nicht etwa anderweitig näher kennen; so bleiben sie nach aller Klassifikation für uns unverstandne Hieroglyphen: Hieroglyphen der Natur. Die ganze Natur ist eine große Hieroglyphe, die einer Deutung bedarf.

Die *Aetiologie* nun wieder (Mechanik, Physik, Chemie, Physiologie) hat es mit lauter Veränderungen zu thun: zeigt wie, nach dem Gesetz von Ursach und Wirkung, dieser bestimmte Zustand der Materie jenen andern herbeiführt: und damit hat sie das Ihrige gethan.

Im Grunde thut sie aber nichts weiter, als daß sie die gesezmäßige Ordnung nachweist, der gemäß die Zustände in Raum und Zeit eintreten, und für alle Fälle lehrt, welche Erscheinung zu dieser Zeit an diesem Ort nothwendig eintreten muß. Sie bestimmt ihnen also ihre Stellen in Raum und Zeit, nach dem Gesez der Kausalität, einem Gesez, dessen bestimmten Inhalt die Erfahrung gelehrt hat, dessen allgemeine Form und Nothwendigkeit uns jedoch unabhängig von dieser bewußt ist. – Aber über das innre Wesen irgend einer jener Erscheinungen erhalten wir dadurch nicht den mindesten Aufschluß. Dies wird genannt *Naturkraft* = *x*, auch Lebenskraft = *y*, Bildungstrieb = *z*, und liegt außerhalb des Gebiets der ätiologischen Erklärung, die nur unter dessen Voraussetzung gilt: die unwandelbare Konstanz des Eintritts der Aeußerungen einer solchen Naturkraft, so oft die aus

Erfahrung bekannten Bedingungen dazu da sind, heißt *Naturgesetz* und wird auch nicht ferner erklärt. Dieses Naturgesetz, diese Bedingungen, dieser Eintritt in Bezug auf bestimmten Ort zu bestimmter Zeit sind aber alles was sie weiß und je wissen kann. Hingegen die Kraft selbst die sich also äußert als Naturkraft, als Bildungstrieb, als Lebenskraft, das innre Wesen der nach jenem Gesez eintretenden Erscheinungen bleibt ihr nach wie vor ein Geheimniß, ein ganz Fremdes und Unbekanntes, sowohl bei der einfachsten als bei der komplicirtesten Erscheinung. Bis jetzt hat die Aetiologie ihren Zweck am vollkommensten erreicht in der *Mechanik*, weil diese die wenigsten Voraussetzungen macht, aus denen sie alles erklärt; Schwere, Härte, Undurchdringlichkeit, Mittheilung der Bewegung; – am unvollkommensten in der Physiologie – dazwischen liegen Physik und Chemie: aber das innre Wesen der Kräfte, von deren Aeußerungen die Gesetze die Mechanik richtig angiebt und bis zur genausten Berechnung bestimmt; ist dabei doch eben so sehr ein Geheimniß geblieben als die Kräfte welche das Leben des menschlichen Körpers hervorbringen und erhalten, mit deren Auffindung die Physiologie beschäftigt ist. Die Kraft vermöge deren ein Stein zur Erde fällt, oder ein Körper den andern fortstößt, ist ihrem Wesen nach uns nicht minder geheimnißvoll und unbekannt, als die welche die Bewegungen und das Wachsthum und Leben eines Thieres hervorbringen: wir leben zwischen lauter Räthseln, Masken, verhüllten Gestalten. Die Mechanik setzt Materie, Schwere, Undurchdringlichkeit, Mittheilbarkeit der Bewegung durch Stoß, Starrheit u. s. w. als unergründlich voraus, nennt sie *Naturkräfte*, ihr nothwendiges und regelmäßiges Erscheinen unter gewissen Bedingungen *Naturgesez*; – und danach erst fängt sie ihre Erklärung an, welche darin besteht, daß sie treu und mathematisch genau angiebt, wie, wo, wann jede Kraft sich äußert, und daß sie jede ihr vorgelegte einzelne Erscheinung auf eine jener Kräfte und deren Gesez zurückführt. – Eben so machen es Physik, Chemie, Physiologie jede in ihrem Gebiet: nur daß sie noch viel mehr voraussetzen und weniger leisten. (*Illustr.*) – Demzufolge kann auch die vollkommenste ätiologische Erklärung der gesammten Natur, eigentlich nie mehr geben, als ein Verzeichniß der unerklärlichen Naturkräfte, und eine sichere Angabe der Regel, nach welcher die Erscheinungen jener Kräfte in Zeit und Raum eintreten, sich succediren, einander Plaz machen: aber das innere Wesen der also erscheinenden Kräfte, muß sie, weil das Gesez der Kausalität dem sie als Leitfaden folgt, dahin nicht führt, stets unerklärt lassen, und bei der Erscheinung und deren Ordnung stehen bleiben.

Gleichniß vom *Marmor*.

Gleichniß von einer Gesellschaft [vgl. WI, § 17, S. 117 (155)].

Also auch die Aetiologie giebt uns über jene Erscheinungen die wir bis jetzt nur als unsre Vorstellungen kennen, keineswegs den verlangten darüber hinausführenden Aufschluß. Denn nach allen ätiologischen Erklärungen stehn die Erscheinungen noch immer da als bloße Vorstellungen, deren Bedeutung wir nicht verstehen und die uns völlig fremd sind. Die ursächliche Verknüpfung giebt bloß die Regel und relative Ordnung ihres Eintritts in Zeit und Raum an, lehrt uns aber das, was also eintritt, nicht näher kennen. Zudem hat das Gesetz der Kausalität bloß Gültigkeit für anschauliche Vorstellungen sofern sie zum Ganzen der Erfahrung verbunden sind, für die Objekte der 1sten Klasse: nur unter Voraussetzung dieser hat es Bedeutung; und ist also, wie das Objekt selbst, immer nur in Beziehung auf das Subjekt, also bedingterweise da: daher eben wird es so gut *apriori* als *aposteriori* erkannt: und hiedurch eben giebt es zu erkennen daß es den Objekten nicht weiter zukommt als sofern sie für das Subjekt dasind, d. h. sofern sie für uns, in unsrer Wahrnehmung, deren Ganzes Erfahrung heißt, dasind.

Uns nun aber genügt es nicht zu wissen daß wir Vorstellungen haben, daß sie solche und solche sind und zusammenhangen nach diesen und jenen Gesetzen, deren allgemeiner Ausdruck allemal zuletzt der Satz vom Grund ist. Wir wollen die *Bedeutung* jener Vorstellungen wissen: wir fragen ob diese Welt nichts weiter als Vorstellung ist, in welchem Fall sie wie ein wesenloser Traum, ein gespensterhaftes Luftgebilde an uns vorüberziehn müßte, nicht unsrer Beobachtung werth: oder ob sie noch etwas anderes, noch etwas außerdem sei, und was? –

Hier hat nun der *Realismus*, d. h. alle Philosophie die nicht Idealismus oder Skeptizismus oder Kriticismus ist, sogleich seine Antwort in Bereitschaft. Er sagt uns die Vorstellung vertrete ein *Objekt* an sich, welches ihr *zum Grunde* läge, und welches Objekt zwar von der Vorstellung seinem ganzen Seyn und Wesen nach völlig verschieden; dabei ihr aber doch in allen Stükken so ähnlich als ein Ei dem andern wäre; so daß man durch die Vorstellung das Objekt kennen lernte wie es an sich ist: diese Meinung wurde vom Aristoteles und Epikuros gelehrt, und wohl von allen alten Philosophen angenommen: es sollten nämlich von den Objekten *species sensibiles* [sinnliche Bilder], wahrnehmbare Luftgebilde beständig ausfliegen und durch die Sinne in unsern Geist gelangen, als treue Copien des Objekts. Andre Realisten geben zwar große Unterschiede zwischen dem Objekt und der Vorstellung zu, indem alle Qualitäten jeder Art, die die Vorstellung uns zeigt, im Objekt bloß aus Ausdehnung, Undurchdringlichkeit und Bewegung, existirten. Das war Locke's Lehre, welche schon, weniger deutlich ausgedrückt, in der Lehre des Cartesius lag. Das Unstatthafte solcher Annahmen geht aus dem bisher Vorgetragnen offenbar hervor: Nämlich Vorstellung und Objekt lassen sich niemals als zwei Verschiedne unterscheiden: sondern uns ist beides Eins und dasselbe: da alles Objekt immer Vorstellung bleibt, weil es als Objekt ein Subjekt voraussetzt und nur in Beziehung zu diesem existirt; daher denn auch das Erste, was wir von der Vorstellung zu sagen hatten, war, daß ihre Grundform das Zerfallen in Objekt und Subjekt sei: weiterhin sahn wir den Raum und die Zeit, die Formen alles Objekts, schon durch das Subjekt als solches gegeben, also nicht dem Objekt als solchem anhängend; aber was bleibt vom Objekt wenn man alle Bestimmungen die durch den Raum und die Zeit allein gedenkbar sind davon abzieht? (*Illustr.*) Endlich ist das Hauptargument des Realismus, nämlich der Schluß von der Vorstellung auf das davon verschiedene Objekt, als *Grund* derselben, so unstatthaft wie möglich. Denn wir haben, nach ausführlicher Untersuchung des Satzes vom Grund, gefunden, daß er nichts anderes ist als die allgemeine Form der Verknüpfung der Vorstellungen unter einander, daher er nach Verschiedenheit der Klassen von Vorstellungen in verschiednen Gestalten erscheint, deren vier waren, jede von welchen aber vom Subjekt für sich, und ganz unabhängig vom Objekt erkannt wird, daher sogut Erkenntnißform des Subjekts, als Erscheinungsform des Objekts ist; immer aber nur gilt als Gesez der Verknüpfung von Objekten mit Objekten, also von Vorstellungen untereinander und zu einem Schluß berechtigt von einem Objekt auf ein anderes als dessen Grund, nie aber dienen kann zur Verknüpfung des Objekts mit etwas davon völlig verschiedenem, also nicht von der Vorstellung leiten kann auf etwas davon gänzlich Verschiedenes, das eben gar nicht Vorstellung wäre, also auch nicht vorstellbar wäre, sondern Grund der Vorstellung. – Diese Anwendung des Satzes vom Grund ist ganz illegitim: er gilt bloß von Objekten sofern sie Vorstellungen, d. h. für das Subjekt allein dasind und verknüpft sie unter einander: aber er gilt weder vom Verhältniß zwischen Objekt und Subjekt selbst; noch auch über alles Objekt (d. i. Vorstellung) hinaus zu etwas davon Verschiedenem.

Unsre ganze Frage nach dem was das Objekt, d. h. die Welt als Vorstellung, wohl noch außerdem, also an sich, sei, stützt sich auch nicht auf den Satz vom Grund; sondern darauf, daß sie nicht wie ein bloßes Phantom vor uns vorüberzieht, sondern eine Bedeutung für uns hat, die unser ganzes Wesen in Anspruch nimmt, und die wir alle *fühlen*, d. h. unmittelbar erkennen, aber nicht *in abstracto* davon Rechenschaft zu geben wissen. Darum fragen wir nach einer abstrakten Auslegung der *Bedeutung* dieser Vorstellung, nach dem Ursprung unsers Interesses an ihr, in Folge dessen wir diesen anschaulichen Vorstellungen *Realität* beilegen: wir wollen wissen, was eigentlich diese Realität sei und bedeute.

Soviel ist gleich gewiß, daß dies Nachgefragte etwas von der Vorstellung völlig und seinem ganzen Wesen nach Grundverschiedenes seyn muß; dem daher auch ihre Formen und Gesetze völlig fremd seyn müssen; daß man daher von der Vorstellung zu ihm nicht gelangen kann am Leitfaden derjenigen Gesetze, die nur Objekte, Vorstellungen, mit einander verbinden, welches die Gestaltungen des Satzes vom Grund sind.

Die Schwierigkeit ist sehr groß. Gegeben sind nur die Vorstellungen, ihre Formen *apriori*, in Bezug auf sie allein gültig, allein gültig für die Erscheinung, nicht für das Ding an sich: diese Formen sind der Satz vom Grund: er führt aber immer nur von Vorstellungen zu andern Vorstellungen, nicht über sie hinaus: der empirische Regressus, d. h. der Regressus am Leitfaden des die Erfahrung zu einem Ganzen verknüpfenden Satzes vom Grund, führt immer nur von Erscheinung auf Erscheinung: denn er selbst gehört mit zur Erscheinung als ihre Form. So steht also die Welt als Vorstellung vor dem Subjekt, für welches allein sie da ist: wie soll nun der Uebergang gemacht werden von der Welt als bloßer Vorstellung zu dem was sie noch sonst seyn mag? von der Erscheinung zum Ding an sich? Woher soll der Leitfaden kommen? Alle unsre Erkenntniß ist entweder nur Erfahrung, also aus der Erscheinung; oder sie ist zwar *apriori*, aber doch nur für die Erscheinung gültig!

CAP. 3.
Lösung des Problems durch vorläufige Nachweisung der Identität des Leibes mit dem Willen.

In der That ist das dargestellte Problem, auf dem Wege der bloßen Vorstellung nicht zu lösen. Wenn man von der Vorstellung ausgeht, kann man nie über die Vorstellung hinaus gelangen. Man faßt alsdann immer nur die Außenseite aller Dinge, aber nie wird man von Außen in ihr Inneres dringen und erforschen was sie an sich seyn mögen. Zu diesem Innern der Dinge kommen wir nicht von Außen, sondern eben selbst nur von Innen, gleichsam durch einen unterirdischen Gang der uns mit einem Male hinein versetzt, indem wir eine ins Geheim von uns mit den Dingen unterhaltene Verbindung benutzen, vermöge deren wir in die Festung eingelassen werden, welche durch Angriff von Außen zu nehmen unmöglich war. In der That würde der begehrte Uebergang nie gemacht werden können und die Welt ewig als ein Bild ohne Deutung, ein Phantom das nichts sagt, vor uns stehn, – wenn der Forscher eben nichts weiter, als *rein erkennendes Subjekt* wäre; gleichsam geflügelter Engelskopf ohne Leib. – Aber er selbst *wurzelt* ja in eben jener Welt: er ist nicht nur das Subjekt; sondern ist zugleich *Individuum*, und als solches selbst zugleich Objekt, Theil der objektiven Welt. Nämlich sein Erkennen ist zwar der bedingende Träger der ganzen Welt als Vorstellung: aber es ist dabei durchaus vermittelt durch einen Leib, dessen Affektionen, wie gezeigt, der Ausgangspunkt sind zur Anschauung der objektiven Welt. Dieser Leib ist selbst Objekt unter Objekten, ist dem rein erkennenden Subjekt eine Vorstellung wie jede andre. Da also dieser Leib des eignen Individuums dem erkennenden Subjekt stets viel näher liegt als alle andern Objekte, zu denen übrigens der Leib mitgehört, so muß das Subjekt in dem Wesen dieses Leibes den Aufschluß suchen über die andern Objekte. Nämlich wenn wir den Leib des eignen Individuums bloß betrachten als Objekt des Subjekts; so sind dem Subjekt die Bewegungen, Aktionen, dieses Leibes nicht anders noch näher bekannt, als die Bewegungen und Veränderungen aller andern anschaulichen Objekte, und sie blieben auf diese Art dem erkennenden Subjekt eben so fremd und unverständlich als jene: so wäre es, wenn die Bedeutung derselben ihm nicht etwa auf eine ganz andre Art enträthselt wäre. Hätte jedes Individuum über das Wesen seines Leibes nicht noch einen anderweitigen Aufschluß ganz eigner Art, so wäre ihm der eigne Leib so fremd als die andern Objekte, seinem innern Wesen nach unbekannt, nur als ein Objekt, eine Vorstellung vorhanden: es sähe die Aktionen dieses Leibes erfolgen auf dargebotene Motive, bei gleichen Motiven auf gleiche Weise mit der Konstanz eines Naturgesetzes, eben wie die Veränderungen aller andern Objekte auf Ursachen, Reize, Motive. Aber die eigentliche Beschaffenheit des Einflusses dieser Motive würde es nicht näher verstehn als die Verbindung jeder andern ihm erscheinenden Wirkung mit ihrer Ursach. Das erkennende Subjekt würde sodann das innere, ihm unverständliche Wesen jener Aeußerungen und Handlungen seines Leibes eben auch eine Kraft, Qualität, Karakter, nach Belieben, nennen; aber weiter keine Einsicht haben in deren Wesen. Diesem allen nun aber ist nicht so: vielmehr ist dem erkennenden Subjekt, da es als Individuum, d. h. durch einen Leib vermittelt und dadurch mit den Objekten verbunden, dasteht, das Wort des großen Räthsels gegeben: und dieses Wort heißt *Wille*. Dieses, und dieses allein, giebt ihm den Schlüssel zu seiner eigenen Erscheinung, zeigt ihm unmittelbar das innere Getriebe seines Wesens, Thuns, Bewegungen. Und von der Selbsterkenntniß ausgehend, von ihr belehrt, kann er nachher mittelbar das innre Wesen an sich auch aller übrigen Erscheinungen erkennen.

Nämlich, dem Subjekt des Erkennens, welches durch seine Identität mit dem Leibe als Individuum auftritt, ist dieser Leib *auf zwei ganz verschiedene Weisen gegeben*: einmal als *Vorstellung* in verständiger Anschauung, als Objekt unter Objekten und den Gesetzen dieser unterworfen: sodann aber auch zugleich auf eine ganz unmittelbare Weise, nämlich als Jenes, Jedem ganz unmittelbar völlig Bekannte, welches das Wort *Wille* bezeichnet.

Jeder Akt seines Willens ist sofort und unmittelbar und unausbleiblich auch eine Bewegung seines Leibes: er kann gar nicht den Akt wirklich *wollen*, ohne zugleich sofort wahrzunehmen daß er, für die Vorstellung, als Bewegung seines Leibes erscheint. Der Willensakt und die Aktion des Leibes sind nicht etwa zwei objektiv erkannte verschiedene Zustände, die das Band der Kausalität verknüpft; stehn nicht im Verhältniß der Ursache und Wirkung; sondern sie sind völlig Eins und dasselbe nur auf zwei ganz verschiedene Weisen zugleich dem Bewußtsein gegeben: einmal ganz unmittelbar und einmal in der Anschauung für den Verstand. – Die Aktion des Leibes ist nichts anderes als der *objektivirte*, d.h. Objekt gewordne, in die Anschauung getretene Akt des Willens.

[Einfügung. – Schopenhauer verweist hier auf seine Vorarbeiten zur »Welt als Wille und Vorstellung«, bei denen sich folgende zwei Notizen finden, die mit Bleistift durchgestrichen sind:]

Notiz 1: Sobald wir irgend etwas unmittelbar wollen, sehen wir den Leib sofort die gewollte Bewegung machen: weiter ist uns nichts bewußt: nun anzunehmen, daß unser Wollen und die Bewegung des Leibes zwei verschiedene Dinge sind, zwischen denen ein *Kausal-Verhältniß* obwaltet, wie wir solches aus der äußern Erfahrung kennen, zwischen Dingen, wo ein Zustand materieller Objekte einen andern nothwendig herbeiführt, – ist *eine ganz aus der Luft gegriffene, durch gar nichts begründete Annahme*: vielmehr ist das unmittelbar Gegebene dies, daß unser Wollen und die Bewegung des Leibes Eines sei, welches das erkennende Subjekt (die Intelligenz im Gehirn, die sich stets als passiver Zuschauer verhält) einmal innerlich erkennt als Willensakt und sodann zugleich und ungetrennt äußerlich als Bewegung des Leibes: die innere unmittelbare Erkenntniß kann nicht die Bewegung des Leibes, und die äußere Anschauung nicht den Akt des Willens erkennen, eben weil der Willensakt in der äußern Anschauung sich darstellt als Bewegung des Leibes und die Bewegung des Leibes in der innern unmittelbaren Erkenntniß als Willensakt: woraus sogleich folgt, daß was in der äußern Anschauung sich als Leib darstellt, dasselbe ist was sich in der innern unmittelbaren Erkenntniß als Wille zeigt, wo es aber weil hier die Zeit allein, ohne den Raum, die Form der Erkenntniß ist, nicht als beharrende Substanz dasteht, sondern nur in successiven einzelnen Akten hervortritt. Denn, wie früher gezeigt, vom Raum hat die Materie das Beharren, von der Zeit die Veränderung: siehe *p 13, 14* [W I, §4]. – Vor derjenigen Erkenntniß, die bloß die Zeit zur Form hat (d. i. die innre unmittelbare Erkenntniß, unsers Wollens) kann sich daher keine beharrende Substanz darstellen; dies kann erst in der äußern durch den Verstand vermittelten Erkenntniß d. i. Anschauung geschehn wo auch die zweite Form, der Raum, hinzugekommen ist: alsbald stellt sich dann das innerlich als Wille erkannte sofort als Leib dar und als permanent, was, wo bloß in der Zeit erkannt wurde, unmöglich war.

Notiz 2: Daher erschöpfen Wille und Vorstellung das ganze Wesen eines Aktes meines Leibes, welcher Akt doch für mich gewiß von der größten Realität ist. Wenn ich meinen Arm hebe und nun bei diesem Akt ganz absehe von dem was dabei bloß in der Vorstellung vorgeht; so ist das übrig bleibende ein reiner Willensakt: sehe ich andrerseits ab von diesem Willensakt, so ist das übrig Bleibende ein Vorgang in der Vorstellung vorhanden, in ihren Formen Raum und Zeit und für ein Subjekt. Um die größte Evidenz darüber zu erhalten, daß das, was in der Erscheinung sich darstellt als mein Leib, an sich eben mein Wille ist, wird nur dieses erfordert, daß ich das, was der Vorstellung angehört, was nur in der Vorstellung da ist, rein sondre und für sich nehme: sobald ich dieses gethan, sehe ich daß das Uebrigbleibende durchweg Wille ist. – Aber wenn Einer keine andre Evidenz gelten lassen will als die der *Beweise aus Begriffen*, so ist er freilich gut verschanzt. Der Beweis aus Begriffen ist nur die Nachweisung daß in dem was man schon dachte und wußte, das zu Beweisende schon mitgedacht und mitgewußt war: denn in der *Conclusio* darf nicht mehr liegen als in den Prämissen. Wie soll man nun eine neue Einsicht auf diese Art beweisen? Für den erkennenden Verstand dessen Leitfaden Wirkung und Ursach ist, ist jede Bewegung eines Gliedes ein Wunder: denn die Kette von Ursachen und Wirkungen bricht dabei ganz ab: so weit man auch jene Bewegung physiologisch verfolgen mag, so kommt man doch zuletzt auf eine Veränderung ohne Ursach (denn das Motiv darf man da nicht hineinziehn). Dieses Wunder vollbringen wir dennoch selbst jeden Augenblick, und doch bleibt es unserm Verstande unerklärlich. Dies kommt daher, daß gar keine Verbindung ist, zwischen der unmittelbaren Erkenntniß die wir von unserm Willen haben und der Erkenntniß die wir in verständiger Anschauung vom eignen Leibe haben. Der Wille und der Leib sind uns durch zwei ganz verschiedne Erkenntnißweisen gegeben: und bloß empirisch erkennen wir daß beide Eins sind. Aus den Bewegungen meines Leibes durch Willensakte kann ich nie die Gestalt und Beschaffenheit dieses Leibes *a priori* konstruiren; sondern diese lerne ich bloß durch verständige Anschauung kennen. Und umgekehrt aus der Kenntniß die ich im Verstande und seiner Anschauung von der Form und den Bewegungen meines Leibes habe kann ich nie diese Bewegungen ursächlich verstehn. In dieser Erkenntniß des Verstandes, in Anschauung und Erfahrung erscheint mir der Leib als eine anschauliche Vorstellung, ein Objekt der ersten Klasse und daher dem Gesetz der Kausalität unterworfen, welches aber bei jeder willkürlichen Bewegung mich verläßt und auf keine Ursach leitet, abgebrochen wird. Dies alles ist eben nur daraus zu begreifen, daß eben zwischen dem Willen und seiner Erscheinung keine Relation gemäß dem Satz vom Grunde ist, weil der Satz vom Grunde, in allen seinen Gestalten, nur gilt zwischen Objekten d. i. bloßen Vorstellungen: er ist bloß die Form der Vorstellung. Die Verbindung aber zwischen dem Willen und dem Leibe ist die zwischen dem Ding an sich und seiner Erscheinung. Sie ist eben deshalb nicht weiter erklärlich, weil alle Erklärung besteht im Nachweisen einer Relation gemäß dem Satz vom Grunde, der das Prinzip aller Erklärung ist. Darum bleibt jene Verbindung, obgleich sie jeden Augenblick uns gegenwärtig ist, doch dem Verstande ein Wunder. Wenn wir bei einer einfachen Handlung mit anschaulichem vorliegenden Motiv, uns zugleich in der Reflexion rein beobachtend verhalten, so sehn wir einerseits das Motiv, welches eine bloße Vorstellung ist, andrerseits den erfolgenden Akt des Leibes, welches wieder eine Vorstellung ist: beide ständen so unerklärt vor uns, wie jeder andre Erfolg der Wirkung aus der Ursach: aber bei dieser Art der Causalität, und zwar allein bei dieser, haben wir den Schlüssel zum Innern des Vorgangs, sind gleichsam hinter die Scene getreten und wissen unmittelbar was das Ansich dieser in der Welt der Vorstellung vor sich gehenden Erscheinung ist, nämlich ein *Wollen*: dieses uns intim Bekannte, das weiter keine Erklärung zuläßt, weil Erklärungen bloß von Vorstellung zu Vorstellung leiten, hier aber uns *das* gegeben ist, was gar nicht Vorstellung ist, das Wollen. Diesen einzigen Fall, wo es uns gestattet ist von Vorgängen in der realen Welt mehr zu wissen als in der Vorstellung liegt, müssen wir festhalten und ihn benutzen zur Erklärung des Wesens an sich bei allen andern Vorgängen und Erscheinungen, mithin sagen, daß dieses, bei allen Erscheinungen, der Art nach dasselbe seyn muß mit dem was wir in uns selbst als Wille erkennen.

Willensbeschlüsse, die sich auf die Zukunft beziehn, sind bloße Ueberlegungen der *Vernunft* über das was man dereinst wollen wird, nicht eigentliche Willensakte; existiren bloß im Begriff, *in abstracto*, sind nicht reale Willensakte, nur die Ausführung stempelt den Entschluß zur Realität, und da ist jeder Willensakt sofort Bewegung des Leibes. Wollen und Thun sind bloß für die Reflexion verschieden, in der Wirklichkeit sind sie Eins. Jeder wahre, ächte, eigentliche Akt des Willens, ist sofort und unmittelbar auch erscheinender Akt des Leibes, und die Aktion des Leibes ist nichts anderes als der objektivirte und in die Anschauung getretene Akt des Willens: ist eben der Akt des Willens sich darstellend in der Welt der Vorstellung. Daher erschöpfen Wille und Vorstellung das ganze Wesen der Realität. Was kann für mich unmittelbar realer seyn, als die Bewegung meines Arms: und doch enthält diese nichts weiter als Wille und Vorstellung: sehe ich ab von dem, was dabei bloß in der Vorstellung vorgeht, so bleibt mir der Willensakt dieser Bewegung der weiter auf nichts zurückzuführen ist. Sehe ich ab von dem Willensakt, so ist das übrig bleibende bloß als anschauliche Vorstellung in Raum und Zeit und für ein Subjekt vorhanden. Weiterhin wird sich uns zeigen, daß dieses von jeder Bewegung des Leibes gilt, nicht bloß von der auf *Motive* erfolgenden, die man die willkürliche nennt; sondern auch von der auf bloße *Reize* erfolgenden, sogenannten unwillkürlichen, also allen *functionibus naturalibus et vitalibus* [z. B. Verdauung, Blutumlauf, Sekretion etc.; s. u., S. 112]: ja es wird uns deutlich werden, daß der ganze Leib nichts anderes als der objektivirte d. h. zur Vorstellung gewordene Wille ist. Bevor ich jedoch dieses darthue, müssen einige andere Erörterungen vorhergehn: daher ich es hier nur anticipire und vorläufig bemerke, daß ich den Leib welcher uns im 1sten Theil unsrer Betrachtung, nach dem dort mit Absicht einseitig genommenen Standpunkt der bloßen Vorstellung, das *unmittelbare Objekt* hieß, hier in andrer Rücksicht die *Objektität des Willens* nennen werde. – Nun aber auch umgekehrt: jede Einwirkung auf den Leib ist sofort und unmittelbar auch Einwirkung auf den Willen: sie heißt *Schmerz* wenn sie dem Willen zuwider; *Wohlbehagen, Wollust*, wenn sie dem Willen gemäß ist. Viele Gradationen beider. Schmerz und Wollust Vorstellungen nennen, ist ganz falsch. Vorstellungen als solche unmittelbar sind ohne Schmerz oder Wollust. Diese aber sind ganz unmittelbare Affektionen des Willens in seiner Erscheinung dem Leibe: sie sind ein erzwungenes augenblickliches Wollen oder Nichtwollen des Eindrucks den der Leib erfährt. Unmittelbar als bloße Vorstellungen zu betrachten und daher von dem eben Gesagten auszunehmen, sind nur gewisse wenige Eindrücke auf den Leib, die den Willen nicht anregen und durch welche allein der Leib unmittelbares Objekt des Erkennens ist, da er als Anschauung im Verstand schon mittelbares Objekt gleich allen andern ist. Ich meine hier die unmittelbaren Affektionen der rein objektiven, d. h. auf die Erkenntniß gerichteten Sinne, Gesicht, Gehör, Getast, wiewohl auch nur sofern diese Organe auf die ihnen besonders eigenthümliche, specifische, naturgemäße Weise afficirt werden, welche eine so äußerst schwache Anregung, der gesteigerten, und specifisch modifizirten Sensibilität dieser Theile ist, daß sie den Willen nicht unmittelbar affizirt; sondern, durch keine Anregung desselben gestört, nur dem Verstande die Data liefert, aus denen er die Anschauung schafft. Jede stärkere oder anderartige Affektion jener Sinneswerkzeuge, ist aber schmerzhaft, d. h. dem Willen entgegen, zu dessen Objektität also auch sie gehören. – Nervenschwäche äußert sich darin, daß die Eindrücke, welche bloß den Grad von Stärke haben sollten der hinreicht sie zu *Datis* für den Verstand zu machen, den höhern Grad erreichen auf welchem sie den Willen bewegen, d. h. Schmerz oder Wohlgefühl verursachen, meistens Schmerz, der aber zum Theil dumpf und undeutlich ist, daher nicht nur z. B. einzelne Töne und starkes Licht schmerzlich empfunden wird, sondern auch im Allgemeinen eine krankhafte hypochondrische Stimmung entsteht, aus dem undeutlich gefühlten Schmerz. –

Identität des Willens und Leibes zeigt sich nun ferner darin, daß jede heftige und übermäßige Bewegung des Willens, d. h. jeder Affekt, Sturm der Leidenschaft, ganz unmittelbar den Leib und dessen innres Getriebe erschüttert und den Gang seiner vitalen Funktionen stört. So macht Schreck blaß; Furcht macht alle Glieder zittern; der heftige Zorn wirkt meistens eben so: das Blut tritt nach dem Herzen; Schaam dagegen treibt es ins Gesicht. Diese Affekte alle sind starke und unmittelbare Bewegungen des Willens. Auf den Puls wirkt jeder Affekt augenblicklich. Zorn beschleunigt das Athmen, und verstärkt es: daher eigentlich wird im Zorn sogleich die Stimme lauter, bis zum Schreien. Schnaufen vor Zorn. Heftiger Schreck und noch öfter plötzliche unmäßige Freude haben oft augenblicklich getödtet: sie sind die stärksten Konvulsionen des Willens, zerstören seine räumliche Erscheinung. Anhaltender Gram untergräbt das Leben in der Wurzel. Freude und Fröhlichkeit trägt sehr viel zur Gesundheit bei. – Eben so zeigen Begierde und Abscheu sich unmittelbar als Bewegungen des Leibes: wird uns ein sehr ekelhafter Gegenstand vorgehalten, d. h. etwas, wogegen wir den heftigsten Widerwillen haben und das doch wie zum Genuß sich darzubieten scheint; so erbricht sich der Magen. Bei appetitlichen Dingen hingegen wässert der Mund. – Wird durch wollüstige Bilder unsre Lüsternheit erregt, so schwellen die Zeugungsglieder. Endlich gehört hieher daß die Macht des auf das allerheftigste bewegten Willens über den Leib, gleichsam das Kausalgesetz aufhebt, Wirkungen zeigt für die sich gar keine hinlänglichen physischen Ursachen finden: eben weil hier das Nicht-Physische unmittelbar eingreift ins Physische; eigentlich sogar das Ding an sich in die Gesetze der Erscheinung Eingriffe thut. Hiemit meyne ich z. B. daß der äußerste Zorn und Ingrimm die Körperkraft über ihr natürliches Maaß weit hinaus steigert: (illustr.). – Sodann Fälle wo unheilbare Lähmungen durch die plötzliche äußerste Erregung des Willens gehoben sind. So soll der Abbé de l'Epée einen gefundnen Stummen in ganz Frankreich herumgeführt haben, um seine Heimath zu suchen: als sie durchkamen, sprach er plötzlich. – Die Weise und der Mörder (von Kotzebue?) soll auf einer Thatsache beruhen.

Endlich ist die Erkenntniß meines Willens, so unmittelbar sie auch ist, doch nicht zu trennen von der meines Leibes. Ich erkenne meinen Willen nicht im Ganzen, nicht als Einheit, nicht vollkommen, seinem Wesen nach; sondern ich erkenne ihn allein in seinen einzelnen Akten; also in der Zeit, welche die Form der Erscheinung meines Leibes, wie jedes Objekts, ist: daher ist die Erkenntniß meines Willens geknüpft an die meines Leibes. Diesen Willen ohne meinen Leib kann ich demnach nicht deutlich vorstellen. – Zwar haben wir oben, als wir, zum Behuf der Darstellung des Satzes vom Grund in seinen vier Gestalten, alle Objekte in vier Klassen theilten, das Subjekt des Wollens als eine besondre Klasse der Vorstellungen oder Objekte aufgestellt: allein wir bemerkten zugleich an dieser Klasse das Besondre, daß Objekt und Subjekt in ihr zusammenfielen, identisch wurden: diese Identität nannten wir damals das Unbegreifliche *κατ' εξοχην* [schlechthin]. Sofern ich meinen Willen eigentlich als Objekt, d. h. als ein dem Subjekt Gegenüberstehendes, ein eigentlich Vorgestelltes erkenne, erkenne ich ihn als Leib: dann bin ich aber wieder bei der dort oben aufgestellten 1sten Klasse der Vorstellungen, den realen Objekten. Wir werden im weitern Fortgang mehr und mehr einsehn, daß jene 1ste Klasse der Vorstellungen ihren Aufschluß, ihre Enträthselung, eben nur findet in der dort aufgestellten 4ten Klasse, welche nicht eigentlich mehr dem Subjekt als Objekt gegenüber stehn wollte, sondern mit ihm zusammenfiel: wir werden diesem entsprechend aus dem die 4te Klasse beherrschenden Gesez der Motivation, das innere Wesen des in der 1sten Klasse herrschenden Gesezes der Kausalität und was diesem gemäß geschieht verstehn lernen müssen.

Ich werde die Identität des Willens mit dem Leibe, die bisher nur vorläufig dargestellt ist, nun bald noch gründlicher darthun. Nur bemerke ich zuvörderst, daß diese Identität eben nur *nachgewiesen*, d. h. aus dem unmittelbaren Bewußtsein, aus der Erkenntniß *in concreto*, zum Wissen der Vernunft erhoben, in die Erkenntniß *in abstracto*, übertragen werden kann: hingegen kann sie, ihrer Natur nach, niemals bewiesen, d. h. als mittelbare Erkenntnis von einer andern unmittelbareren abgeleitet werden, eben weil sie selbst die *unmittelbarste* Erkenntniß ist, und wenn wir sie nicht als solche auffassen und festhalten, so werden wir vergebens erwarten, sie irgend mittelbar als abgeleitete Erkenntniß wieder zu erhalten. Sie ist eine Erkenntniß ganz eigener Art, die nicht einmal unter eine der vier Rubriken gebracht werden kann, unter welche ich oben alle Wahrheit eintheilte, nämlich in logische, empirische, metaphysische und metalogische. Denn sie ist nicht, wie alle jene, die Beziehung einer abstrakten Vorstellung auf eine andere Vorstellung, oder auf die nothwendige Form des intuitiven oder des abstrakten Vorstellens; sondern sie ist die Beziehung eines Urtheils auf das Verhältniß, welches eine anschauliche Vorstellung, der Leib, zu dem hat, was gar nicht *Vorstellung* ist, sondern ein von dieser *toto genere* Verschiedenes, *Wille*. Ich möchte daher diese Wahrheit vor allen andern auszeichnen und sie *κατ' εξοχην philosophische Wahrheit* nennen. Den Ausdruck derselben kann man verschiedentlich wenden und sagen: »mein Leib und mein Wille sind Eins: – der Wille ist die Erkenntniß *apriori* des Leibes; und der Leib die Erkenntniß *a posteriori* des Willens; – oder, was ich als anschauliche Vorstellung meinen *Leib* nenne, nenne ich, sofern ich desselben auf eine ganz verschiedene, keiner andern zu vergleichende Weise mir bewußt bin, meinen *Willen*; – oder mein Leib ist die *Objektität* meines Willens; – oder abgesehen davon, daß mein Leib meine Vorstellung ist, ist er nur noch mein Wille u. s. w.«

CAP. 4.
Problem des Wesens an sich der bloß in verständiger Anschauung gegebenen Objekte, und vorläufige Auflösung.

Als wir im 1sten Theil den eigenen Leib, gleich allen andern Objekten in Raum und Zeit für bloße Vorstellung des Subjekts erklärten, so geschah es mit merklichem Widerstreben: – nunmehr ist uns deutlich geworden, was im Bewußtseyn eines Jeden, die Vorstellung, die der eigne Leib ist, unterscheidet von allen dieser übrigens ganz gleichen; nämlich dieses: daß der Leib noch in einer ganz andern, *toto genere* verschiedenen Art im Bewußtseyn vorkommt, welche das Wort *Wille* bezeichnet, und daß eben diese doppelte Erkenntniß, die wir vom eignen Leibe haben, uns über ihn selbst, über sein Wirken und Bewegen auf Motive, wie auch über sein Leiden durch äußere Einwirkung, mit einem Wort, über das, was er, nicht als Vorstellung, sondern außerdem, also *an sich* ist, denjenigen Aufschluß giebt, welchen wir über das Wesen, Wirken und Leiden aller andern Objekte unmittelbar nicht haben.

Das erkennende Subjekt ist Individuum eben durch diese besondere Beziehung zum eignen Leib, der ihm außer derselben betrachtet, nur eine Vorstellung gleich allen übrigen ist. Diese Beziehung aber, vermöge welcher das erkennende Subjekt Individuum ist, ist eben deshalb nur zwischen ihm und einer einzigen unter allen seinen Vorstellungen, daher es auch nur dieser einzigen nicht bloß als einer Vorstellung, sondern zugleich in ganz andrer Art, als eines Willens sich bewußt ist. Aber abgesehen von dieser besonderen Beziehung, von dieser zwiefachen und ganz heterogenen Erkenntniß des Einen und Nämlichen, ist dieses Eine, der Leib, eine Vorstellung, gleich jeder andern. Um sich nun hierüber zu orientiren, muß das erkennende Individuum annehmen, entweder daß das Eigenthümliche jener einen

Vorstellung in dieser selbst liege; oder in dem Verhältniß der Erkenntniß zu ihr: d. h. entweder daß jene eine Vorstellung, sein Leib, von allen andern Objekten wesentlich unterschieden ist, ganz allein zugleich Wille und Vorstellung ist, die übrigen hingegen alle bloße Vorstellungen und nichts weiter, d. h. bloße Phantome, sein Leib hingegen das einzige reale Individuum in der Welt, d. h. die einzige Willenserscheinung und das einzige unmittelbare Objekt des Subjekts; oder aber es muß annehmen, daß jenes Unterscheidende jener einen Vorstellung bloß darin liegt, daß seine Erkenntniß zu dieser einen allein, eine doppelte Beziehung hat, nur in dieses *eine* anschauliche Objekt ihm auf zwei Weisen zugleich die Erkenntniß offen steht, daß dieses aber nicht zu erklären ist durch einen Unterschied dieses Objekts von allen andern, sondern nur durch einen Unterschied des Verhältnisses seiner Erkenntniß zu diesem einen Objekt, von dem welches es zu allen andern hat. –

Daß die andern Objekte, als bloße *Vorstellungen* betrachtet, seinem Leibe gleich sind, d. h. wie dieser dem Raum füllen (der selbst möglicherweise nur als Vorstellung vorhanden ist) und auch wie dieser im Raum wirken und Wirkung erhalten, das ist zwar beweisbar gewiß, aus dem, für Vorstellungen, *apriori* sichern Gesez der Kausalität, welches keine Wirkung ohne Ursach zuläßt: (*illustr.*): wenn mein Leib eine Einwirkung erleidet, so muß diese nothwendig eine Ursache haben, die ich sofort anschaue als Objekt im Raum: diese ist als Objekt im Raum eben so real als mein eigner Leib; denn eben ihr *Wirken* ist ihr *Seyn.* Also ist durch das Gesez der Kausalität und durch die Affektionen die mein Leib erfährt, den Objekten ihre Realität als Vorstellungen im Raum gesichert, aber nicht weiter: sie sind so real als mein Leib, dies läßt sich empirisch mit voller Gewißheit nachweisen: aber diese Realität meines Leibes, wenn ich nämlich abstrahire von seiner Beziehung auf meinen Willen, ist nichts mehr als die Realität einer Vorstellung: aber (abgesehen davon daß sich von der Wirkung nur auf eine Ursach überhaupt, nicht auf eine gleiche Ursach schließen läßt;) so ist man hiemit immer noch im Gebiet der bloßen Vorstellung für die allein das Gesetz der Kausalität gilt, und über welche es nie hinausführt. (*Illustratio.*) Daß alle andern Objekte, gleich dem eignen Leib, in der Welt als Vorstellung dasind, den Raum füllen, wirken, das ist gewiß: ob sie aber noch ein Seyn außer der Vorstellung haben, wie es vom eignen Leib unmittelbar dem Bewußtsein gegeben ist, ob sie gleich dem eignen Leib Erscheinungen eines Willens sind, also als Ding an sich Wille: dies ist eben (wie ich schon im 1sten Theil sagte) der eigentliche Sinn der *Frage nach der Realität der Außenwelt*. Dasselbe zu leugnen ist der Sinn des *theoretischen Egoismus* [Daneben am Rand: *Die Sekte der Egoisten* entstand in Frankreich bald nach Cartesius' Zeit: sie scheint aber wenig Anhänger gehabt zu haben: wenigstens sind mir keine Schriften derselben bekannt. Doch muß eine solche Sekte gewesen seyn, da sie von vielen Schriftstellern angeführt wird. Besonders hat gegen sie gestritten Buffier in seiner Abhandlung über die obersten Principien. (Paris 1732)], der, eben dadurch, alle Erscheinungen, außer seinem eignen Individuum, für Phantome hält; wie der praktische Egoismus genau dasselbe thut in praktischer Hinsicht, nämlich nur die eigene Person als eine wirklich solche, alle übrigen aber als bloße Phantome ansieht und behandelt. Der theoretische Egoismus ist zwar durch Beweise nimmermehr zu widerlegen: dennoch ist er zuverlässig in der Philosophie nie anders, denn als skeptisches Sophisma, d.h. zum Schein, gebraucht worden: ernstlich genommen wäre er Tollheit – – –. Daher lassen wir uns auf ihn nicht weiter sein, sondern betrachten ihn als die letzte Veste des Skeptizismus der immer polemisch ist. – Unsre Erkenntniß ist an Individualität gebunden und hat eben hierin ihre Beschränkung: denn eben darauf beruht die Nothwendigkeit daß Jeder nur Eines seyn, hingegen alle Wesen erkennen kann: diese Beschränkung eben ist es die das Bedürfniß der Philosophie erzeugt. Weil wir nun eben deswegen die Schranken unsrer Erkenntniß durch Philosophie zu erweitern streben; so werden wir jenes freilich unwiderlegbare skeptische Argument des theoretischen Egoismus ansehn als eine kleine Grenzfestung, die zwar für immer unbezwinglich ist, deren Besatzung aber durchaus auch nie aus ihr herauskann, daher man sie vorbeigehn und ohne Gefahr im Rücken liegen lassen darf. Es ist uns jetzt, vor's Erste, deutlich geworden, daß wir vom Wirken und Wesen unsers eigenen Leibes eine doppelte, auf zwei völlig heterogene Weisen gegebene Erkenntniß haben, ihn einerseits als Vorstellung, gleich allen anderen Objekten, andrerseits als Willen erkennen. Diese Erkenntniß werden wir nun bald noch fester begründen und deutlicher entwickeln; danach aber sie gebrauchen als einen *Schlüssel zum Wesen jeder Erscheinung in der Natur*, indem wir auch alle andern Objekte, die nicht unser eigener Leib sind, folglich nicht wie dieser auf doppelte Weise unserm Bewußtsein offen liegen, sondern nur von einer Seite als bloße Vorstellungen ihm gegeben sind, eben nun nach Analogie jenes Leibes beurtheilen, und annehmen, daß, wie sie einerseits ganz wie der Leib Vorstellung und insofern mit ihm gleichartig sind, auch andrerseits, wenn man ihr Daseyn als Vorstellungen des Subjekts ganz absondert und bei Seite setzt, das dann noch übrig Bleibende seinem *inneren Wesen* nach, dasselbe seyn muß, als was wir in uns den *Willen* nennen. Denn aus welchen andern Elementen sollten wir die Körperwelt bestehn lassen? welche andre Realität ihr zuschreiben? wir können ihr doch keine größre Realität beilegen als Jeder seinem eignen Leibe; denn der ist Jedem das Realste: aber wenn wir die Realität dieses Leibes und seiner Aktionen analysiren; so treffen wir nichts darin an als Wille und Vorstellung: diese erschöpfen sein ganzes Wesen. Welche andre Realität sollten wir nun noch der übrigen Körperwelt beilegen? Wenn wir nicht sie für bloße Vorstellung erklären wollen; so müssen wir sagen daß sie außer aller Vorstellung, also an sich, Wille sei: wir kennen nichts andres und sind schon aus Mangel aller andern Begriffe dazu gezwungen. Ich sage seinem *innern Wesen* nach: dieses Wesen des Willens haben wir zuvörderst näher kennen zu lernen, damit wir nicht mit ihm verwechseln, was schon seiner Erscheinung angehört, die viele Grade hat: dergleichen ist z. B. das Begleitetseyn von Erkenntniß und das dadurch bedingte Bestimmtwerden durch Motive: dies gehört schon nicht mehr seinem Wesen an, sondern bloß der deutlichsten seiner Erscheinungen, nämlich in Mensch und Thier, wie *suo loco*. Wenn ich daher sagen werde: die Kraft, welche den Stein zur Erde treibt, ist, ihrem Wesen nach, und außer aller Vorstellung, Wille; – so werden Sie es nicht so verstehn, als hätte ich gesagt, der Stein bewege sich nach einem erkannten Motiv, weil des Menschen Wille also erscheint. – Und doch ist schon dieses, so absurd es scheinen mag, von großen Denkern gesagt worden: sie geriethen auf solche enorme Behauptung dadurch, daß sie eine Ahndung der Wahrheit hatten, nämlich daß das innre Wesen der Dinge an sich mit unserm innern Wesen identisch sei: aber sie kamen nicht auf die Sonderung des Willens von der Erkenntniß, sahen nicht daß der Wille allein das Ursprüngliche ist, und die Erkenntniß bloß hinzugekommen, als seine Aeußerung in einigen seiner Erscheinungen: sie hielten Wille und Erkenntniß für unzertrennlich. Daher geriethen große Denker auf die enorme Behauptung daß die unorganische Natur erkennend sei. Drei Beispiele:

1) Kepler, in seinem Kommentar über den Planeten Mars sagt, die Planeten müßten Erkenntniß haben, sonst könnten sie nicht, im leeren Raum, ihre eliptischen Bahnen so mathematisch richtig treffen, und die Schnelligkeit ihrer Bewegung so genau abmessen, daß allemal die Fläche der Triangel ihrer Bahn der Zeit proportionirt bleibe, in welcher sie deren Basis durchlaufen. –

2) Baco, *de augment. scient. Lib. 4 in fine* (Leipzig. Ausg.), meint, der Magnet müsse den Pol, das Eisen den Magnet, auf gewisse Art wahrnehmen, indem es nach ihm sich hinwendet: der Stein müsse die Erde zu der er fällt, wahrnehmen.

3) Leibnitz läßt alle Körper bestehn aus Monaden, d. i. aus einfachen Wesen, die an sich nicht ausgedehnt, sondern *erkennend* sind, wie denn auch des Menschen Seele eine solche Monade sei. In den leblosen Körpern brächten sie aber dennoch das Phänomen der Ausdehnung und alle daraus folgenden physischen Phänomene hervor, ihre Erkenntniß sei aber bewußtlos, sei im Schlummer; nur eine Centralmonade, wie die Seele, habe durch ihre glückliche Lage Bewußtsein.

(*Da Capo*, von der Ahndung der Wahrheit hierin.)

Nunmehr wollen wir, was wir nun vorläufig eingesehn, zu größerer Gewißheit und Klarheit bringen.

CAP. 5.
Nähere Nachweisung der Identität des Leibes mit dem Willen.

Als des eigenen Leibes Wesen an sich, als dasjenige was dieser Leib ist, außerdem, daß er Objekt der Anschauung, Vorstellung, ist, erkannten wir den Willen zuerst in den willkürlichen Bewegungen, sofern diese nämlich nichts anderes sind als die Sichtbarkeit der einzelnen Willensakte, mit welchen sie unmittelbar und völlig zugleich eintreten, als Ein und dasselbe mit ihnen, *nur durch die Form der Erkennbarkeit*, in die sie übergegangen, d. h. Vorstellung geworden sind, von ihnen *unterschieden*. Nun wollen wir zu unsrer fernern Erkenntniß des Willens als des eigentlichen *Dinges an sich*, d. h. als des innersten, wahren Wesens aller Dinge, den nächsten Schritt dadurch thun, daß ich nachweise, daß nicht nur die *Aktionen des Leibes* die Erscheinungen des Willens sind, sondern schon *der ganze Leib selbst*, in seiner ganzen Besonderheit wie er ist. Hiezu müssen wir etwas weit zurückgehn; einen weiten Anlauf nehmen.

Vorgängige Einsicht.
Intelligibler Karakter und empirischer Karakter.

Erinnern Sie sich, wie ich Ihnen ausführlich darstellte, wie Zeit und Raum nur Formen der Erscheinung sind, dem Wesen an sich der Dinge fremd. Dem Raum war nur die äußere Anschauung nothwendig unterworfen. Aber der Zeit auch die innere. Da nun die Zeit sowohl als der Raum bloße Form des Bewußtseyns des erkennenden Subjekts ist, nicht Bestimmung des Dinges an sich; so folgte auch, daß, was bei der innern Selbsterkenntniß Zeitbestimmung ist, bloß der Erscheinung angehört, und daß, wenn wir unser eigenes Wesen erkennen könnten, ohne jene Formen unsers Vorstellens, diese Erkenntniß eine solche seyn würde in der die Vorstellung der Zeit mithin auch der Veränderung gar nicht vorkäme. Durch die unmittelbarste Selbsterkenntniß, in der Subjekt und Objekt ganz zusammenfallen und gar keine Form zwischen beide tritt, offenbart sich uns daß das, was äußerlich als Aktion des Leibes erscheint, an sich Wille ist, Akt des Wollens. In jedem Akt des Leibes zeigt sich also der Wille als das Wesen an sich, davon die Aktion des Leibes die Erscheinung. Da nun aber das gesammte Wollen nicht anders sich darstellt als in einer *Reihe* solcher Willensakte, also in einer Succession von Veränderungen, diese aber durch die Zeit bedingt ist; so müssen wir, wenn wir den Willen eigentlich als Ding an sich erkennen wollen, auch alles von ihm abziehn was durch die Zeit bedingt ist, also alle Succession, Veränderung kurz das Zerfallen in eine Reihe von Willensakten. Wir müssen folglich den Willen eines jeden Menschen als Ding an sich, denken als außer der Zeit, folglich als ein Unveränderliches, dessen Erscheinung jedoch sich darstellt als eine Reihe von Willensakten. Ist dem aber so (*illustr.*), so muß die Reihe von Willensakten, welche den Lebenslauf eines Menschen ausmacht, dennoch Spuren davon tragen, daß alles was an ihr Veränderung ist, nur der Erscheinung angehört und das in ihr eigentlich Erscheinende stets nur Eines und mithin unveränderlich ist. Daher muß das ganze Thun jedes Menschen eine Konstanz zeigen, die daher rührt, daß das innere Wesen desselben außer der Zeit liegt, mithin außer der Möglichkeit der Veränderung. D. h. alle seine Thaten müssen, so verschieden sie auch unter einander sind, stets Zeugniß ablegen davon, daß sie ausgehn von einem *unveränderlichen Grund-Wollen*, müssen folglich denselben *Karakter* tragen. Was wir nun so bloß ableiten, daraus, daß was durch die Vorstellung der Zeit bedingt ist, nie dem Wesen an sich angehören kann, sondern nur der Erscheinung, jenes also von allen solchen Bestimmungen frei seyn muß, bestätigt die Erfahrung. Wir sehn zwar dieselben Motive auf verschiedene Menschen ganz verschieden wirken: aber auf denselben Menschen stets auf gleiche Weise: und aus dem was Einer einmal gethan, schließen wir daß er unter gleichen Umständen dasselbe thun wird. Daher legen wir eben einem jeden einen *Karakter* bei, welchen wir kennen zu lernen wünschen, um alsdann ein für alle Mal zu wissen, was wir von ihm zu erwarten haben. Wir setzen gradezu voraus, daß jeder in seinem Handeln eine bleibende Grund-Maxime äußert; nicht daß er sich einer solchen *in abstracto* bewußt wäre, nicht daß sie als Vorsaz in der Reflexion läge (da wäre sie wandelbar), sondern daß sie das leitende Princip alles seines Handelns ist, von dem es nie abweicht. Eine Grundmaxime, deren Ausdruck nicht Worte sind, sondern das gesammte Thun und Wesen des Menschen selbst. Wir setzen dies voraus, obwohl wir wissen, daß Jeder, bei jeder einzelnen Handlung, das Bewußtsein hat, daß er auch ganz anders handeln *könnte*, wenn er nur *wollte*, d. h. daß sein *Wollen* allein und an sich frei sein Handeln bestimmt, und hier also nicht vom Aeußern Können die Rede ist; sondern vom Wollen. Aber dieses Wollen selbst, sehn wir in jedem als etwas Unwandelbares an, das, seinem eigentlichen Karakter nach, sich nie ändert, dessen sämmtliche Aeußerungen nicht etwa regellos erfolgen, sondern gesetzmäßig hervorgehn aus ihrer Quelle, dem innern Grundwollen des Menschen.

> Des Menschen Thaten und Gedanken, wißt!
> Sind nicht wie Meeres blind bewegte Wellen.
> Die innre Welt, sein Mikrokosmos, ist
> Der tiefe Schacht, aus dem sie ewig quellen.
> Sie sind nothwendig, wie des Baumes Frucht,
> Sie kann der Zufall gaukelnd nicht verwandeln.
> Hab' ich des Menschen Kern erst untersucht;
> So weiß ich auch sein Wollen und sein Handeln.
>
> (Wallenstein.)

Wir sehn in der That schon in Kindern, bei ganz gleicher Erziehung, die verschiedensten Karaktere sich offenbaren, und nun im Lauf des Lebens sich entwickeln: verschiedne Menschen, unter ganz gleichen Einflüssen, ganz verschieden bleiben: guthmüthige guthmütig verharren, böse, böse. (*Suo loco* bei der Freiheit des Willens.) Dieser Karakter, der die unveränderliche Basis des Wesens jedes Menschen ist, ist nur durch Erfahrung zu erlernen, aus seinen Handlungen zusammenzusetzen und zu erschließen: weder ihm selbst noch Andern Gegenstand unmittelbarer Erkenntniß. Darum nennen wir ihn, nach Kant, den *empirischen Karakter*. Wir lernen ihn kennen, wie die Qualitäten jedes Dinges, setzen aber auch an ihm, wie an den Qualitäten, sogleich Unveränderlichkeit voraus, und wie er einmal auf erhaltenes Motiv reagirt hat, erwarten wir, daß er stets reagiren wird. Darauf gründet sich alle Menschenkenntniß. Aus dem Motiv allein, können wir nie das Handeln vorherwissen. Denn auf gleiche Motive handeln Verschiedne verschieden. Die Kenntniß des Karakters läßt uns für sich auch keine bestimmte einzelne Handlung vorherbestimmen; denn Motive müssen sie veranlassen. Wenn ich Einen auch noch so sehr kenne, kann ich doch nicht sagen, was er grade heute thun wird; ich muß erst wissen was ihm heute begegnen wird. Aber wenn wir den Karakter ganz genau kennten, und dann die Motive, so hätten wir beide Faktoren, aus denen wir sein Handeln so sicher und genau vorher berechnen könnten, wie eine Finsterniß. Die vollständige Erkenntniß eines Karakters ist sehr schwer. – Nun aber ein großer Umstand: Bei aller Nothwendigkeit der Handlungen aus dem Karakter, finden wir *hierin doch nie eine Entschuldigung*: sondern messen jede That uns selbst und andern ganz bei. Wir sind uns stets bewußt daß die Handlung *doch* ganz allein aus dem Willen stammt und dieser von nichts außer ihm abhängt: wir messen jede einzelne That, wiewohl sie in Folge des Karakters geschieht, doch jedem und uns ganz bei: denn wir messen uns und ihm den Karakter selbst bei: wir erkennen ihn als die Erscheinung des Willens. – Da die Aeußerungen des Karakters ganz einzeln und zerstückelt in die Erfahrung treten, und der empirische Karakter sich nur daraus unvollkommen erschließen läßt; so deutet doch die Einheit und Unveränderlichkeit desselben darauf hin, daß er die Erscheinung eines außer der Zeit liegenden und gleichsam permanenten Zustandes des Willens ist, was schon aus dem Verhältniß der Zeit als bloßer Erscheinungsform zum Ding an sich folgt. *Gleichsam permanenten Zustandes*, ist metaphorisch. ––– Daher: Wenn wir beim Karakter absehn von allen Zeitbestimmungen die nur unsrer Erkenntniß anhangen, so müssen wir uns den Willen des Individuums denken, als einen außer der Zeit liegenden *universalen Willensakt* von dem alle in der Zeit und successive sich darstellenden Akte nur das Hervortreten, die Erscheinung sind. Dies nennt Kant den *intelligibeln Karakter*. – Man sehe die meisterhafte Darstellung Kritik der reinen Vernunft pp 560–586. Aus dieser Annahme erklärt sich die unveränderliche *Konstanz des empirischen Karakters*: denn dieser ist nichts andres, als der intelligible Karakter, der eigentliche Wille des Menschen als Ding an sich, angeschaut in der Form, welche unsrer Erkenntniß stets anhängt, der Zeit, und daher sich darstellend in einer Succession von Willensakten. –

Der Wille des Menschen, als Ding an sich, d. h. abgesondert von allem was nur der Art wie wir ihn erkennen angehört, ist nicht nur frei von der Zeit, sondern auch von allen andern Gestalten des Satzes vom Grund, selbst dem Gesetz der Motivation: er ist daher *grundlos* zu nennen. Denn nur Erscheinungen sind dem Satze des Grundes unterworfen. Daher hat zwar jeder empirisch erkannte Akt eines Willens, da er Erscheinung, deren beständige Form der Satz vom Grund, immer noch einen Grund außer sich, in den Motiven: Jedoch bestimmen diese nie mehr, als was ich zu *dieser Zeit*, an *diesem Ort*, unter *diesen* Umständen will; nicht aber *daß* ich überhaupt will, noch *was* ich überhaupt will; d. h. die Maxime, welche mein gesammtes Wollen karakterisirt. Daher ist mein Wollen nie seinem ganzen Wesen nach aus den Motiven zu erklären; sondern diese bestimmen bloß seine Aeußerung im gegebenen Zeitpunkt, sind bloß der Anlaß, bei dem sich mein Wille zeigt: dieser *an sich* liegt außerhalb des Gesetzes der Motivation: nur seine Erscheinung ist für jeden Zeitpunkt nothwendig durch dieses bestimmt. Lediglich unter Voraussetzung meines empirischen Karakters ist das Motiv zureichender Grund meines Handelns: abstrahire ich aber von meinem Karakter und frage dann warum ich überhaupt dieses und nicht jenes will; so ist keine Antwort darauf möglich, weil eben nur die Erscheinung des Willens dem Satz vom Grund unterworfen ist, nicht er selbst: – darum *grundlos*. Darum entschuldigt Keiner sein Verbrechen, weder vor sich noch vor Andern, dadurch daß sein Karakter nun einmal ein solcher und die Motive da waren: denn die Motive erklären nur, unter Voraussetzung des Karakters; und der Karakter ist der Wille selbst, als Ding an sich dem Satz vom Grund nicht unterworfen: und diesen Karakter haben, oder dies wollen ist eben dasselbe. Die Motive veranlassen bloß die Erscheinung des Karakters und der empirische Karakter ist bloß Erscheinung des Willens, welcher durch nichts außer sich bestimmt seyn kann, da er jenseit des Gebiets des Satzes vom Grund liegt. – Sie sehn vorläufig hieran, daß das Begründetseyn einer Erscheinung durch die andre, hier der That durch das Motiv, gar nicht damit streitet, daß ihr Wesen an sich Wille ist, der als solcher weiter keinen Grund haben kann, indem der Satz vom Grund, in allen seinen Gestalten, bloß Form der Erkenntniß ist, seine Gültigkeit sich also nur erstreckt auf die Vorstellung d. i. Erscheinung, auf die Sichtbarkeit des Willens, nicht auf ihn selbst, der sichtbar wird.

Aus der aufgestellten Unterscheidung des empirischen Karakters vom intelligibeln Karakter ergiebt sich daß dieser der Wille als Ding an sich und daher außerzeitlich ist; jener aber die Erscheinung desselben für das Subjekt, also in den diesem anhängenden Formen: sonach in einer Reihe von Handlungen, in der Zeit, und nach Motiven, gemäß dem Gesetz der Motivation. Jetzt komme ich zu meinem Zweck.

Der Leib selbst ist an sich Wille.

Wir haben erkannt daß jede Aktion des Leibes die unmittelbare Erscheinung ist eines einzelnen Aktes des Willens, die gesammte Reihe aber meiner an Motiven hervortretendenWillensakte, ist der empirische Karakter d. h. die Erscheinung in der Zeit, des intelligibeln Karakters, des Willens. Nun aber füge ich hinzu, daß nicht nur *die Akte* meines Leibes; sondern *er auch selbst* schon die Erscheinung meines Willens seyn muß, denn er selbst ist ja doch die unumgängliche Bedingung und Voraussetzung jener seiner Aktionen in denen der Wille sich objektivirt, ihr Substrat. Nun kann aber doch nicht dieses Erscheinen des Willens in einzelnen Aktionen bedingt seyn durch etwas, das selbst nicht vom Willen abhängt und nicht durch den Willen ist, sondern ganz andern Ursprungs: denn sonst wäre dieses, woher es auch immer seinen Ursprung haben möchte, in Bezug auf den Willen nur *zufällig* da, und das Erscheinen des Willens hienge ab von einem für ihn *zufällig* vorhandenen, dem Leibe, und wäre demnach selbst *zufällig*. Weil nun dies nicht seyn kann; so muß schon der Leib selbst (als erste Bedingung seiner Aktion) Erscheinung des Willens seyn. Der Wille muß sich schon im Daseyn des Leibes allgemein objektiviren, und sodann durch die Aktion dieses Leibes im Besonderen: durch das Daseyn des Leibes im Raum, durch die Aktion in der Zeit. Denselben Willen, oder den intelligibeln Karakter, den der Leib mit einem Schlage, durch sein Daseyn ausspricht: den sprechen die einzelnen Akte successiv aus, sind gleichsam die Paraphrase des Leibes. Wie die einzelne Aktion des Leibes den einzelnen Akt des Willens objektivirt; so muß der ganze Leib, seinem Daseyn nach, die ganze Art des Wollens, den ganzen Willen, den intelligibeln Karakter objektiviren. Also, der ganze Leib muß zu meinem Willen überhaupt, zu meinem intelligibeln Karakter, eben das Verhältniß haben, was jede einzelne Aktion des Leibes hat, zum einzelnen Willensakt, den sie darstellt. Demnach muß schon mein ganzer Leib nichts anderes seyn, als mein sichtbar gewordener Wille, muß seyn mein Wille selbst, sofern dieser anschauliches Objekt, Vorstellung der 1sten Klasse ist. Darum nenne ich den Leib die *Objektität des Willens*. –

Als Bestätigung davon habe ich bereits angeführt, daß jede Einwirkung auf meinen Leib, auch sofort meinen Willen affizirt, und in dieser Hinsicht Schmerz oder Wollust, im niedrigeren Grade angenehme oder unangenehme Empfindung heißt; auch daß umgekehrt jede heftige Bewegung des Willens, also Affekt, Leidenschaft, Ekel, Begierde, sofort den Leib erschüttert, seine Funktionen stört in ihrem Lauf.

Zwar läßt sich, wenn gleich sehr unvollkommen, von der Entstehung, und etwas besser von der Entwicklung und Erhaltung des Leibes auch *ätiologisch* eine Rechenschaft geben, welche eben die Physiologie ist. Allein diese erklärt ihr Thema grade so, wie die Motive das Handeln erklären: und so wenig die Begründung der einzelnen Handlung durch das Motiv und die nothwendige Folge derselben aus diesem damit streitet, daß die Handlung überhaupt und ihrem Wesen nach nur Erscheinung des an sich grundlosen Willens ist; eben so wenig thut die physiologische Erklärung der Veränderungen des Leibes der philosophischen Wahrheit Eintrag, daß das ganze Daseyn dieses Leibes und die gesammte Reihe seiner Veränderungen nur die Objektivirung eben jenes Willens ist, der in den äußerlichen Aktionen desselben Leibes, nach Maasgabe der Motive erscheint. Die Physiologie bleibt in ihren Erklärungen nicht stehn bei den bloß vitalen und vegetativen Funktionen, sondern versucht sogar eben jene äußerlichen Aktionen, die unmittelbar willkürlichen Bewegungen auf Ursachen im Organismus zurückzuführen, die Bewegung der Muskeln: Reil meint, sie geschehe durch Zufluß der Säfte, welche Zusammenziehung bewirkt, wie ein Strick sich zusammenzieht, wenn er naß wird. Gesetzt nun man käme jemals wirklich zu einer gründlichen Erklärung dieser Art; so würde dies doch nie die unmittelbar gewisse Wahrheit aufheben, daß jede willkürliche Bewegung Erscheinung eines Willensaktes ist. Hier sehn Sie recht, wie das innre Wesen nie in der Kette der Ursachen liegt, nicht mit in diese eingeht, sondern die ganze Kette der Ursachen gehört zur Erscheinung, diese Verkettungsart selbst ist die Form der Erscheinung. Eben so wenig kann je die physiologische Erklärung des vegetativen Lebens, und gediehe sie auch noch so weit, je die Wahrheit aufheben, daß dieses sich so entwickelnde thierische Leben selbst Erscheinung des Willens ist. Ueberhaupt kann ja, wie ich Ihnen schon früher zeigte, jede ätiologische Erklärung nie mehr angeben, als die nothwendig bestimmte Stelle in Zeit und Raum einer einzelnen Erscheinung, ihren nothwendigen Eintritt daselbst nach einer festen Regel. Hingegen das innre Wesen jeder Erscheinung bleibt auf diesem Wege immer unergründlich und wird von jeder ätiologischen Erklärung vorausgesetzt und bloß bezeichnet durch die Namen Kraft, Naturgesetz, Karakter.

Also, obgleich jede einzelne Handlung unter Voraussetzung des bestimmten Karakters nothwendig bei dargebotenem Motiv erfolgt und obgleich das Wachsthum, der Ernährungsproceß und sämmtliche Veränderungen im thierischen Leibe nach nothwendig wirkenden Ursachen (Reize) vor sich gehn; so ist dennoch die ganze Reihe der Handlungen, folglich auch jede einzelne, und eben so deren Bedingung, der ganze Leib selbst, der sie vollzieht, folglich auch der ganze Proceß, durch den und in dem er besteht, – nichts anderes als die Erscheinung des Willens, die Sichtbarwerdung, *Objektität des Willens*. Daher kommt die vollkommne Angemessenheit des menschlichen und thierischen Leibes überhaupt zum menschlichen und thierischen Willen überhaupt; derjenigen ähnlich, aber sie weit übertreffend, die ein absichtlich verfertigtes Werkzeug zum Willen des Verfertigers hat, und dieserhalb erscheinend als Zweckmäßigkeit d. i. die teleologische Erklärbarkeit des Leibes. Bei einem Artefact hat der Wille des Verfertigers sich nur durch das Medium der Vorstellung, also mittelbar objektivirt: in dem menschlichen Leib (ja in jedem Naturprodukt, wie weiterhin) hat der Wille sich unmittelbar objektivirt. Der Leib ist daher das sichtbare Bild des Willens. Daher müssen die Theile des Leibes den Hauptbegehrungen, durch welche der Wille sich manifestirt, vollkommen entsprechen, müssen der sichtbare Ausdruck desselben seyn: Zähne, Schlund, Darmkanal sind der objektivirte Hunger: die Genitalien der objektivirte Geschlechtstrieb: die greifenden Hände, die strebenden Arme, die raschen, schreitenden Füße drücken anschaulich das schon mehr mittelbare Streben des Willens aus dem sie entsprechen. Wie nun die allgemeine menschliche Form den allgemeinen menschlichen Willen ausdrückt, so drückt den individuell modifizirten Willen, den Karakter des Einzelnen die individuelle Korporisation aus, welche daher durchaus und in allen Theilen karakteristisch und ausdrucksvoll ist. Daher vollkommne *gefühlte* Physiognomik; aber nicht im Begriff.

Nun betrachten Sie, von diesem Gesichtspunkt aus, die Gestalten der Thiere, in ihrer zahllosen Verschiedenheit. Denn was ich vom Menschen gezeigt habe, gilt auch vom Thiere: auch des Thieres Leib ist der objektivirte, in die Vorstellung getretene Wille des Thiers. Wie der Wille jedes Thiers ist, so ist sein Leib. Die Gestalt und Beschaffenheit jedes Thiers ist durchweg nur das Abbild der Art seines Wollens, der sichtbare Ausdruck der Willensbestrebungen, die seinen Karakter ausmachen: diesen ist die ganze Organisation genau angemessen; und von der Verschiedenheit der Karaktere der Thierspecies ist die Verschiedenheit ihrer Gestalten das bloße Bild. Die reißenden, auf Kampf und Raub gerichteten Thiere, Löwen, Tiger, Hyänen, Wölfe stehn da mit furchtbaren Angriffswaffen, schrecklichen Zähnen und Gebiß, gewaltigen Klauen und Krallen, sehr starken Muskeln.

Sagt nicht das Gebiß des Haifisches, die Kralle des Adlers, der Rachen des Krokodils schon aus, was sie wollen und wozu sie hergekommen? – Nun hingegen die furchtsamen Thiere, deren Gesinnung nicht ist ihr Heil im Kampfe zu suchen, sondern vielmehr in der Flucht, die sind unbewaffnet gekommen, aber mit schnellen Füßen und leichtem Körper, die Hirsche, Rehe, Hasen, die Gazellen und Gemsen und alle die unzähligen harmlosen Wesen, die nicht andre fressen, aber wohl gefressen werden können: das furchtsamste von allen, der Hase, mit langen Ohren, um feiner zu horchen. – Andre, die auch niemand fressen, folglich nicht angreifen wollen, aber zur Noth sich ihrer Haut zu wehren gedenken, die haben weder Klauen, noch Krallen und Gebiß, aber Vertheidigungswaffen, Hörner und Huf: die Stiere, die Widder und Steinböcke, die Pferde, die sich im Nothfall wenn Wölfe dasind alle auf einen Haufen mit den Köpfen zusammenstellen und nun hinten ausschlagen und so die Wölfe abwehren. Andre haben sich zur passivesten Vertheidigungsart, eine Art Festung mitgebracht: Armadille, Schuppenthiere, Schildkröten, *Igel*, *Stachelschweine*, Schnecken, Muscheln: der Tintenfisch Sepia, hat zur Vertheidigung seine Tinte mitgebracht (*illustr.*). – Und nun nicht bloß in Hinsicht auf Angriff und Vertheidigung, sondern durchweg nach den besondern zahllosen Modifikationen des Strebens und der Lebensweise und natürlicher Absicht eines Jeden ist auch sein Leib besonders modifizirt: daher die zahllosen Gestalten. Wo aber läßt sich, bei irgend einem Thier, ein Widerspruch auffinden zwischen seinem Streben, seinem Willen und seiner Organisation? Kein furchtsames Thier ist mit Waffen versehn und kein freches, streitbares Thier ist daron. Immer ist zwischen der Gestalt und dem Willen die vollkommenste Harmonie: dies eben bestätigt meinen Satz, daß Leib und Wille Eins sind; das Ursprüngliche und Erste der Wille; er selbst aber, sofern er sich objektivirt, Vorstellung wird, heißt Leib. Daß nun aber dies wirklich so sei, daß das Wesentliche und Ursprüngliche der Wille sei und der Leib ihm nur deshalb so genau entspricht, weil er sein bloßes Abbild ist, und daß nicht etwa, umgekehrt, der Wille des Thiers grade auf solche bestimmte Weise sich äußere, weil das Werkzeug, das er *vorfindet*, der Leib grade solche Beschaffenheit hat und der Wille sich also nur nach den Umständen bequemt, davon giebt uns ein sichres Wahrzeichen folgende besondre Thatsache. Bei einigen Thieren, während sie noch nicht ausgewachsen sind, äußert sich die Willensbestrebung, zu deren Dienste ein besondres Glied bestimmt ist, ehe noch, im unausgewachsenen Thiere, das Glied vorhanden ist, also der Gebrauch dieses Gliedes geht seinem Daseyn vorher. Nämlich junge Böcke, Widder, Kälber, stoßen schon ehe sie noch die Hörner haben, mit denen sie zu stoßen beabsichtigen. Wir sehn hieran, daß nicht der Wille, als ein Hinzugekommenes, die Werkzeuge bewegt, die er vorfindet, die Theile des Leibes gebraucht, weil eben sie und keine andre dasind; sondern, daß das Ursprüngliche das Streben ist, sich auf diese Weise zu wehren, welches Streben sich darstellt und ausspricht sowohl im Gebrauch als im Daseyn der Waffe: in diesem Fall geht nun zufällig die Aeußerung des Gebrauchs dem wirklichen Daseyn der Waffe vorher: die Waffe kommt hinzu, weil das Streben zu dieser Art des Wehrens da ist; nicht umgekehrt stellt sich das Streben ein, weil grade die Waffe da ist. Also der Bock stößt nicht, weil er Hörner hat; sondern weil er ein solcher ist der stoßen will, bekommt er Hörner. Der junge Eber (Frischling) haut an den Seiten um sich, während er noch keine Hauer hat, welche die beabsichtigte Wirkung thun könnten. Richtete er seine Vertheidigungsart nach den Waffen, die er vorfindet, so würde er mit den kleinern Zähnen beißen, die er im Maule wirklich schon hat. Also der Eber kämpft nicht mittelst seiner Hauer, weil er diese eben hat; sondern umgekehrt, weil in ihm der Wille ist sich so und nicht anders zu wehren, wachsen ihm die Hauer heraus. Mehrere Bemerkungen die hieher gehören finden Sie im *Galenus de usu partium animalium Lib. I, initio.* Eine andre zum Theil hieher gehörige Bemerkung, an die ich Sie später erinnern werde, ist diese: Die Waffen, welche die Thiere gegen ihre Verfolger schützen und so zu ihrer Erhaltung dienen, und dann die Künste, durch welche sie sich Schutz und Nahrung bereiten, wie die Baukunst der Vögel, Bienen, Bieber, Hamster, die Republik der Ameisen u. dgl. m., das alles gehört bei ihnen zur unmittelbaren Objektivation des Willens, ohne Vermittelung der Erkenntniß: hingegen die Waffen und die Künste des Menschen, bringt sein Wille erst durch die Vermittelung der Erkenntniß hervor, welche hiezu eine vernünftige, Reflexion, seyn mußte. Indem der Wille des Thiers sich in seinem Leibe unmittelbar darstellt und objektivirt, so sind, wann dieser Wille die Neigung zum Kampf implicirt, auch sogleich die Waffen als Theile des Leibes da und gehören also *unmittelbar* zur Objektivation des Willens. Eben so gehn die Kunsttriebe (wovon noch weiterhin) unmittelbar aus dem Willen hervor, sind nicht von der Erkenntniß geleitet, sondern aus blindem Willen, Trieb genannt, schafft das Thier sein Kunstwerk: also sind auch diese Werke der Thiere unmittelbare Aeußerungen des Willens. – Hingegen beim Menschen ist alles durch die Erkenntniß vermittelt, weil diese bei ihm eine mittelbare, reflektirte ist, Begriff, Vernunft, *λογος* [Logos]. Darum hat er keine natürlichen Waffen; sondern er hat Vernunft und Hände, mittelst welcher beiden er aber so furchtbare Waffen zu Stande bringt, daß die Ueberwältigung aller Thiere ihm ein Spiel ist. Eben so hat er nicht wie die Thiere, irgend eine natürliche Decke, Panzer, Schutzwaffe: aber er kann durch Vernunft und Hände, sich beharnischen, panzern, decken, verschanzen. Statt blind wirkender Kunsttriebe hat er überlegte Künste und Handwerke. Deshalb sagt Galenus »die Hand ist das Werkzeug der Werkzeuge, *οργανον προ οργανων* und die Vernunft die Kunst der Künste, *ὁ λογος τεχνη προ τεχνων*«: er bemerkt ferner, Aristoteles habe sehr richtig den Anaxagoras getadelt, daß dieser sage, der Mensch habe Vernunft weil er Hände habe, und dagegen behauptet, daß umgekehrt, weil der Mensch Vernunft habe, habe er auch Hände. – Wir werden weiterhin sehn wie die Erkenntniß vom Willen hervorgebracht wird, als ein Mittel, eine *μηχανη* [Hilfsmittel] seiner Objektivation auf der schon hohen Stufe der Thierheit: und wie auf der höchsten Stufe, der der Menschheit, er diese *μηχανη* gleichsam verdoppelt, dem Menschen eine doppelte Erkenntniß gebend, zur anschaulichen noch die abstrakte fügend, die Reflexion. Dieses hier anticipirend, sage ich, in Hinsicht auf die Art wie die Natur dem Thier Waffen und Künste schafft, und die wie sie beides dem Menschen schafft, folgendes: nachdem der Wille, zu seiner Objektivation, schon das höchste und letzte Mittel, die reflektirte Erkenntniß ergriffen hat, wäre es überflüssig und zweckwidrig zugleich, wenn er nun auch noch die einfachern und einseitigern Hülfsmittel niedrigerer Art hinzufügen wollte, und den Menschen auch mit natürlichen Waffen und natürlichen Kunsttrieben versehn wollte. Das alles fällt weg sobald Vernunft da ist: zur Erfüllung ihrer Gedanken bedarf der Mensch, als natürlichen Werkzeuges nur noch der Hand, welche dann, konsequent, bei ihm sich einstellt, statt aller natürlichen Waffen.

CAP. 6.
Anwendung dieser Einsicht auf die gesammte Natur zur Erkenntniß des Wesens an sich in aller Erscheinung.

Wir haben also nun, indem wir zum Begriff, zum Wissen in *abstracto* erhoben haben, was eigentlich Jeder fühlt, – wir haben die Erkenntniß erlangt, daß unsre eigne Erscheinung, die als Vorstellung sich uns darstellt als Handlung und als das bleibende Substrat derselben, menschlicher Leib, ihrem innern Wesen nach, an sich, *Wille* ist. Dieser Wille ist das Unmittelbarste im Bewußtseyn und geht, als solches, nicht einmal völlig ein in die Form der Vorstellung, in der Subjekt und Objekt einander gegenüberstehn, sondern giebt sich auf so unmittelbare Weise kund, daß man Objekt und Subjekt nicht mehr deutlich unterscheidet, sondern beide zusammenfallen zur Identität eines Ich. Jedoch tritt der Wille nicht ganz und in seiner Gesammtheit in die Erkenntniß, sondern nur in einzelnen Willensakten, also in der Succession, die die Form der Zeit mit sich bringt.

Diese Erkenntniß, daß der Wille und der Leib eigentlich Eins, daß was an sich Wille ist, als Erscheinung sich darstellt als belebter und zweckmäßig organisirter Leib, müssen wir fest halten: denn sie allein giebt uns den *Schlüssel zum Wesen der gesammten Natur.* Wir müssen sie nämlich übertragen auch auf alle jene Erscheinungen die uns nicht wie unsre eigene zwiefach gegeben und bekannt sind, nämlich in unmittelbarer Erkenntniß neben der mittelbaren; sondern die uns bloß einmal, bloß einseitig gegeben sind, nämlich bloß als Vorstellung. – Jeder nämlich (der nur nicht durch den theoretischen Egoismus sich selbst von aller Erkenntnis abschließt) wird nun zuvörderst die Erscheinungen welche, als Vorstellungen, seiner eigenen ganz gleich sind, auch ihrem innern Wesen nach beurtheilen als seiner eigenen gleich: also er wird nicht nur das Wesen seines eignen Leibes, sondern auch das jedes menschlichen Leibes, erkennen als Willen, als jenes ihm so unmittelbar und genau bekannte. Sodann wird er zunächst dies übertragen auf die Thiere. – Die fortgesetzte Reflexion wird ihn dahin leiten, auch die Kraft welche in der Pflanze treibt und vegetirt anzusehen als ihrem innern Wesen nach identisch mit dem was das Wesen seines eignen vegetirenden Leibes, wie seiner Handlungen, ist, – Wille. Dasselbe innere Wesen wird er wiedererkennen auch in der Kraft durch welche der Krystall anschießt; in der welche den Magnet so beharrlich stets gegen den Nord-Pol wendet; – in der, deren Schlag ihm aus der Berührung heterogener Metalle entgegenfährt (Galvanische Elektricität); – in der Kraft welche erscheint in den Wahlverwandschaften der Stoffe als Fliehen und Suchen, Trennen und Vereinen, – ja zuletzt sogar in der Schwere, die in aller Materie so gewaltig strebt, den Stein zur Erde und die Erde zur Sonne zieht. Wir werden also alle diese Kräfte ansehn als nur in der Erscheinung verschieden, ihrem innern Wesen nach aber als dasselbe, als jenes uns so unmittelbar bekannte, vertrauter und genauer bekannte als alles andre, was da, wo es sich am vollkommensten manifestirt, *Wille* heißt. Alle diese Schritte werden wir weiterhin einen nach dem andern vornehmen und untersuchen in welchem Sinn das Wesen an sich aller Erscheinungen in der Welt identisch ist mit unserm eignen innersten Wesen, das wir als Willen erkennen. Meine Methode ist, erstlich einen allgemeinen Ueberblick zu geben, damit Sie sehn, wohin wir wollen; und dann die Sachen im Einzelnen zu betrachten: wie man vom Berge erst das Land übersicht und dann hineingeht. Diese Anwendung der Reflexion ist der Schlüssel zur Metaphysik: sie ist es allein, welche uns nicht mehr bei der Erscheinung stehn bleiben läßt, sondern hinüberführt zum *Ding ansich*.

Erscheinung heißt Vorstellung und weiter nichts. Alles Objekt ist Vorstellung und alle Vorstellung, schon als solche, bloße Erscheinung. – *Ding an sich* aber ist allein der Wille. Als solcher ist er durchaus nicht Vorstellung, sondern *toto genere* [der ganzen Art nach] von ihr verschieden. Er ist es wovon alle Vorstellung, alles Objekt, die Erscheinung, die Sichtbarkeit, die *Objektität* ist. Er ist das Innerste, der Kern jedes Einzelnen und eben so des Ganzen: er erscheint in jeder blindwirkenden Naturkraft: er auch erscheint im überlegten Handeln des Menschen: die große Verschiedenheit dieser beiden betrifft doch nur den Grad des Erscheinens, nicht das Wesen des Erscheinenden. Jetzt zur nähern und deutlichen Erkenntniß hievon, Schritt vor Schritt.

CAP. 7.
Bestimmung des Begriffes Wille in seinem Gebrauch als Grundbegriff der Metaphysik.

Ueber den Begriff Wille.

Da wir nun sagen, das Ding an sich, der Gegenstand der Metaphysik ist Wille; so muß unser Erstes seyn, uns ganz deutlich zu machen, was wir bei dem Begriff Wille denken, was wir eigentlich darunter verstehn.

Das Innre Wesen, das *Ding an sich*, kann als solches durchaus nicht Objekt seyn. Denn alles Objekt ist schon Erscheinung. Wenn wir nun aber doch davon reden, es objektiv denken wollen, muß es Namen und Begriff borgen von etwas irgendwie objektiv Gegebenem: also immer von einer seiner Erscheinungen. Diese nun dürfte, um als Verständigungspunkt zu dienen, keine andre seyn, als unter allen Erscheinungen jenes *Dinges ansich* die vollkommenste, d. h. die deutlichste, die am meisten entfaltete, vom Erkennen *unmittelbar* beleuchtete, der Erkenntniß unmittelbar gegebene, und daher uns näher liegende als die andern. Das eben ist des Menschen *Wille*. Allerdings ist dies eigentlich doch nur eine *denominatio a potiori* [Benennung nach dem Vorzüglicheren]: darum erhält durch sie der Begriff Wille eine größere Ausdehnung, als er gemeinhin hat. – Aber Platon sagt eben daß die Hauptbedingung zum Philosophiren sei das Eine und Identische in verschiedenen Erscheinungen zu erkennen, und dann wieder das Verschiedene in ähnlichen. Daher müssen wir die Begriffe und Benennungen so weit ausdehnen als wir das Eine und selbe sich erstrecken sehn in den Erscheinungen. – Bisher hatte man nie erkannt, daß das Wesen jeder irgend wirkenden oder strebenden Kraft in der Natur an sich grade das ist was in uns sich als Wille manifestirt: daher hatte man nicht alle jene wirkenden und strebenden Kräfte in Mensch, Thier, Pflanze und den mannigfachen unorganischen Erscheinungen angesehn als *Species eines Genus* [Arten *einer* Gattung], sondern betrachtete sie als wesentlich heterogen. Daher eben kann kein Wort vorhanden seyn zur Bezeichnung des Begriffs dieses *genus*. Darum wähle ich zur Benennung des genus den Namen der vorzüglichsten *species*, Wille; weil wir eben von dieser *species* allein eine unmittelbare uns ganz nahe liegende Erkenntniß haben, durch welche wir zur mittelbaren Erkenntniß aller übrigen *species* gelangen sollen. Ich sagte, der Begriff Wille erhält dadurch eine größere Ausdehnung. Daher würden Sie mich nun immerfort misverstehn, wenn Sie nicht vermöchten die von mir vorgezeichnete Erweiterung des Begriffs Wille zu vollziehn; sondern bei dem Wort Wille immer nur die bisher allein damit bezeichnete *species* denken wollten, nämlich den vom Erkennen geleiteten und ausschließlich nach Motiven sich bewegenden Willen, oder wohl gar noch bloß den nach abstrakten Motiven, unter der Leitung der Vernunft, sich bestimmenden Willen; welcher, wie gesagt, nur *die deutlichste Erscheinung* des Willens, also nur eine species ist. Das uns unmittelbar bekannte, innerste Wesen eben dieser Erscheinung müssen wir nun in Gedanken rein aussondern, und es dann übertragen auf alle schwächeren undeutlicheren Erscheinungen desselben Wesens: dadurch vollziehn wir die verlangte Erweiterung des Begriffs Wille. –

Aber auf die entgegengesetzte Weise würden Sie mich mißverstehn, wenn Sie etwa meinten, es sei zuletzt einerlei, ob man jenes Wesen an sich aller Erscheinung durch das Wort Wille, oder durch irgend ein anderes bezeichne. Dies würde wirklich der Fall seyn, wenn jenes Ding an sich etwas wäre, auf dessen Existenz wir bloß schlössen und es so allein mittelbar und bloß *in abstracto* erkennten: dann könnte man es allerdings nennen wie man wollte: denn der Name stände als bloßes *x* da. – Nun aber bezeichnet das Wort Wille nichts weniger als eine unbekannte Größe, ein bloß erschlossenes Etwas; sondern im Gegentheil ein unmittelbar Erkanntes und uns so sehr Bekanntes und Vertrautes, daß wir, was Wille sei, viel besser wissen und verstehn, als sonst irgend etwas, was es auch immer sei: darum eben vermag dieser, aus der Quelle unseres innersten Wesens geschöpfte Begriff Wille, der Schlüssel zu werden, um das innerste Wesen jedes

Dinges in der Natur aufzuschließen. Bisher hat man den Begriff *Wille* subsumirt unter den Begriff *Kraft*. Nun mache ich es grade umgekehrt: ich will jede Kraft in der Natur als Wille gedacht wissen. Glauben Sie nur nicht es sei Wortstreit und am Ende einerlei: vielmehr ist es von der allerhöchsten Bedeutsamkeit und Wichtigkeit. Denn der Begriff Kraft ist, wie alle andern Begriffe, zuletzt entlehnt aus der anschaulichen Vorstellung, der Erkenntniß der objektiven Welt: diese aber ist eben Erscheinung, Vorstellung. *Der Begriff Kraft* ist abstrahirt aus dem Gebiet, wo Ursach und Wirkung herrscht, d. i. das Gebiet der Erscheinung: denn er bedeutet eben das Ursachseyn der Ursach, auf dem Punkt, wo es ätiologisch durchaus nicht weiter erklärlich, sondern eben die Voraussetzung aller ätiologischen Erklärung ist. (*Illustr.*) Hingegen ist der *Begriff Wille* der einzige, unter allen möglichen, der seinen Ursprung nicht aus der Erscheinung, nicht aus der bloßen anschaulichen Vorstellung hat; sondern aus dem unmittelbarsten Bewußtsein eines Jeden, in welchem dieser sein eignes Individuum, seinem Wesen nach, unmittelbar, ohne alle Form, selbst ohne die von Subjekt und Objekt, erkennt und zugleich selbst ist, da hier das Erkennende mit dem Erkannten zusammenfällt. Daher: wenn wir den Begriff der Kraft zurückführen auf den Begriff Wille; so haben wir in der That ein Unbekannteres auf ein unendlich Bekannteres, ja auf das Einzige uns wirklich und unmittelbar ganz und gar bekannte zurückgeführt und unsre Erkenntniß um ein sehr großes erweitert. Subsumiren wir hingegen, wie bisher geschah, den Begriff *Wille* unter den der *Kraft*; so begeben wir uns der einzigen unmittelbaren Erkenntniß, die wir vom Wesen der Welt haben, indem wir sie untergehn lassen in einem aus der Erscheinung abstrahirten Begriff, mit welchem wir daher nie über die Erscheinung hinaus können.

Ueber meine Lehre daß der Wille das metaphysische Ding an sich, das innere Wesen aller erscheinenden Dinge sei, muß ich Ihnen nun noch folgende genaue Erklärung geben, welche man fassen muß, um mich von Grund aus zu verstehn, aber nur fassen kann, wenn man mir mit der größten Aufmerksamkeit und Anstrengung seines Scharfsinns folgt. –

Der Wille, so wie wir ihn in uns finden und wahrnehmen, ist nicht eigentlich das *Ding an sich*. Denn dieser Wille tritt in unser

Bewußtsein bloß in einzelnen und successiven Willensakten: diese haben also schon die Zeit zur Form, und sind daher schon Erscheinung. Diese Erscheinung aber ist *die deutlichste Offenbarung*, die deutlichste Sichtbarwerdung *des Dings ansich*, weil sie ganz unmittelbar von der Erkenntniß beleuchtet ist, Objekt und Subjekt hier ganz zusammenfallen, und hier das erscheinende Wesen selbst keine andre Form angenommen hat, als allein die der Zeit.

Bei jedem Hervortreten eines Willensaktes aus der Tiefe unsers Innern ins Bewußtseyn geschieht ein ganz ursprünglicher und unmittelbarer Uebergang des Dinges an sich (das außer der Erkennbarkeit und außer der Zeit liegt) in die Erscheinung. Darum nun, wenn ich das Ding an sich *Wille* nenne; so ist dies zwar bloß die Bezeichnung des eigentlichen Dinges an sich durch die deutlichste seiner Erscheinungen: aber eben weil der Wille die unmittelbarste Erscheinung des Dings an sich ist; so folgt offenbar, *daß wenn alle übrigen Erscheinungen des Dinges an sich uns eben so nahe gebracht würden als unser Wille, also ihre Erkenntniß zu demselben Grade von Deutlichkeit und Unmittelbarkeit erhoben würde als unser Wille; sie sich ebenso und als eben das darstellen würden als der Wille in uns.* Dies ist der Hauptpunkt. Daher bin ich berechtigt zu sagen, »das innre Wesen in jedem Dinge ist Wille[«]; oder Wille ist das Ding an sich, mit dem Zusatz, daß dies doch nur eine *denominatio a potiori* [Benennung nach dem Vorzüglicheren] ist, d. h. daß wir hier das Ding an sich bezeichnen mit einem Namen den es erborgt von der Deutlichsten seiner Erscheinungen, weil wir alle andern, als schwächer und undeutlicher, auf diese zurückführen. Ich lasse daher Kants Satz stehn, daß das Ding an sich nicht erkennbar ist, modifizire ihn jedoch dahin, daß es nicht *schlechthin* erkennbar ist: ich zeige nämlich auf, welche, unter allen Erscheinungen des Dinges an sich, die unmittelbarste und deutlichste ist, und zeige daß die übrigen sich von dieser unterscheiden allein durch den mindern Grad der Erkennbarkeit und durch mehr Mittelbarkeit. Auf diese Weise führe ich die ganze Welt der Erscheinungen zurück auf eine einzige, in welcher das Ding an sich am unmittelbarsten hervortritt, obgleich wir auch hier, im strengsten Sinn, doch immer nur noch eine Erscheinung vor uns haben. Daher kann immer noch die Frage aufgeworfen werden, *was denn zuletzt der Wille an sich sei?* d. h. was er sei, abgesehn davon daß er sich als Wille darstellt, d. h. abgesehen davon, daß er überhaupt erscheint, also überhaupt *erkannt, vorgestellt* wird. Diese Frage ist offenbar *nie* zu beantworten: denn schon das Erkanntwerden widerstreitet dem Ding an sich und alles was vorgestellt wird ist schon Erscheinung. – Allein aus der Möglichkeit dieser Frage geht hervor, daß eben das Ding an sich, welches wir nimmermehr deutlicher erkennen können, als indem wir es als *Wille* erkennen, außerhalb aller möglichen Erscheinung, noch Bestimmungen, Eigenschaften, Arten des Daseyns haben könne und möge, die für uns schlechthin unfaßlich und unerkennbar sind. Diese Eigenschaften mögen nun eben das Daseyn des Dinges an sich ausmachen, nachdem es sich als Wille frei aufgehoben hat, wodurch denn auch die ganze Welt der Erscheinungen aufgehoben ist, welches für uns, deren Erkenntniß selbst möglicherweise nichts faßt als die Welt der Erscheinungen, sich darstellt als ein Uebergang *ins Nichts*: – welches die allerletzte unsrer Betrachtungen seyn wird. – Wäre der Wille schlechthin das Ding an sich; so wäre solches Nichts, ein absolutes Nichts: aber wir werden dort finden, daß es nur ein relatives Nichts ist. – Für jetzt können Sie dies noch nicht verstehn, aber Sie werden vielleicht sich dessen erinnern, wenn wir am Ende sind.

CAP. 8.
Betrachtung des Willens als Dinges an sich und der ihm als solchem zukommenden *metaphysischen Eigenschaften*. (Einheit, Grundlosigkeit, Erkenntnißlosigkeit.)

Da wir nun also als das *Ding an sich* den Willen gefunden haben, wollen wir wohl beachten, daß er, als solches, ganz frei ist von allen Formen der Erscheinung: diese betreffen nur seine *Objektivität*, seine Erscheinung, sind ihm selbst ganz fremd. – Schon die allgemeinste Form aller Vorstellung, Subjekt und Objekt, trifft ihn nicht: – noch weniger die dieser untergeordneten die insgesammt ihren Ausdruck haben am *Satz vom Grund*: dahin gehören auch Zeit und Raum, folglich auch die durch diese allein mögliche *Vielheit*. Sie erinnern sich wie ich Zeit und Raum in der Beziehung, daß sie die *Möglichkeit der Vielheit* geben, nannte *principium individuationis*. –

Als Ding an sich liegt nun der Wille außerhalb des ganzen Gebietes des Satzes vom Grund, in allen dessen Gestaltungen: daher ist er selbst *grundlos*; so sehr auch jede seiner Erscheinungen durchaus dem Satze vom Grund unterworfen ist. Merken Sie, was dies mit sich bringt: z. B. man kann vom Willen nicht fragen welche Ursache seines Daseyns er habe; – oder welchen Zweck; – oder welchen Anfang, Ende u. dgl. m. – Ferner, ist er frei von aller *Vielheit*; so unzählig viele auch seine Erscheinungen in Raum und Zeit sind. Er aber selbst ist Einer: jedoch nicht wie ein Objekt Eines ist, dessen Einheit nur im Gegensaz der möglichen Vielheit erkannt wird und besteht; noch auch wie ein Begriff Eins ist, der nur durch Abstraktion von der Vielheit entstanden ist: sondern er ist Eins, als das was außer dem *principio individuationis* liegt; d. h. außer aller Möglichkeit der Vielheit. – Erst wenn uns alles dieses vollkommen deutlich seyn wird, durch die Betrachtung der Erscheinungen und verschiedenen Manifestationen des Willens, dann erst werden wir völlig verstehn, was Kant zuerst gelehrt hat: »Raum, Zeit und Kausalität kommen nicht dem Ding an sich zu, sondern sind bloße Formen unsrer Erkenntniß desselben, d. h. der Erscheinung.« Die *Grundlosigkeit* des Willens hat man auch wirklich unmittelbar erkannt, da, wo er sich am deutlichsten manifestirt als Wille des Menschen, und sonach diesen frei, unabhängig genannt. Indem man sagt »der Wille ist frei«; so sagt man eigentlich »in Bezug auf ihn gilt der Satz vom Grund nicht, der das Princip aller Nothwendigkeit ist« und damit, weil alle Erscheinung den Satz vom Grund zur Form hat, sagt man auch »der Wille ist nicht Erscheinung; er ist Ding an sich; denn für ihn gelten nicht die Gesetze der Erscheinung«. – Aber man wußte bisher nicht die Gränze zu ziehn zwischen dem Willen, sofern er eigentlich Ding an sich ist, und seiner Erscheinung. Daher hat man über diese Freiheit, Grundlosigkeit des Willens selbst, die Nothwendigkeit übersehn, der seine Erscheinung überall unterworfen ist. Demnach erklärte man die *Thaten* für frei, was sie nicht sind; da jede einzelne Handlung aus der Einwirkung des Motivs auf den Karakter mit strenger Nothwendigkeit folgt: wie die mechanische Wirkung aus ihrer Ursache: denn beide sind Erscheinungen des Willens. Sie erinnern sich daß alle Nothwendigkeit weiter nichts ist als Verhältniß der Folge zum Grunde. Ferner: der Satz vom Grunde ist die allgemeine Form aller Erscheinung: wie jede Erscheinung muß also auch der Mensch in seinem Thun ihr unterworfen seyn. Weil aber im Selbstbewußtseyn der Wille sich *unmittelbar* kund giebt in seinem eigenthümlichsten Wesen, er aber als Ding an sich dem Satz vom Grund nicht unterworfen ist, so liegt im Bewußtseyn des Willens auch das der Freiheit. Allein dabei wird übersehn, daß das Individuum, die Person nicht Wille als Ding an sich ist, sondern schon *Erscheinung* des Willens, als solche schon determinirt und in die Form der Erscheinung, den Satz vom Grund eingegangen. Daher die wunderliche Thatsache, daß Jeder sich *apriori* für ganz frei hält und fühlt, auch in seinen einzelnen Handlungen, und meint er könne jeden Augenblick einen andern Lebenswandel anfangen, welches hieße ein Andrer werden. Allein *aposteriori*, durch die Erfahrung, findet er, zu seinem Erstaunen, daß er nicht frei ist, sondern der Nothwendigkeit unterworfen, daß er, aller Vorsätze und Reflexionen ungeachtet, sein Thun nicht ändert und vom Anfang seines Lebens bis zum Ende denselben von ihm gemisbilligten Karakter durchführen und gleichsam die übernommene Rolle bis zu Ende spielen muß. (*Suo loco.*) [Daneben am Rand: Die drei metaphysischen Eigenschaften des Willens sind alle negativ: was positive Prädikate hat ist Vorstellung, also Erscheinung. Seine Einheit ist eigentlich Zahllosigkeit.] Ich wollte Ihnen hier nur bemerkbar machen, daß, wiewohl der Wille an sich grundlos, doch seine *Erscheinung* allemal dem Satz vom Grunde, dem universalen Gesetz aller Nothwendigkeit unterworfen ist: daher eben darf die Nothwendigkeit, mit welcher alle Erscheinungen der Natur erfolgen, Sie nicht abhalten in ihnen die Manifestationen des Willens zu erkennen; so wenig als späterhin die Gewißheit daß der Wille das Ding an sich und als solches frci ist, Sie abhalten darf die Nothwendigkeit der Thaten anzuerkennen bei gegebenem Motiv und empirischem Karakter. Die dritte metaphysische Eigenschaft des Willens ist die Erkenntnißlosigkeit. Sie folgt von selbst. Denn alle Erkenntniß ist Vorstellung, alle Vorstellung Erscheinung, nicht Ding an sich: Subjekt und Objekt, Erkanntes und Erkennendes existiren nur im Gebiet der Vorstellung. Also der Wille als Ding an sich ist weder Erkanntes noch Erkennendes. Sobald diese dasind, ist eben schon seine Erscheinung da. – Nun aber selbst in seiner Erscheinung ist nicht jede Erscheinung zugleich Träger der Erkenntniß, oder nicht unmittelbar von der Erkenntniß beleuchtet: sondern nur auf den höhern Stufen seines Eintritts in die Erscheinung entsteht die Erkenntniß. Also sind viele seiner Erscheinungen auch noch erkenntnißlos. Wir wollen in einem besondern Kapitel das Verhältniß betrachten zwischen den Erscheinungen des Willens und der Erkenntniß oder Vorstellung.

CAP. 9.

Betrachtung der Erscheinung des Willens als unabhängig von der Erkenntniß, und in dieser Hinsicht Nachweisung seiner Erscheinungen in der Stufenfolge abwärts, durch die ganze Natur.

Man hat bisher für Erscheinungen des Willens nur diejenigen Veränderungen angesehn, die keinen andern Grund haben, als ein Motiv, d. i. eine Vorstellung: das sind die Handlungen: daher legte man in der Natur allein dem Menschen und allenfalls den Thieren einen Willen bei: denn Vorstellen oder Erkennen ist allerdings der eigenthümliche Karakter der Thierheit. Wir aber wollen den Willen auch als das innre Wesen der *erkenntnißlosen* Naturerscheinungen nachweisen, die nicht auf Motive, sondern auf bloße Reize und eigentliche Ursachen erfolgen. In dieser Absicht werden wir nun *die ganze Natur abwärts durchlaufen.* Daß das im Thun der Menschen und Thiere Thätige der Wille sei, bezweifelt Niemand. Wir werden also da anfangen wo in dieser Reihe zuerst der Wille sich ohne Erkenntniß äußert, jedoch ihr noch ganz nahe liegt, von ihr zwar nicht mehr geleitet, aber doch noch von ihr beleuchtet ist: dann werden wir ihn von Stufe zu Stufe abwärts verfolgen bis in die unorganische, leblose Natur. – Zuvörderst also müssen wir nachweisen, daß Wollen und Erkennen nicht schlechthin untrennbar sind, daß das Wollen nicht durch das Erkennen bedingt ist; sondern daß es auch ein erkenntnißloses Wollen giebt.

Triebe der Thiere.

Daß der Wille nun auch da wirkt, wo keine Erkenntniß ihn leitet und bestimmt, sehn wir zu allernächst an dem *Instinkt* und den *Kunsttrieben der Thiere*, welche also hier zu betrachten. Die Thiere haben Vorstellungen und Erkenntniß: aber in ihren Kunsttrieben werden sie nicht durch Vorstellungen geleitet: ihr

Thun darin geschieht durch Willen, aber nicht nach Vorstellungen, denn der Zweck, zu dem sie grade so hinwirken als wäre er das sie leitende Motiv, wird von ihnen gar nicht erkannt: daher hier ihr Handeln im Ganzen betrachtet, ganz ohne Motiv geschieht, nicht von der Vorstellung geleitet ist und uns zuerst und am deutlichsten zeigt, wie der Wille auch ohne alle Erkenntniß thätig ist. Der Einjährige Vogel hat keine Vorstellung von den Eiern für die er ein Nest baut; die Spinne nicht von dem Raub zu dem sie ein Netz wirkt; Ameisenlöwe; Hirscheschröter. Wenn in den Korb oder Stock der Bienen sich ein Feind, etwa eine Schnecke, eingeschlichen hat, wird er von ihnen getödtet: nun würde aber der Geruch des Kadavers die Luft verpesten (die Bienen haben sehr scharfen Geruch), es herauszuwerfen haben sie keine Kraft: also balsamiren sie den Leichnam ein: sie überziehn ihn mit einem gewissen Harz, damit sie die Risse und Lücken des Stocks auszukleben pflegen, wodurch er vor der Luft und folglich vor aller Fäulniß geschützt ist und nicht schädlich wird: welche vernünftige Ueberlegung scheint dies Verfahren vorauszusetzen! zu der ihnen doch sowohl die *data* als die Fähigkeit abgehn. Der Instinkt ist ein Handeln, gleich dem, nach einem Zweckbegriff, und doch ganz ohne einen solchen. Den Weg zur richtigen Einsicht in die Beschaffenheit *des Instinkts und der Kunsttriebe der Thiere* hat zuerst der auch durch seine Logik berühmte Hamburger Professor Hermann Samuel *Reimarus* vor 60 Jahren eröfnet. Sein Buch »über die Triebe der Thiere« ist höchst lesenswerth und noch vollkommen genießbar, obgleich es zuerst 1760 erschien. So bleibt das Aechte, Durchdachte, Vernünftige immer in Werth: hingegen die Fanfaronaden, die Windbeuteleien, aus der Luft gegriffene Behauptungen vorgetragen im Ton der Unfehlbarkeit und wie *ex tripode* [vom Dreifuß (der Pythia)], werden nur zum Spott der kommenden Decennien dienen. – Bis auf Reimarus hatte man über die Kunsttriebe zwei entgegengesetzte falsche Meinungen. Nämlich Einige, indem sie das höchst Zweckmäßige und Planmäßige darin auffaßten, legten den Thieren ein wirkliches Handeln nach Zweckbegriffen, also Ueberlegung, Räsonnement bei. Das ist offenbar unmöglich, was schon daraus erhellt, daß um Ueberlegung und Vernunft, wenn man sie auch hat, auf die Behandlung von Gegenständen anzuwenden, man doch eine vorläufige Erfahrung, eine Kenntniß vom Daseyn und der Beschaffenheit solcher Gegenstände haben muß: aber die Thiere handeln zweck- und planmäßig in Beziehung auf Gegenstände, die sie nie gesehn haben: (*illustr.*): Vögel; Spinnen; Ameisenlöwe; Bienen. – Also offenbar nicht aus vernünftiger Ueberlegung und nach vorgesetztem Plan; sondern wie aus Inspiration. – Die andre falsche Ansicht erklärte ihr künstliches Thun für bloßen Mechanismus, machte sie zu Maschinen: aus dem Getriebe ihrer Organisation sollten, wie die innern Funktionen der Verdauung u.s.w., auch die äußern Bewegungen nothwendig und ganz unwillkürlich erfolgen, durch welche die Kunstwerke zu Stande kommen, etwa wie eine Wirk- oder Webemaschine. Aber eine Maschine geht ihren festen unveränderlichen Gang, ohne nach Maasgabe der Umstände davon abzuweichen. Aber die künstlichen Handlungen der Thiere zeigen daß hier der Wille wirkt, dadurch, daß sie ihr zwar im Allgemeinen bestimmtes Thun, im Einzelnen den Umständen anpassen, es danach einrichten und abändern. Ist die erste Verrichtung einer Maschine gestört und verdorben, so macht sie doch alle folgenden, jetzt ganz vergeblichen. Aber zerstört man das angefangne Nest eines Vogels, so bessert er es aus oder macht ein andres; richtet es überhaupt ein nach Beschaffenheit der Lokalität. Zerreißt man den angefangnen Kokon einer Raupe, so bessert sie ihn zwei, drei Mal aus, flickt das Loch. Sie irren bisweilen, greifen fehl, und bessern hernach, holen das Versaumte nach. – Also ist hier der Wille thätig, der zwar im Ganzen seines Thuns durch keine Vorstellung geleitet ist, sondern sich äußert als eingepflanzter, determinirter Trieb, mit angeborner Fertigkeit, die keiner Lehre, noch Erkenntniß bedarf, hingegen das *détail* der Ausführung geschieht unter Leitung der Erkenntniß. Vom eigentlichen Zweck und Wesen seines Thuns hat das nach Instinkt und Kunsttrieb handelnde Thier gar keine Vorstellung und doch geht solches aus seinem Willen hervor: hier also wirkt der Wille ohne Erkenntniß und blind, aus seiner ursprünglichen Natur, aus seinem innern Wesen. Das Handeln der Thiere nach Kunsttrieben ist also zwar von Erkenntniß begleitet, aber nicht von ihr geleitet, nämlich nicht im *Ganzen*, nicht dem *Zwecke* nach, denn den kennen sie nicht; auch die

Wahl der *Mittel* zum Zweck im Ganzen ist nicht ihrer Erkenntniß überlassen: die dieses Handeln aus bloßem Willen ohne Erkenntniß dennoch begleitende Erkenntniß greift bloß ein bei der näheren Anordnung der Mittel zum Zweck, diese ganz allein steht unter Leitung der Erkenntniß jener Thiere. Dies bezeugen die eben angeführten Beispiele: eben so dies: Die Werk-Ameisen sind beständig mit hin- und herschleppen der jungen Larven (Maden) beschäftigt, eine saure Arbeit: nämlich sie füttern (ätzen) sie nicht nur mit dem in ihrem Magen schon halb verdauten Saft; sondern auch müssen die Maden bisweilen an einen etwas feuchten Ort, bisweilen an die Sonnenwärme, und sowohl zu große und zu anhaltende Feuchtigkeit, als zu große und zu anhaltende Dürre, sind ihnen schädlich. Daher haben denn die Arbeitsameisen immer an ihnen hin und her zu schleppen: dies geschieht ohne Erkenntniß des Zwecks, und ohne Auswahl des Mittels im Ganzen: aber im Einzelnen und Besondern sind sie dabei doch von ihrer Erkenntniß geleitet: den Zeitpunkt wo es den Larven (durch zufällige Umstände, eintretenden Sonnenschein oder Regen u. dgl.) zu dürre oder zu feucht wird, wählen sie doch unter Leitung ihrer Erkenntniß, eben so den andern für jetzt passendern Ort, dahin sie nun die Larven bringen. Also das Handeln aus Kunsttrieb und Instinkt, steht im Ganzen und Großen und Allgemeinen gar nicht unter Leitung der Erkenntniß, die soweit es müßig begleitet: aber sie wird thätig bei der näheren Anordnung der Mittel, bei der Anpassung derselben an die temporellen und lokalen Umstände; also im Besondern und Einzelnen steht das Handeln aus Instinkt doch unter Leitung der Erkenntniß. Daher eben sind die Thiere bei Ausübung ihrer Kunsttriebe auch dem Irrthum ausgesetzt: z. B. die Schmeißfliege legt, vom Geruch getäuscht, ihre Eier, statt in das Aas, in die Aasblume, wo die ausgekrochene Made nachher aus Mangel an Nahrung umkommt. Und dies eben beweist, daß solches Handeln nichts maschinenmäßiges ist, sondern aus dem Willen hervorgeht: und auch daß der Wille hier nicht in ganz blinder Thätigkeit ist, wie in den *functiones naturales et vitales* [z. B. Verdauung, Blutumlauf, Sekretion etc.; s. u., S. 112], sondern in einer Thätigkeit die überall von Erkenntniß begleitet ist, deren Leitung jedoch erst beim *détail*, bei näherer Bestimmung des Wo und Wie eintritt. Wenn wir das künstliche Thun und Treiben der Thiere uns irgendwie begreiflich machen wollen; so suchen wir gewöhnlich es zu erklären aus der Art wie *wir* etwa Kunstwerke zu Stande bringen, nämlich durch Ueberlegung und Verfolgung eines Zweckbegriffs, wir suchen demnach den Thieren eine Art von Vernunft anzudichten: da sind wir aber ganz auf dem unrechten Wege: das Thun der Thiere in den Kunsttrieben geschieht gar nicht durch das Medium der Vorstellung; es hat viel weniger Analogie mit unserm künstlichen Thun nach Zweckbegriffen, als mit unsrer Verdauung, Sekretion, Zeugung: daher um es uns faßlich zu machen müssen wir es nicht vergleichen mit der Kunst durch die wir etwa eine Uhr oder ein Haus zu Stande bringen, sondern mit der Kunst durch die wir so vielerlei Speise in dienlichen Nahrungssaft umwandeln, diesen in Blut, dieses so zweckmäßig an alle Theile unsers Leibes zu ihrer Ernährung vertheilen, so weislich Galle, Speichel, Saamen zu künftigem Gebrauch aus dem Blut ausscheiden, und gar zuletzt, als das größte Kunststück von allen, ein Kind machen. Die Kunsttriebe der Thiere sind nicht gradezu dieser Art: denn sie sind doch von Vorstellung begleitet und von dieser zwar nicht im Ganzen, aber doch bei jedem einzelnen und nächsten Schritt geleitet, während das System oder der Plan aller dieser Schritte gar nicht in ihr Bewußtsein kommt als Vorstellung des Zwecks. (Illustr.) Aber ich sage, daß das künstliche Treiben der Thiere unsern physiologischen Operationen doch sehr viel näher liegt und analog ist als unserm überlegten Thun. Denn in den Kunsttrieben und in den vitalen und vegetativen Funktionen des Leibes ist der Wille ganz unmittelbar thätig, seinem ursprünglichen Wesen nach, und nicht erst durch das Medium der Vorstellung, wie bei den absichtlichen Willensakten, die nach Motiven vor sich gehn.

Aus den Kunsttrieben der Thiere ist das Zweckmäßige Wirken der Natur in Hervorbringung und Erhaltung der Organismen am besten zu verstehn, durch eine so genaue Analogie beider Erscheinungen, daß sie zuletzt in Identität übergeht. Denn aus jenen Kunsttrieben ist zu ersehn was der Wille bloß durch sich selbst und ohne Erkenntniß, also im Blinden vermag, nämlich dasjenige hervorzubringen, was, wenn es nachher vor die Erkenntniß tritt, für diese die Erscheinung des höchst Zweckmäßigen giebt, d.h. ihr erscheint als etwas, das nur durch die vollständigste ihm *vorher*gegangne Erkenntniß, durch die feinste Ueberlegung möglich zu machen war: der Erkenntniß erscheint es so, weil sie als solche es sich nicht anders denken und erklären kann. Die Kunsttriebe aber überführen uns, 1) daß dennoch dergleichen Werken gar keine Erkenntniß und Vorstellung ihres Zweckes vorhergegangen ist, und daß sie ohne Leitung der Erkenntniß zu Stande kommen, weil sie einen Grad von Erkenntniß voraussetzen würden, der jenen Thieren offenbar mangelt (und wenn er da wäre, Data die ihnen mangeln), nämlich die vernünftigste Ueberlegung, und Anwendung derselben auf Data die ihnen auch offenbar mangeln, nämlich vorhergegangne Erfahrung der Umstände die später eintreten und die sie zum ersten Male erleben; 2) überführen uns die Kunsttriebe, daß das hier Thätige und Wirkende der Wille ist: denn offenbar sind doch die Bewegungen dieser Thiere Willensäußerungen, sind willkürliche Bewegungen, ja werden im *détail* von Motiven, also von Erkenntniß geleitet, im Ganzen und im Allgemeinen, im eigentlichen Zweck, aber gar nicht: denn den verstehn sie nicht. Von diesem Allen überführen uns die Kunsttriebe und geben uns die Einsicht in die Art wie der Organismus hervorgeht und erhalten wird, *NB* aber nur wenn wir die Kunsttriebe ordentlich kennen und nicht obenhin. Der Gipfel aller Kunsttriebe ist die Republik der Bienen: lesen Sie *François Huber, nouvelles observations sur les Abeilles, Genève 1792, 1 Vol. 8°*; es ist das Hauptwerk, das Gründlichste über die Bienen, die Quelle aller andern. Der Philosoph Aristomachus (nach Cicero und Plinius) hat 60 Jahre zugebracht mit Betrachtung der Bienen: also wenden Sie einige Stunden an jenes merkwürdige Buch. Da werden Sie sehn, wie der Bienenstock uns am besten die Einsicht giebt in das *blinde Treiben* der Natur oder des Willens, dessen *Resultat* nachher als das planmäßigste *durchdachteste* Werk erscheint.

Um Ihnen eine Probe zu geben von dem Konspiriren aller Glieder des Bienenstocks wie des Organismus zur Förderung des gemeinschaftlichen Zwecks, nur einige Züge. Die Dronen (etwa 1/12 der Bevölkerung) werden von den Arbeitsbienen als Würmer und Nimpfen gepflegt, nachher mit Futter versehn, sehr lange Zeit, bis endlich nachdem für die Nachkommenschaft auf alle Weise gesorgt ist, einmal alle Arbeits-Bienen über die Dronen herfallen und sie erstechen: das Gemetzel dauert mehrere Stunden. Im Stock darf nur eine Königin seyn: aber die ist das nothwendigste. Ist sie dem Stock genommen oder gestorben, ohne vorher königliche Eier in königliche Zellen gelegt zu haben (was sie nur thut wenn der Stock eine Kolonie aussenden will), so bauen die Bienen 6–7 königliche Zellen, bringen Würmer die zu gemeinen Arbeitsbienen geboren sind hinein, füttern nun diese mit dem *königlichen Brei* und es werden lauter *Königinnen*. Die *erste* die ausgekrochen geht augenblicklich hin und zerstöhrt die andern königlichen Zellen und ersticht die eingesponnenen Nimpfen die darin liegen. Sie könnte dies nicht, wenn diese *cocons* wie alle andern Bienen- und Dronen-*cocons* mit Seide übersponnen wären, der Stachel dränge nicht durch oder bliebe nachher stechen. Aber die königlichen *cocons* sind ganz allein so abgekürzt daß Brust und Kopf unbedeckt liegen. Dies sind sie aber bloß durch die Vorsorge der Arbeits-Bienen. Denn wenn der königliche Wurm in seiner königlichen Zelle wo er bisher mit königlichem Brei gefüttert, nunmehr sich einspinnen will, so machen ganz genau an dem Tag und der Stunde die Bienen unter seiner Zelle eine andre trichterförmige, die Spitze nach unten, durchbohren den Boden und lassen ihn so in den Trichter: hier hat er den Kopf nach unten und spinnt sich so in den *cocon*, muß aber, durch die Stellung gezwungen, Kopf und Brust unbedeckt lassen: von Natur macht er seinen *cocon* über und über, wie jeder andre Bienenwurm: denn man hat solche Würmer herausgenommen und sie ungeniert sich einspinnen lassen: – also nur durch die Vorsorge der Bienen muß er Stellen unbedeckt lassen, damit er falls er nicht der ältste ist von seiner Schwester sogleich erstochen werde, und kein Successionsstreit entstehe: das ist die Staatsklugheit der Bienen. Aber oft kriechen zwei junge Königinnen zugleich aus: dann suchen sie sich sogleich und beginnen einen Kampf auf Tod und Leben: die Bienen schließen einen Kreis um sie: die geschickteste kommt der andern auf den Rükken und ersticht sie. Allein wenn während des Kampfs beide grade gegen einander, Leib an Leib kommen und nun im Begriff sind den Stachel des Hinterleibs sich wechselseitig einzubohren; so würden beide umkommen und der Stock ohne Königin seyn:

so oft sie daher in diese Stellung kommen, ergreift beide ein plötzlicher Schreck: sie lassen sich los und fliehen jede nach einer andern Seite: die Bienen umzingeln sie, halten sie fest, stoßen und treiben sie wieder so lange bis sie aufs Neue den Kampf beginnen: erst dann lassen sie sie in Ruhe und sehn zu: denn eine muß sterben. Ist unterdessen noch eine Königin ausgekrochen; so besteht auch die den Kampf, bis nur *eine* übrig.

Dies ist der Fall wenn die bisherige Königin abhanden gekommen war, und ersetzt war, wie beschrieben. Aber beim natürlichen Verlauf ist's anders. Die Königin legt viele Monate bloß Arbeits-Bienen-Eier, in die kleinen Zellen: dann aber fängt sie an Dronen-Eier zu legen, in größre Zellen, wo diese auch von den Arbeits-Bienen anders gepflegt und besorgt werden. Sobald sie an das Leben der Droneneier gekommen, welches ihre letzten sind, so erbauen die Arbeits-Bienen mehrere königliche Zellen: in diese legt sie königliche Eier: die Würmer werden mit königlichem Brei gefüttert und dann Trichter erbaut, zum Einspinnen, und diese werden, nachdem sie drinnen sind, jetzt viel fester zugeklebt als im ersten Fall: denn jetzt soll die alte Königin zuerst und dann jede jüngere einen Schwarm abführen, also alle am Leben bleiben: und es muß verhindert werden daß sie einander nicht ermorden. Sobald der erste königliche Wurm ausgekrochen, singt er in seinem Trichter und will heraus: ihm wird nicht geöffnet: es wird aber ein Loch gemacht und er dadurch gefüttert: die alte Königin wird abgehalten ihn zu morden: denn sobald sie sich den Trichtern, die an verschiednen Stellen des Stocks sind, nähern will, wird sie von vielen Bienen umringt und weggestoßen: sie läuft unruhig umher, es sammelt sich ein Schwarm: den führt sie weg. Nun wird die ältste junge Königin ausgelassen: sie will die Zellen ihrer Schwestern stürmen: es wird nicht gelitten: diese werden auch nicht ausgelassen: endlich führt auch diese Königin einen Schwarm ab: und so alle folgenden *genau nach der Reihe* wie sie geboren sind. Ist der Stock nun durch die Schwärme genug entvölkert und es bleiben noch zwei oder drei junge Königinnen nach; so müssen sie um die Herrschaft und das Leben kämpfen. Das alles geschieht in schönster Ordnung und Uebereinstimmung. Wie sollte doch eine Erkenntniß von den fernen Zwecken auf die ihr Thun gerichtet ist diese

Thiere dabei leiten! Hingegen daß alles von ihrem Willen ausgeht ist offenbar. Der Bienenstock ist gleichsam ein organisches Ganzes, ist ein nach Außen gekehrter Organismus in dem wir daher die Vorgänge deutlicher sehn können, als in dem innern Organismus selbst. Wie in diesem so im Bienenstock arbeitet jeder Theil nur für die Erhaltung des Ganzen, von dem aber auch wieder seine eigne Erhaltung abhängt: alles konspirirt zum gemeinsamen Zweck, aber ohne Erkenntniß desselben: der einzelne Theil muß oft dem Ganzen geopfert werden. Wie der Magen und die Gedärme den Chylus bereiten, um ihn dem Blut zu übergeben, damit aus dem Blut Muskeln, Nerven und Knochen und Gedärme genährt werden, und Galle und Speichel abgesondert wird zum Behuf der Arbeit des Magens und der Gedärme, jedes dem andern vorarbeitet und entgegenarbeitet ohne jedoch irgend Erkenntniß davon zu haben; so bauen im Stock die Bienen viererlei verschiedne Zellen, für sich, für die Brut verschiedner Art, sammeln Wachs zum Bau, Honig zur Nahrung und stehn der künstlichen Ordnung des Generationsgeschäfts und der Fortpflanzung mit so weit reichender Sorge für die Zukunft vor. Die Erkenntniß begleitet das Alles, aber sie leitet es nicht, bloß das *détail* leitet sie, zeigt das ganz nahe Liegende vor, aber was dabei zu thun ist giebt sie nicht an; sondern das ist schon vorher beschlossen. Durch Wille geschieht aber alles: und eben so wirkt der Wille im Organismus, ohne alle Erkenntniß. –

In solchem Thun dieser Thiere ist doch offenbar, wie in ihrem übrigen Thun, der Wille thätig: aber diese Thatigkeit ist blind; zwar von Erkenntniß begleitet, aber nicht von ihr geleitet. Haben wir so einmal die Einsicht erlangt, daß Vorstellung als Motiv keine nothwendige und wesentliche Bedingung ist der Thätigkeit des Willens, daß Wille und Vorstellung nicht unzertrennlich sind; so werden wir das Wirken des Willens nun auch leichter wiedererkennen in Fällen wo es weniger augenfällig ist: z. B. Haus der Schnecke, Haus des Menschen: beide Erscheinungen des sich objektivirenden Willens; hier nach Motiven durch das Medium der Vorstellung; dort ohne Vorstellung blind als nach Außen gerichteter Bildungstrieb. Aller Bildungstrieb, *nisus formativus, vis plastica*, ist blinder Wille.

Auch alle Bewegung auf Reize ist Erscheinung des Willens. Blinder Bildungstrieb in Thieren und Pflanzen.

Also auch in uns wirkt derselbe Wille vielfach blind: in allen Funktionen (*naturales, vitales*) welche keine Erkenntniß leitet, Verdauung, Blutumlauf, Sekretion, Wachsthum, Reproduktion. Nicht nur die Aktionen des Leibes, sondern er selbst ganz und gar ist, wie oben nachgewiesen, Erscheinung des Willens, objektivirter Wille, konkreter Wille. Alles was in ihm vorgeht muß daher durch Willen vorgehn; obwohl hier dieser Wille nicht von Erkenntniß geleitet ist, nicht nach Motiven sich bestimmt, sondern, blindwirkend, nach Ursachen, hier *Reizen*.

[Einfügung. – Schopenhauer verweist auf sein Handexemplar der 1. Auflage der »Welt als Wille und Vorstellung«. Eine Notiz, die in diesem Werk nicht aufgenommen, aber auch nicht durchgestrichen ist, lautet:]

Wie in einem Staate die Aufrechterhaltung der Ordnung und Handhabung der gewöhnlichen Rechtspflege ohne direkte Mitwissenschaft oder Einmischung des Königs, aber dennoch nach seinem Willen geschieht; so geht auch im Organismus alles aus dem Willen der ihn beherrscht hervor, aber die Operationen welche den geregelten Gang der innern Lebensfunktionen erhalten und gesetzmäßig in jedem Theil immer die selben sind, brauchen nicht jedesmal vom Hauptcentro geleitet zu werden, noch zu dessen Kunde zu gelangen, als wo sie bloß stören und die Aufmerksamkeit einnehmen würden welche insbesondere für die äußern Verhältnisse nöthig ist. Nur im Fall von Krankheit, wo der regelmäßige Gang gestört ist, gelangen die untergeordneten Funktionen zum Bewußtseyn als Schmerz und Unbehagen, wodurch sie jetzt gleichsam die Hülfe anrufen welche nur vom Bewußtseyn ausgehn kann und nun von ihm nach seinen Kräften geleistet wird als Diätetik und Heilkunde. Siehe *Cabanis rapports du physique et moral, Vol. 2, 10ème mémoire, 2de section*, besonders § 5 [2. Aufl. Paris 1805]. Darum steht auch die Zähigkeit des Lebens der Thierspecies durchgängig im umgekehrten Verhältniß der Intelligenz.

Ueber Stahls Physiologie.

[Einfügung. – Schopenhauer verweist auf eine Notiz seines Handexemplars der 1. Auflage der »Welt als Wille und Vorstellung«:]

Es kann nicht anders, als mir überaus erfreulich seyn, in der Erkenntniß dieser leider noch immer paradoxen Wahrheit einen alten und ehrenfesten Vorgänger schon vor mehr als 100 Jahren gehabt zu haben in dem berühmten Stahl. Daß die von mir aufgestellte Wahrheit auch von ihm eingesehn und im Wesentlichen ihm so deutlich geworden war, als sie bei dem Stande der Philosophie zu seiner Zeit es seyn konnte, werden alle die einsehn, welche im Stande sind das eigentliche Wesen einer Einsicht zu unterscheiden von ihrem Ausdruck und Vortrage. Um die Sache in der Reinheit und Deutlichkeit auszusprechen, wie es von mir geschehn ist, hätte Stahl, zudem daß er das Haupt einer chemischen und einer physiologischen und medizinischen Schule ward, auch noch das einer philosophischen werden müssen.

Physiologie ist die Lehre vom blinden Wirken des Willens im Menschen. Sie lehrt das ganze innre Getriebe kennen, die Funktionen durch welche das Leben besteht und sich erhält; sie schildert genau die einzelnen Vorgänge, wie solche zusammenhängen und sich wechselseitig unterstützen: aber die Kraft durch welche das alles beständig im Gang erhalten wird, kann sie nicht weiter angeben: sie nennt sie *Lebenskraft*, läßt sie stehn als *qualitas occulta* [verborgene Eigenschaft], mit Recht. Der Philosophie ist vorbehalten zu zeigen, daß das innre Wesen dieser Kraft Wille ist. Es ist oben abgeleitet: es ist jetzt erläutert durch die Kunsttriebe. Im Besondern ist Folgendes zu merken. Alle Willensäußerungen in Menschen und Thieren zerfallen in bewußte und unbewußte: d. h. in solche die durch das Medium der Vorstellung geschehn, und solche die unmittelbar geschehn. Für jede von beiden, hat das Nervensystem, welches anerkannt der unmittelbarste und innerste Sitz des Lebens ist, ein besondres Centrum, von wo aus diese Aueßerungen geleitet werden. Für die bewußten Aktionen des Willens ist das sie lenkende Centrum das Gehirn, der Sitz der Erkenntniß: weil hier alle Aeußerungen des Willens durch das *medium* der Erkenntniß gehn, erkennen wir sie unmittelbar als Willensäußerungen und schreiben unser äußres Thun dem Willen zu. – Das Centrum der unmittelbar und ohne das *medium* der Erkennniß vor sich gehenden Aeußerungen des Willens ist das Geflecht von Ganglien im Unterleibe: Reil hat gezeigt, daß dieses die bloß vegetativen, natürlichen Funktionen (*illustr.*) so leitet, wie das Gehirn die äußern Handlungen. Die Nerven der äußern Sinne und der äußern Muskelbewegung hängen mit dem Gehirn zusammen: die Nerven des innern Getriebes mit jenen Gangliengeflechten (das Verschluckte nicht mehr gefühlt): Sollten wir aber zweifeln daß die innre Kraft welche in beiden Centris sich äußert, dieselbe sei? als Willen erkennen wir sie da wo sie durch das *medium* der Erkenntniß durchgeht: Wille müssen wir sie auch dort nennen, wo sie ohne Erkenntniß wirkt. (Magnetismus.)

Erinnern Sie sich wie wir unterschieden Ursach, Reiz, Motiv. –

Alle drei aber bestimmen nie mehr, als den Eintrittspunkt der Aeußerung jeder Kraft in Zeit und Raum, nicht das innere Wesen der sich äußernden Kraft selbst: dieses innere Wesen ist, unsrer Ableitung zufolge, Wille, dem wir daher sowohl die bewußtlosen als die bewußten Veränderungen des Leibes zuschreiben. – Der Reiz hält das Mittel, macht den Uebergang, zwischen dem Motiv, welches die durch das Erkennen hindurchgegangene

Kausalität ist, und der Ursach im engsten Sinn. Er liegt, in den einzelnen Fällen bald der Ursach bald dem Motiv näher, ist aber doch zu unterscheiden. Z. B. das Steigen der Säfte in den Pflanzen geschieht schon auf Reiz, ist schon Leben, ist nicht nach Gesetzen der Hydraulik oder der Haarröhrchen zu erklären: dennoch wird es wohl von diesen unterstützt und ist überhaupt der rein ursächlichen Veränderung schon nahe. Hingegen die Bewegungen des *hedysarum gyrans, mimosa pudica, Dionaea muscipula* [Schildklee, Rührmichnichtan, Venusfliegenfalle], sind zwar auf Reiz, aber schon denen auf Motiv sehr ähnlich, scheinen den Uebergang zu machen. Ebenso daß jedes Saamenkorn in der Erde, man mag es legen wie man will, sich so dreht, daß das *rostellum* [entspricht: Wurzelanlage] nach unten, die *plumula* [entspricht: Sproßanlage] nach oben kommt. Als ein wirkliches Mittelglied ganz andrer Art zwischen Bewegung auf Reiz und Handeln nach Motiv haben wir soeben den Instinkt der Thiere betrachtet. Noch als ein andres Mittelglied könnte man versucht werden das Athemholen anzusehn: man hat gestritten ob es zu den willkürlichen oder unwillkürlichen Bewegungen gehöre, d. h. eigentlich ob es auf Motiv oder auf Reiz erfolgt; – ein Mittelding? – Doch auf Motiv: denn andre Motive d. h. bloße Vorstellungen, können es hemmen, beschleunigen; so daß es wie jede andre willkürliche Handlung den Schein hat, als könne man es ganz unterlassen und frei ersticken. Das könnte man in der That, sobald irgend ein andres Motiv die Stärke erhielte, das dringende Bedürfniß nach Luft zu überwiegen. Ist wohl nie geschehn, doch als möglich zu denken: wäre ein starkes Beispiel vom Einfluß abstrakter Motive, von Uebermacht des vernünftigen Wollens über das bloß thierische. Daß es auf Motiv erfolgt bestätigt physiologisch die Wirkungsart der Blausäure. – Zugleich giebt uns hier beiläufig das Athmen das augenfälligste Beispiel, wie Motive mit eben so großer Nothwendigkeit wirken als Ursachen und Reize, und eben nur durch entgegengesetzte Motive, wie Druck durch Gegendruck, außer Wirksamkeit gesetzt werden können: denn beim Athmen ist der Schein des Unterlassenkönnens ungleich schwächer als bei andern auf Motive erfolgenden Bewegungen: weil dort das Motiv sehr dringend, sehr nah, seine Befriedigung sehr leicht, wegen der Unermüdlichkeit der sie vollziehenden Muskeln, ihr in der Regel nichts entgegensteht, das Ganze durch die älteste Gewohnheit unterstützt ist. Aber eigentlich wirken alle Motive mit derselben Nothwendigkeit; gerathen nur leichter in Konflikt mit andern. Die Erkenntniß daß die Nothwendigkeit den Bewegungen auf Motive eben so anhängt als denen auf Reize, wird uns die Einsicht erleichtern, daß auch das was im organischen Leibe auf Reize und völlig gesetzmäßig vor sich geht, dennoch seinem innern Wesen nach, Wille ist. Er ist in allen seinen Erscheinungen dem Gesez der Nothwendigkeit, d.h. dem Saz vom Grund unterworfen, obgleich *an sich* demselben fremd. Wir werden daher nicht dabei stehen bleiben, die Thiere für Willenserscheinungen zu erkennen, wie in ihrem Handeln, so auch in ihrem ganzen Daseyn, Korporisation und Organisation, daß wie die äußern Bewegungen so auch die innern durch Willen vor sich gehn; sondern wir werden nun den zweiten Schritt thun und diese uns allein gegebene unmittelbare Erkenntniß des Wesens an sich der Dinge auch übertragen auf *die Pflanzen*: die Bewegungen der Pflanzen erfolgen nicht auf Motive sondern auf Reize: denn die Abwesenheit der Erkenntniß und der durch diese bedingten Bewegungen auf Motive macht allein den wesentlichen Unterschied zwischen Thier und Pflanze. Also was für die Vorstellung sich darstellt als *Pflanze*, als bloße Vegetation, blind treibende Kraft, das werden wir seinem Wesen an sich nach, ansprechen für Willen, und für eben das erkennen, was die Basis, das Radikale, unsrer eigenen Erscheinung ist, wie solche sich in unserm Thun und auch schon im ganzen Daseyn unseres Leibes ausspricht. Wenn ein Thier seine Nahrung einnimmt durch den Mund; so schreiben wir dieses unmittelbar seinem Willen zu: bei der Pflanze fällt die Bewegung des Einnehmens der Nahrung zusammen mit ihrem Wachsthum: aber sollten wir dieses Ernähren für etwas dem thierischen Ernähren ganz Heterogenes erklären? – Bei den niedrigsten Thierarten, den Zoophyten im Meer, Korallengewächsen, auch manchen Muscheln, ist die Bewegung beim Aufnehmen der Nahrung ein bloßes Einsaugen des Schleimes und des Meerwassers; vom Einsaugen der Pflanze kann es sich nur dadurch unterscheiden, daß es nicht kontinuirlich ist, wie das Wachsthum, sondern in bestimmten Absätzen geschieht, wodurch sich ein Willensakt auf Motiv kund giebt, deshalb man so ein Wesen noch ein Thier nennt: aber bei vielen solchen Zoophyten ist dieser Unterschied schwer aufzufinden: das Einsaugen mit Willkür durch einen Mund, gränzt ganz unmittelbar an das Einsaugen mittelst Wurzelfasern, das mit dem Akt der Vegetation Eins ist. Nämlich die verschiednen Korallengewächse haben die Gestalt von Stauden, aber in ihrem Mark, in den Hölungen des steinartigen Gehäuses wohnt ein thierisches Leben: es sind nicht *viele* Thiere deren Werk oder Exkrement die Korallenstaude ist, sondern ein zusammenhängendes Thier dessen Leben aber, wie seine Gestalt, beinahe pflanzenartig ist: an den Enden der Zweige ragen weiche Theile hervor, die den Blüthen der Pflanze gleichen: aber diese sind nicht Werkzeuge der Fortpflanzung, sondern der Ernährung; es sind so viele Münde: bei einigen sind diese mit Armen umgeben, wie bei den Armpolypen, und sie ergreifen damit die Beute (eine ganz thierische Bewegung), bei andern hat der Mund noch Einschnitte, wie Blumenblätter, aber keine Fangarme, bei andern fehlen auch diese Einschnitte, es ist ein bloßes Werkzeug zum Einsaugen, des Meerschleims oder kleiner schwimmender Wesen: und hier geht nun die thierische Ernährung (die wir stets als Willensakt erkennen) ganz über in die pflanzenartige Ernährung, Einsaugung, die man unwillkürlich nennen will. Eben so geht ihr Leben darin in das Pflanzenleben über, daß es kein gemeinschaftliches Centrum hat, wie das der eigentlichen Thiere, sondern jeder Theil sein Leben für sich hat und nur durch sein loses Band dem Ganzen angehört, wie Blätter und Zweige dem Baum. Der ganze Korall ist zwar Ein Thier, dessen Wachsthum im Ganzen vor sich geht, das auch einen durchgehenden Speisenkanal hat, dadurch jeder Theil am Leben des Ganzen Theil nimmt: aber jedes der beschriebenen Blüthenähnlichen Mäuler bewegt sich nach seinen jedesmaligen Reizen oder Motiven, macht gewissermaaßen ein Thier für sich aus, wie jedes Blatt am Baum gewissermaaßen eine Pflanze für sich: so ist es mit allen Zoophyten, auch mit dem Bandwurm: (*illustr.*). – Daher nannte schon Linné die Zoophyten *animalia composita*, vielfache Thiere, im Gegensatz der einfachen. Wenn man die Naturgeschichte der Zoophyten studirt und dort erkennt wie ganz allmälig das Thierleben in das Pflanzenleben übergeht, wird man aufs deutlichste einsehn, wie das innre Wesen der Pflanze dasselbe ist wie das des Thiers, nämlich Wille, jenes uns unmittelbar Bekannte. Zu diesem Zweck: Anhang zu *Reimarus et cetera*, 3te Ausg., über die Pflanzenthiere. – *Lamark, histoire naturelle des animaux sans vertèbres*, 1816. A. F. Schweigger, naturhistorische Reise, 1819. Die willkürliche und die bloß vegetirende Aufnahme der Nahrung gehn in einander über: wenn wir nun, an diesem Leitfaden der Natur, erkennen wie das Einsaugen von Nahrung der Pflanzen, nicht wesentlich verschieden ist von dem Einnehmen von Nahrung der Thiere, das wir aus eigner Erfahrung als Willensakt kennen; und wenn wir jetzt erwägen daß bei den Pflanzen das Einsaugen von Nahrung zusammenfällt mit ihrem Wachsen, und eben nur der Anfangspunkt des Vegetationsprocesses ist, darin ihr Leben und Dasein besteht; so müssen wir nun auch in diesem Vegetationsproceß selbst, einen Willensakt erkennen so gut als im Aufnehmen von Nahrung bei den Thieren: so erkennen wir daß auch die Vegetation Erscheinung des Willens ist, also die ganze Pflanze, da sie nur darin besteht, ihrem *innern* Wesen nach eben Wille ist, wie das Thier. Das Thier streckt seine Glieder aus nach seiner Nahrung und diese Bewegung ist von seinem Wachsthum verschieden: die Pflanze hat keine andre Bewegung als die des Wachsens, aber in dieser manifestirt sich der Wille, eben wie in der des Thieres: auch sie sucht ihre Nahrung mit der Wurzel, sie streckt ihre Wurzeln dahin, wo der Boden der nahrhafteste ist, unter Steine oder Sand durch, bis zum nahrhaften Boden, oder über Steine und Sand weg; sie streckt ihre Zweige nach dem Licht (nach der Luft hin, wenn im eingeschloßnen Raum): Kartoffel im Keller; zusammenstehende Bäume wachsen hoch, weil sie einander das Licht entreißen wollen, die Krone wird kleiner, der Stamm länger; ein einzelner Baum auf freiem Felde, wächst nicht so hoch, weil er es nicht nöthig hat, er breitet dafür seine Krone reichlicher aus: das Saamenkorn kehrt das *rostellum* [entspricht: Wurzelanlage] nach unten, die *plumula* [entspricht: Sproßanlage] nach oben. Rankende Pflanzen, Hopfen, türkische Bohnen, Epheu bedürfen einer Stütze, nun kriechen sie (wachsend) bis zu einer Mauer oder einem Fels, oder Stamm, und ranken nun daran hinan, sich nach seiner Gestalt bequemend und dieser immer folgend. So sucht die Pflanze ihre Lebens-Bedürfnisse auf. Nun freilich fallen alle diese Bewegungen der Pflanzen zusammen mit ihrem Wachsthum, geschehn durch das Medium des Wachsthums; aber es sind doch Bewegungen veranlaßt von der Lage desjenigen was sie zur Erhaltung ihres Daseyns brauchen, guter Boden, Licht, Luft, Stütze, sind Bewegungen *nach ihrer Nahrung hin*, so gut als die des Thiers; und wir sollten diesen Bewegungen einen wesentlich andern Ursprung zuschreiben als denen des Thieres? sollten nicht einsehn, daß das innre Princip in beiden dasselbe ist? Der Wille, der Wille zum Leben und Daseyn und zu dessen Bedingungen, der die Wurzel unsers eignen und jedes Daseyns ist? – Eben so nahe als in der Ernährung steht die Pflanze dem Thier in der *Fortpflanzung*: Zeugungstheile, Zwitter, auch getrennte Geschlechter, Befruchtung, Anschwellen der Mutter, Saamen der gleichsam das Ei der Pflanze.

Auch die Unorganische Natur ist Erscheinung des Willens.

Es bleibt uns nur noch der letzte Schritt zu thun übrig, nämlich unsre Betrachtung auszudehnen auch auf das *Unorganische*, auf alle jene Kräfte, welche in der Natur nach allgemeinen unveränderlichen Gesetzen wirken, denen gemäß die Bewegungen aller der Körper erfolgen, welche ganz ohne Organe, für den Reiz keine Empfänglichkeit und für das Motiv keine Erkenntniß haben. Diese stehn im weitesten Abstande von uns: aber die unmittelbare Erkenntniß die wir von unserm eigenen Wesen haben, kann ganz allein *der Schlüssel werden* zum Verständniß des Wesens aller Dinge, und diesen müssen wir jetzt auch an diese Erscheinungen der unorganischen Welt legen. *Lebendig* sind diese Körper nicht mehr, wie die vorigen: aber was heißt das? es heißt: ihr Daseyn besteht nicht in einem fortwährenden *Processe*, der von Anfang bis zum Ende zusammenhängend, nur durch den Tod endigt, welches Wort eben sein Aufhören bezeichnet: eine nähere und doch ganz generelle und durchgängige Bestimmung dieses Processes ist, daß es ein beständiger Uebergang sei aus dem *Flüssigen* in das *Feste*: kein Lebendes ist ganz flüssig oder ganz fest: dies deshalb weil das Flüssige keine Form zuläßt, wesentlich formlos ist, das Lebende aber Organisch ist, und Organe bestimmte Form setzen: das ganz Feste andrerseits ist die erstarrte ruhende und deshalb todte Form: das Leben aber besteht in einem steten Werden, d. i. Entstehn und Vergehn, Aufnehmen und Auswerfen: darum schwebt und schwankt alles Leben zwischen dem Flüssigen und Festen. Das Daseyn des Unorganischen besteht also nicht in einem solchen Proceß, nicht in einem kontinuirlichen Zusammenhange von Aeußerungen deren eine die andre bedingt; sondern *es ruht in sich* und obwohl es große Thätigkeit und Kraft äußern kann, so hängt doch der *Eintritt* dieser Aeußerungen ganz von äußern Umständen ab, die es in völliger Ruhe abwartet und bis dahin seinen Zustand unverändert bewahrt. Es ist daher ganz falsch ausgedrückt und ein Misbrauch der Worte, wenn man sagt, »Alles in der Natur *lebt*«, »auch das Unorganische hat *Leben*«: das hat es nicht: wir müssen ein Wort behalten zur Bezeichnung jener Art des Daseyns, deren nur organische Körper d. h. Pflanzen und Thiere fähig sind, und die in einem steten Ernährungs- und Absterbungs- oder Aussonderungsproceß besteht. Dies Wort *Leben* hat daher seine bestimmte Bedeutung. Also ist es eben falsch vom *Leben der Materie* zu reden, welche Behauptung *Hylozoismus* heißt. Jedoch liegt das Falsche der Behauptung nur in den Worten, im Ausdruck. Der Gedanke der dabei zum Grunde liegt und der es ohne Zweifel war, den man allemal durch das Leben der Materie bezeichnen wollte, und nur falsch ausdrückte, ist richtig, es ist nämlich dieser: das innre Wesen, die ursprüngliche Kraft, deren Erscheinung alles Leben ist, und die sich in allem Lebenden äußert, diese selbe Kraft äußert sich auch in jedem materiellen Dinge, welches es auch sei, also in jedem Theil der Materie. Wie in jedem lebenden Wesen sich, als die Basis seines Lebens, eine unergründliche Kraft äußert; so äußert sich auch eine solche in jedem materiellen Dinge, in jedem Unorganischen, und sie ist hier nicht minder unergründlich als dort.

Wir sagen also: das Unorganische hat zwar nicht Leben; aber es hat dennoch Streben und innre Kräfte, so gut wie das Lebende: und dieses Streben, diese Kräfte, sind ihrem innern Wesen an sich nach identisch mit der Kraft die als Leben erscheint:

haben wir nun in der Metaphysik der Natur, diese zurückgeführt auf dasjenige, was wir in uns als Willen erkennen; so müssen wir auch das innre Wesen der Kräfte und Aeußerungen der unorganischen Körper für mit dem Willen identisch anerkennen.

Diese Kräfte der unorganischen Körper sind nun theils solche welche den Erscheinungen des Lebens am ähnlichsten sind, durch das ganz bestimmte Streben, die entschiedene Richtung, die an kombinirte Umstände gebundne Aeußerung: z. B. der Magnetismus des Eisens, die schlagende, ziehende, abstoßende, zersetzende Kraft des Galvanismus und der Elektricität, die Entwickelung und Wirkungsart des Lichts, der Wärme; theils die, durch das Hervorbringen bestimmter äußerer Formen, dem Organischen sich annähernden, d. i. die Krystallisation in so verschiedenen, und doch so regelmäßigen und unwandelbar durch die innre Beschaffenheit bestimmten Gestalten; theils die chemischen Kräfte, d. h. die eingepflanzten und nur im flüssigen Zustande sich offenbarenden Neigungen der specifisch verschiednen Körper zu einander, durch welche Auflösungen, Zersetzungen, Verbindungen entstehn, unter Beobachtung vielfacher und genau bestimmter Grade der Zuneigung und Abneigung, d. h. der Wahlverwandschaft, und eines ganz festen Maaßes der gegenseitigen Quantitäten in denen sie sich verbinden. Es sind zuletzt die im weitesten Abstand vom Leben stehenden Kräfte welche Gegenstand der Mechanik sind, die Aeußerungen der Starrheit und Flüssigkeit, der Härte, Elasticität, Schwere, das Wirken durch Druck, Stoß, Zug.

Alle diese Aeußerungen aber gehn hervor aus einer Kraft die das innre Wesen der Körper ausmacht und von der sich weiter keine Rechenschaft geben läßt. Haben wir nun, durch unsre früheren Ableitungen erkannt, daß was für die bloße Vorstellung erscheint als Mensch und Thier, sich bewegend auf Motive, außer der Vorstellung und an sich Wille ist; haben wir diese Erkenntniß auf die Pflanzen, die sich nach bloßen Reizen, nicht mehr nach Motiven bewegen, übertragen, auch in ihnen als das Innerste unser eignes Wesen wieder erkannt und gesehn daß wenn man ihr Daseyn von allem sondert was nur für die Vorstellung da ist, das übrig bleibende nur der Wille zum Leben und Daseyn seyn kann; so müssen wir jetzt auch den letzten Schritt thun, den einzigen Aufschluß den wir über das Wesen der Dinge ansich und außer der Vorstellung, durch Erkenntniß unsers eignen Wesens haben, auch anwenden auf jene Erscheinungen, die im weitesten Abstande von uns stehn und demnach sagen, daß, was sich uns darstellt, als unorganischer Körper, mit eigenthümlichen und weiter nicht ableitbaren Kräften, so aber nur in unsrer Vorstellung existirt, außer derselben und an sich eben das seyn muß, was wir in uns als die Quelle aller unsrer Aeußerungen erkennen und Wille nennen.

Um nun dieses unmittelbar, nicht bloß abstrakt, sondern anschaulich zu erfassen, vergegenwärtigen Sie sich, so lebendig Sie können, die Kräfte der unorganischen Natur in der ganzen Stärke und Heftigkeit ihrer Aeußerungen: betrachten Sie den gewaltigen Drang, mit dem die Gewässer, unaufhaltsam, der Tiefe zueilen; – sehn Sie die Beharrlichkeit, mit welcher der Magnet sich immer wieder zum Nordpol wendet; – die Sehnsucht mit welcher das Eisen zu ihm fliegt; – fühlen Sie im elektrischen Schlage die Heftigkeit mit welcher die Pole der Elektricität, zwei Hälften eines Wesens, zur Wiedervereinigung streben; – betrachten Sie die aus einer Salzauflösung anschießenden Krystalle, wie sie schnell und plötzlich entstehn, mit so viel Entschiedenheit der Richtung, die regelmäßigste Bildung hervorbringen, welche offenbar nichts anderes ist, als ein genau bestimmtes Streben nach verschiedenen Richtungen, von der Erstarrung ergriffen und festgehalten; – betrachten Sie die Kräfte, welche der Gegenstand der Chemie sind, die Wahlverwandschaft, die Auswahl mit der, wenn den Banden der Starrheit entzogen und in die Freiheit versetzt durch den Zustand der Flüssigkeit, die Körper sich suchen, fliehen, vereinigen, trennen; – endlich, fühlen Sie es unmittelbar wie eine Last, deren Streben zur Erdmasse Ihr Leib hemmt, unablässig auf diesen drückt, drängt, ihre einzige Bestrebung verfolgend; – so erkennen Sie denn in allen diesen, Ihr eigenes Wesen, selbst aus so großer Entfernung, wieder! jenes Nämliche das in uns beim Lichte der Erkenntniß seine Zwecke verfolgt und *κατ' εξοχην* [im eigentlichen Sinn] den Namen Wille trägt; dort aber in jenen schwächsten seiner Erscheinungen, nur blind, dumpf, einseitig und unveränderlich strebt, jedoch wenn wir absondern was daran bloße Erscheinung ist und das Wesen an sich erfassen, überall Eines und dasselbe ist und hier wie dort den Namen Wille führen muß, so gut wie die erste Morgendämmerung mit dem Strale des vollen Mittags den Namen Sonnenlicht theilt: hier wie dort ist es dasselbe innere Wesen, was wir, nach der deutlichsten und uns allein unmittelbar bekannten seiner Erscheinungen, Wille nennen, und damit das erkennen und bezeichnen, was das Seyn an sich jedes Dinges in der Welt und der alleinige Kern jeder Erscheinung ist. – Nachgewiesen habe ich es so weit es sich nachweisen läßt: habe Sie stufenweise von einer Erscheinung zur andern geführt, immer abwärts, und Ihnen als den Schlüssel zu allem immer die unmittelbare Erkenntniß Ihres eignen Wesens vorgehalten: Andemonstriren kann ich's Ihnen weiter nicht: Sie müssen es unmittelbar erfassen: denn hier werden nicht Urtheile aus Urtheilen abgeleitet; nicht bloß Begriffe hin und her geschoben um aus ihren Verhältnissen neue Kombinationen zu machen; hier werden nicht bloße Verhältnisse von Vorstellungen zu Vorstellungen nachgewiesen; sondern hier muß der Uebergang geschehn von der Vorstellung zu dem was nicht Vorstellung ist, sondern Wesen an sich und das Verhältniß zwischen beiden aus der unmittelbarsten Selbsterkenntniß aufgefaßt werden: die unmittelbare Erkenntniß vom innern Wesen der Erscheinung, die Ihnen Ihr eigenes Daseyn giebt, müssen Sie übertragen auf die Ihnen nur mittelbar bekannten Wesen: diese Erfassung ist die *philosophische Wahrheit.* Ich kann Sie nur darauf hinweisen; es Ihnen so nah und deutlich vorlegen als möglich: den Uebergang von der Vorstellung zum Ding an sich müssen Sie zuletzt selbst machen: das Eine und Selbe, Ihnen Vertrauteste, wieder erkennen im Vielen und Verschiednen. Worte und Begriffe werden immer trocken seyn: denn das liegt in ihrer Natur. Das wäre thörichte Hoffnung, wenn wir erwarten wollten, daß die Worte und der abstrakte Gedanken das würden und leisteten, was die lebendige Anschauung, die den Gedanken erzeugte, war und leistete. Diese lebendige Anschauung ist allein die wahre Erkenntniß; von ihr ist der Gedanke in Begriffen nur die Mumie, und die Worte sind gar nur der Deckel des Mumiensarges. Hier ist die Gränze der geistigen Mittheilung gesteckt; nur Begriffe lassen sich mittheilen; die Anschauung nicht und sie ist doch allein die ganz vollkommne Erkenntniß: daher kann Keiner durch Lehren seinen Geist dem Andern einflößen: sondern Jeder muß in Hinsicht auf die eigentliche d.h. Anschauliche Erkenntniß in den Gränzen bleiben, die seine Natur umschließen. – Bei allem diesen aber hat die Mittheilung von Worten und trocknen Begriffen, doch den Nutzen, daß wenn wir sie einmal gefaßt haben, nun vielleicht nachher, wenn einmal die anschauliche Erkenntniß eintritt, wir ein fertiges Behältniß für sie haben, sie sogleich verstehn, zusammenbringen, was zusammengehört, gleich deutlich begreifen, was wir anschaulich erkennen. – Der Begriff gleicht dem blechernen Futteral das, selbst leblos, doch dient die lebenden Pflanzen aufzubewahren und sicher nach Hause zu tragen.

Der Abstand jedoch, ja der Schein einer gänzlichen Verschiedenheit zwischen den Erscheinungen der unorganischen Natur und dem Willen, den wir als das Innere unsers eigenen Wesens wahrnehmen, entsteht vorzüglich aus dem Kontrast zwischen der völlig bestimmten Gesetzmäßigkeit nach der die Wirkungen in der Unorganischen Natur vor sich gehn und der scheinbar regellosen Willkür die unser eignes Wesen bestimmt. Dieser Schein einer großen Verschiedenheit beruht hauptsächlich darauf, daß wir, so lange wir nicht durch Philosophie unsre Erkenntniß berichtigt haben, nicht erkennen, wie ganz nothwendig auch wir von den Motiven getrieben werden. Davon hauptsächlich in der Ethik. Daß dies nicht unmittelbar erkannt wird, beruht darauf, daß das Motiv zwar nothwendig wirkt, aber nur unter Voraussetzung des Karakters: dieser nun ist in Jedem verschieden, und sodann ist er nicht der Erkenntniß unmittelbar gegeben, sondern erst aus der Erfahrung lernen wir allmälig die Karaktere kennen, unsern eignen ebenso wie die fremden. Hingegen bei Thieren, Pflanzen und leblosen Wesen hat jede Species nur *einen* Karakter, der für jedes Individuum gilt, und nicht schwer zu erforschen ist, weil er einfach und keine Verstellung eintritt. Im Menschen tritt nämlich die *Individualität* mächtig hervor: jeder hat seinen eigenen Karakter: daher hat dasselbe Motiv nicht auf alle die gleiche Gewalt: sondern den Einen bewegt dieses Motiv, jenen gar nicht, aber dafür ein ganz andres: auch ist seine Wirkung, bei gegebenem Karakter, noch modifizirt durch die individuelle Schärfe oder Schwäche der Erkenntniß (*illustr.*), und durch tausend Nebenumstände die in der weiten Erkenntnißsphäre eines vernünftigen Individuums Platz haben, aber dem Beobachter unbekannt bleiben: daher läßt sich nicht aus dem Motiv die Handlung vorherbestimmen (wie aus Ursache Wirkung), weil der andere Faktor fehlt, die genaue Kenntniß des individuellen Karakters und der ihn begleitenden Erkenntniß. In dieser Hinsicht zeigen nun dagegen die Erscheinungen der Naturkräfte das andre Extrem: sie wirken nach allgemeinen Gesetzen, ohne Abweichung, ohne Individualität, nach offen darliegenden Umständen, der genausten Vorherbestimmung unterworfen, und dieselbe Naturkraft äußert sich in den Millionen ihrer Erscheinungen genau auf gleiche Weise. – Um diesen Punkt aufzuklären, um die Identität des einen und untheilbaren Willens in allen seinen so verschiedenen Erscheinungen nachzuweisen, in den schwächsten wie in den stärksten; müssen wir zuvörderst das Verhältniß betrachten, welches der Wille als Dingansich hat zu seiner Erscheinung; d. h. das Verhältniß der Welt als Wille zur Welt als Vorstellung.

CAP. 10.
Verhältniß des Dinges an sich zu seiner Erscheinung, oder der Welt als Wille zur Welt als Vorstellung.

Rufen wir die Betrachtungen zurück, die wir in den ersten Stunden durchgiengen, und die Resultate [1. Teil der Vorlesung]. Die Welt als Vorstellung hatte zwei wesentliche, untrennbare Hälften, Subjekt und Objekt, die nur ein relatives Daseyn hatten; nämlich jede bloßes Korrelat der andern: ihre gemeinschaftliche Gränze, die unausgedehnt, und daher sowohl vom Subjekt als vom Objekt aus zu finden; sie war die Form alles Objekts und wieder die Erkenntnißweise alles Subjekts. Diese Form war Raum, Zeit und Kausalität: diese fanden wir als allen ihren Bestimmungen und Gesetzen nach, der Möglichkeit aller ihrer Formen nach, schon im Bewußtsein liegend, daher uns *apriori* vollständig bekannt: diese Erkenntniß unabhängig von der der in ihnen sich darstellenden Objekte: Formen der Erscheinung = (oder) Anschauungsweise des Subjekts. Beschaffenheiten des Objekts sofern es Objekt überhaupt, d. h. sofern es Vorstellung ist, d. h. Erscheinung ist.

Sollten nun aber die in diesen Formen sich darstellenden Erscheinungen nicht leere Phantome seyn; sondern eine Bedeutung haben: so müßten sie auf etwas deuten, der Ausdruck von etwas seyn, das nicht wieder wie sie selbst Objekt, Vorstellung, ein nur relativ, nämlich für ein Subjekt Vorhandenes wäre; sondern welches ohne solche Abhängigkeit von einem ihm als wesentliche Bedingung Gegenüberstehenden und dessen Formen, existirte; d. h. eben *keine Vorstellung* sondern ein *Dingansich* wäre. Demnach ließe sich wenigstens fragen: »sind jene Vorstellungen, jene Objekte noch etwas außerdem und abgesehn davon, daß sie Vorstellungen, Objekte für ein Subjekt sind? und was wären sie in diesem Sinn? – was ist jene ihre andre von der Vorstellung *toto genere* verschiedene Seite? was ist das Ding an sich?« – Der Wille, ist unsre Antwort gewesen; die ich aber jetzt bei Seite setze. Denn wir betrachten jetzt bloß das Verhältniß welches das Ding an sich *als solches* zu seiner Erscheinung haben kann.

Wir fanden schon damals, daß, was auch immer das Dingansich sei, Zeit, Raum, Kausalität nicht Bestimmungen desselben seyn, sondern ihm bloß zukommen konnten nachdem und sofern es Vorstellung geworden wäre, d. h. seiner Erscheinung angehörten, nicht ihm selbst. (Diese ganze Form der Erscheinung aber sprachen wir aus im Satz vom Grund.) – Da nämlich das Subjekt alle jene Formen ganz aus sich selbst und unabhängig vom Objekt vollständig erkennt und konstruirt; so müssen sie dem *Vorstellung-seyn als solchem* anhängen; nicht dem, was Vorstellung wird. – Sie müssen Form der Vorstellung als solcher seyn, nicht aber ursprüngliche Eigenschaften dessen was diese Form angenommen hat. Sie müssen entspringen aus dem Gegensatz von Subjekt und Objekt, als die näheren Bestimmungen dieser Grundform der Erscheinung überhaupt. – Wir erkannten gleichfalls schon anfangs, daß, was in der Erscheinung, im Objekt, wiederum bedingt ist durch Zeit, Raum und Kausalität, nur durch diese möglich, nur mittelst ihrer vorstellbar ist, auch nur der Erscheinung als solcher anhängen kann, nicht dem das da erscheint: dergleichen waren alle Gestalt, Größe, Vielheit des Gleichartigen durch das Neben- und Nacheinander, Wechsel und Dauer, ja die Materie selbst, da diese ganz Kausalität ist, also nur für diese Form des Verstandes vorhanden. Dieses insgesammt also hängt nur der Erscheinung an als deren Form, existirt nur in der Erscheinung, ist aber dem *Das* da erscheint, *Das* in diese Form der Vorstellung eingegangen ist, nicht wesentlich eigen, sondern fremd.

Nun aber umgekehrt: dasjenige in der Erscheinung, was nicht durch Zeit, Raum und Kausalität bedingt, nicht auf diese zurückzuführen, noch nach ihnen zu erklären ist; – das wird grade das seyn, worin sich unmittelbar das Erscheinende, das Ding ansich, kund giebt. Dieses aber tritt in die Erkenntniß nur durch das *medium* jener Formen der Erkenntniß. – Diesem zufolge wird nun die vollkommenste Erkennbarkeit, d. h. die größte Klarheit, Deutlichkeit und erschöpfende Ergründlichkeit nothwendig dem zukommen, was der Erkenntniß *als solcher* eigen ist, also was zur bloßen Form der Erkenntniß gehört; nicht aber dem, was an sich *nicht* Vorstellung, erst durch das Eingehn in diese Form erkennbar, d. h. Vorstellung, Objekt geworden ist. Also nur dasjenige, was allein abhängt vom Erkanntwerden, vom Vorstellung-seyn überhaupt und als solchem (nicht von dem, was erkannt wird und zur Vorstellung geworden ist), was daher Allem, das erkannt wird, ohne Unterschied, zukommt, was deswegen eben so gut wenn man vom Subjekt als wenn man vom Objekt ausgeht gefunden wird, – dieses also allein wird ohne Rückhalt eine genügende, völlig erschöpfende, bis auf den letzten Grund klare Erkenntniß gewähren können. Dies ist aber nichts anderes, als die *apriori* uns bewußten Formen aller Erscheinungen – Saz vom Grund – bei anschaulichen: Raum, Zeit, Kausalität. Auf diese allein gegründet ist reine Mathematik, reine Naturwissenschaft *apriori*. Nur in diesen Wissenschaften daher findet die Erkenntniß keine Dunkelheit, stößt nicht auf das Unergründliche (Grundlose, Wille?), auf das nicht weiter abzuleitende. Sondern das letzte worauf alle Ableitungen hier zurückführen ist das durch sich selbst Klare, das was sich gar nicht anders vorstellen läßt, also als Axiom ausgesprochen wird. (*Illustr.*) (Darum wollte Kant diese nebst Logik allein Wissenschaften nennen.) Andrerseits aber zeigen diese Kenntnisse uns nichts als bloße Relationen, Verhältnisse einer Vorstellung zur andern, Form ohne Inhalt. Jeder Inhalt, den sie bekommen, jede wirkliche Erscheinung, die diese Formen füllt, enthält schon etwas nicht mehr vollständig seinem ganzen Wesen nach Erkennbares, nicht mehr durch ein Andres ganz und klar Erklärbares, und davon man nicht einsieht warum es grade so und nicht ganz anders ist; etwas Unergründliches, dadurch die Erkenntniß sogleich an Evidenz verliert und die vollkommne Durchsichtigkeit einbüßt; nämlich dies sind die Qualitäten der Dinge, die Naturkräfte, die Gestalten der lebenden Wesen. Dieses der Ergründung sich Entziehende ist aber eben das Ding an sich, ist dasjenige, was wesentlich nicht Vorstellung, nicht Objekt der Erkenntniß ist; sondern erst durch Eingehn in jene Form erkennbar ward, Objekt ward. Die Form ist ihm ursprünglich fremd und es kann nie ganz Eins mit ihr werden, kann nie auf die bloße

Form zurückgeführt, und da diese der Satz vom Grunde ist, nicht vollständig *ergründet* werden. Wenn daher auch alle Mathematik uns erschöpfende Erkenntniß giebt von dem, was an den Erscheinungen Größe, Lage, Zahl, kurz räumliches und zeitliches Verhältniß ist; wenn alle Aetiologie uns die Gesetze vollständig lehrt, nach denen in der Form von Ursache und Wirkung die Erscheinungen, mit allen ihren Bestimmungen in Raum und Zeit eintreten, bei dem allen aber doch nicht mehr lehrt, als jedes mal warum eine jede bestimmte Erscheinung grade jetzt hier und grade hier jetzt sich zeigen muß; so dringen wir mit deren Hülfe doch nimmer in das innre Wesen der Dinge; so bleibt dennoch immer etwas, daran keine Erklärung sich wagen darf; sondern das sie immer voraussetzt, nämlich die Kräfte der Natur, die bestimmte Wirkungsart der Dinge, die Qualität, der Karakter jeder Erscheinung, die Formen der Lebenden: dies ist das Grundlose, was nicht von der Form der Erscheinung, dem Satz vom Grund, abhängt, dem diese Form ursprünglich fremd ist, das aber in sie eingegangen ist, und nun nach ihrem Gesetz hervortritt: aber dies Gesetz bestimmt eben auch nur das Hervortreten, nicht das *was* hervortritt, es bestimmt nur das Wie der Erscheinung, nicht das Was der Erscheinung, nur die Form, nicht den Inhalt. Die *Morphologie* thut im Ganzen auf alle Erklärung Verzicht; sie legt uns nur wohlgeordnet vor, was da ist, und unternimmt nicht zu zeigen warum oder wie es entsteht und wird. Die *Aetiologie* giebt Rechenschaft von dem was geschieht und wird: aber wie?

Mechanik, Physik, Chemie lehren die Regeln und Gesetze, nach denen die Kräfte der Undurchdringlichkeit, Schwere, Kohäsion, Starrheit, Flüssigkeit, Elastizität, Wärme, Licht, Wahlverwandschaften, Magnetismus, Elektrizität u.s.w. wirken, d.h. sie zeigen uns das Gesetz, die Regel, welche diese Kräfte in Hinsicht auf ihren jedesmaligen Eintritt in Raum und Zeit beobachten: die Kräfte selbst aber bleiben dabei *qualitates occultae* [verborgene Eigenschaften]. Müssen es auch: denn es ist eben das Dingansich, welches, indem es erscheint, jene Phänomene darstellt, selbst aber von ihnen gänzlich verschieden ist; es ist zwar in seiner Erscheinung dem Satz vom Grund, als der Form der Vorstellung unterworfen, selbst aber ist es nie auf diese Form zurückzuführen und daher sind auch seine Erscheinungen nicht ätiologisch bis aufs Letzte zu erklären, nicht jemals vollständig zu ergründen; was so erscheint ist, bei hinzukommender Erklärung, zwar völlig begreiflich, sofern es jene Form angenommen hat, d. h. sofern es Erscheinung ist; seinem innern Wesen nach aber durch jene Begreiflichkeit nicht im mindesten erklärt.

Falsche Natur-Ansichten der Aristoteliker und eben so falsche der Kartesianer

Sie werden noch besser fassen, was ich sagen will, wenn ich hier beiläufig und in der Kürze zwei entgegengesetzte Verirrungen hervorhebe, auf welche der menschliche Geist, in der hier zu betrachtenden Rücksicht, gerathen ist: obwohl diese Erörterung eigentlich in die Geschichte der Philosophie gehört. – *Dum vitant stulti vitia in contraria currunt* [Einen Fehler vermeidend, verfallen ins Gegenteil Toren. (Horaz, Sat. I, 2, 24.)].

Jene beiden Verirrungen sind die *Aristotelische* Betrachtungsart der Natur und die *Kartesianische*. Die Aristotelische herrschte nicht nur in der alten Zeit (wo jedoch die Demokritisch-Epikurische, welche der Kartesianischen analog ist, ihr immer die Herrschaft schmälerte, neben ihr für sich bestehend) sondern auch in der neuern Zeit, die langen Jahrhunderte des Mittelalters hindurch; bis im Anfang des 17ten Jahrhunderts die des Kartesius ihr ein Ende machte: (kurz vorher und beinahe um dieselbe Zeit hatte Baco die Methode der richtigen Naturbetrachtung im allgemeinen angegeben).

Aristoteles also konstruirte die ganze Natur aus *Form und Materie*: die *materia prima* [erste Materie] war ohne alle Eigenschaft und Gestalt, aber so voll Sehnsucht nach der Form daß sobald die eine Form sie verläßt, sie augenblicklich die andre ergreift um sich mit ihr zu *einer* Substanz zu verbinden. Die Form war *forma accidentalis* und *substantialis* [zufällige Form und wesentliche Form]. – *Forma accidentalis*, war wirklich bloße *Form* im eigentlichen Sinn, also Gestalt, Größe, Lage der Theile, wie sie durch *äußre Ursachen* dem Dinge geworden sind: ist also besonders die *künstliche* Form.

Hingegen *forma substantialis* war eigentlich das was, mit der rohen Materie innig vereinigt, ein Ding zu dem macht was es ist. Die *forma substantialis* des Aristoteles ist das eigentliche innre Wesen jedes Dinges, seine specifische Qualität, der innerste Grund aller seiner Wirkungsarten, Kräfte und Aeußerungen. (NB. Der Ausdruck *forma substantialis* soll zuerst vom Averroes gebraucht seyn; aber der Begriff älter: Aristoteles drückt denselben aus durch εντελεχεια [vollendete Form], auch durch das το τι ην ειναι [die durch die Frage ›*was* ist (war) es‹ festzustellende begriffliche Wesenheit], welches die Scholastiker die *quidditas* [Washeit] nennen.) Die einzelnen Bestimmungen der *forma substantialis*, d. h. alles wovon weiter kein Grund, als eben die *forma substantialis*, nachzuweisen war, sind die *qualitates occultae* [verborgenen Eigenschaften]. So ist die *forma substantialis* des Goldes das innre Princip vermöge dessen es sein specifisches Gewicht, Farbe, Schmelzbarkeit, Duktilität u. s. w. hat: und diese sind seine *qualitates occultae*. Wechsel der *forma accidentalis* ist bloße *Veränderung*; Wechsel der *forma substantialis* ist *Korruption* der bisherigen und *Generation* einer neuen *forma substantialis*. Die *forma substantialis* konnte eine leblose, eine vegetative, eine thierische und eine vernünftige seyn.

Sie sehn die *forma substantialis* ist eben das was ich die Aeußerung des Dinges an sich, mittelst der Form der Vorstellung, oder bestimmter den Grad der Objektivation des Willens in einem Dinge nenne. Und die Ansicht war im Wesentlichen ziemlich richtig: man fehlte nur in der Anwendung. Zwar ließ Aristoteles selbst sich nicht dadurch abhalten die Natur immer weiter zu erforschen. Allein im Mittelalter glaubte man die Natur genugsam zu erklären, wenn man nur sich auf *forma substantialis* und *qualitates occultae* berief. Statt wirklich die ursprünglichen und auf weiter nichts zurückzuführenden Eigenschaften und Kräfte der Dinge aufzusuchen, was nur auf dem langen Wege der Erfahrung und des Versuchs geschehn kann; statt zu zeigen wie eine und dieselbe ursprüngliche Kraft sich in tausend verschiednen Erscheinungen verschieden darstellt und die Gesetze ihrer Aeußerungen aufzufinden: – steckte man sich das Ziel sehr kurz und berief sich sogleich auf *forma substantialis* und *qualitates occultae*. Da war der Baum ein Baum vermöge seiner *arboreitas*

[Baumheit], das Metall Eisen vermöge seiner *ferreitas* [Eisenheit], ein Körper schwer, der andre leicht vermöge seiner *gravitas* [Schwerheit] oder *levitas* [Leichtheit]; flüssig, vermöge seiner *fluiditas* [Flüssigkeit]; hart und starr vermöge seiner *duritas* [Hartheit] und *rigiditas* [Starrheit]; das Brod Brod durch seine *paneitas* [Brotheit] u. dgl. m. Also zur Erklärung einer Naturerscheinung wurde sogleich *forma substantialis, qualitates occultae*, Generation und Korruption angeführt und da war man fertig. Statt der Erklärung hatte man aber nur barbarische lateinische Namen für die Erscheinung. Nun kam, etwa 1630, *Kartesius* und verließ ganz die bisherige Art zu philosophiren. Zuerst trennte er scharf *Geist* und *Körper*, als zwei ganz und gar verschiedne Wesen die durchaus keine gemeinsame Attribute hatten. Dem Geist, der allein die Seele des Menschen und Gott begriff, kam nur die Eigenschaft zu *Denken* zu: der Körper (oder die Materie), der alles andre begriff (Thiere Maschinen) hatte keine andren Eigenschaften als Ausdehnung, Gestalt und Bewegung: war demnach ganz leblos, ohne alles Analogon von Wille oder Empfindung. – Die *materia prima*, die *forma substantialis*, die *qualitates occultae* wurden abgeschafft und nachdem sie mehr als 1000 Jahre in hohen Ehren gestanden, jetzt ein Gegenstand des Spottes. Die schwerfälligen fremdtönenden, aber sinnlosen Worte, welche die Aristotelisch-Scholastische Philosophie statt der Erklärungen gab, die Köpfe früh damit verdrehte, so daß sie Worte für Erkenntnisse hielten; verloren jetzt allen Respekt: man drang auf klare deutliche Einsicht, und alles was nicht vollkommen deutlich und klar war, war schon deshalb verdächtig. Diese Revolution der philosophischen Methode ist eben das größte Verdienst des Cartesius und der eigentliche Geist seiner Philosophie. Alle Erscheinungen der Natur sollten nun erklärt werden allein durch Ausdehnung, Gestalt und Bewegung, also durch die Gesetze der Mechanik: keine andren ursprünglichen Eigenschaften der Dinge sollten angenommen werden. Aus *einem* falschen Extrem war man jetzt in das *andre* gerathen. Statt daß Vorhin jede Erscheinung sogleich durch eine ursprüngliche und weiter nicht erklärbare Eigenschaft erklärt wurde, sollte jetzt gar keine ursprüngliche Eigenschaft in den Körpern seyn, alles sollte abgeleitet werden aus den Eigenschaften die ihnen als

Körpern zukommen, nämlich Härte, Undurchdringlichkeit, Beweglichkeit und Mittheilung der Bewegung. Um alle Erscheinungen auf bloß mechanische Ursachen durch Bewegung, Stoß, Ausdehnung, Gestalt der kleinsten Theile zurückzuführen, mußten Hypothesen ersonnen werden, die durch kein Experiment zu beweisen und ganz aus der Luft gegriffen waren: Atome mit ursprünglichen Gestalten und Zwischenräumen: eine feine ätherische Materie wurde ersonnen, deren Strömungen und *Wirbel* durch Stoß, die Weltkörper in ihren Bahnen herumtrieben, das Eisen zum Magnet hinstießen und so alle Erscheinungen zu Wege brachten. Das befriedigte freilich den Verstand besser als die vielen unerklärlichen Qualitäten; aber es war eben so willkürlich angenommen als diese, und eben so falsch.

Sehr glücklicherweise war in England Baco aufgetreten und hatte zur Erforschung der Natur den rechten Weg gewiesen, nämlich den der reinen Erfahrung, frei sowohl von willkürlich angenommenen *Qualitates occultae* als von willkürlich ersonnenen Hypothesen, und Beschränkungen der Natur auf gewisse wenige Kräfte. Man sollte untersuchen, experimentiren, und dann von der Erfahrung sollte man durch *Induktion* aufsteigen zu allgemeinen Grundgesetzen der Natur und ersten Eigenschaften der Dinge. Dem Aristoteles war Baco eben so sehr entgegen und feind als Cartesius. Seine Methode war das Gegentheil der Aristotelischen hierin: daß er alle Erkenntniß begründet wissen wollte durch *Induktion*, also durch Aufsteigen vom Besonderen zum Allgemeinen, von den Fällen zur Regel, das Allgemeine sollte durch das Besondre begründet werden: statt daß der Aristotelische und Scholastische Weg der des *Syllogismus* ist, das Herabsteigen von dem Allgemeinen zum Besondern, Bestimmen des Einzelnen aus allgemeinen Regeln: was nur dann mit Recht geschehn kann wenn man schon eine vollständige Wissenschaft der Natur hat; nicht wenn sie erst gefunden werden soll.

Baco erkannte die Fehler der Aristotelischen Scholastik eben so gut als Cartesius und stellte sie eben so gut ab: verleitete aber nicht zu neuen Fehlern wie Cartesius: – freilich hat Baco auch nur die Methode des Philosophirens und des Erforschens der Natur angegeben, nicht selbst *specimina* und Versuche darin gemacht, wie Cartesius, der selbst mit zugriff: – die Anwendung der von Baco angegebnen Methode sehn wir besonders in Newtons Entdeckungen: freilich nicht in der Farbenlehre.

Nachdem nun seit Baco auf dem von ihm im Allgemeinen angedeuteten Wege die Erforschung der Natur größre Fortschritte gemacht hat, als in den Jahrtausenden vor ihm: so liegt das Falsche der Scholastisch-Aristotelischen Verirrung und auch das der Kantesianischen offen da. Wir sehn, daß man eben so wenig ursprüngliche, physisch nicht weiter zu erklärende Eigenschaften und Kräfte der Dinge beliebig wegleugnen darf, wie Kartesius, als sie annehmen, wo sie noch nicht sind und so bei jedem Schritte stillstehn, wie die Aristotelische Scholastik. Die mechanischen Kräfte, Ausdehnung, Undurchdringlichkeit, Mittheilung der Bewegung durch Stoß, sind auch *qualitates occultae* und haben nichts voraus vor andern ursprünglichen Kräften, weshalb man grade sie allein zur Quelle aller Erscheinungen der Natur könnte machen wollen. Die Physik muß stehn bleiben bei gewissen nicht weiter auf andre zurückzuführenden, also physisch nicht weiter zu erklärenden Kräften und Eigenschaften der Dinge. Die Schwierigkeit aber ist, deren nicht mehr noch weniger anzunehmen, als wirklich vorhanden sind: sodann die Regeln der Aeußerung jeder Kraft richtig zu bestimmen als *Naturgesetz*; und jede einzelne Erscheinung zurückzuführen auf die darin sich äußernde ursprüngliche Kraft, und nachzuweisen wie jene aus dieser nach einem allgemeinen Naturgesetz erfolgt. Die ursprünglichen Kräfte selbst bleiben dann das Problem der Philosophie, in der Metaphysik der Natur die nun eintritt. Die Nachweisung der ursprünglichen Kräfte, die Angabe des Gesetzes ihrer Wirkung, ist Sache des Physikers. Die Erkenntniß des innern Wesens der Natur, der Quelle aller ihrer Erscheinungen, des Dinges an sich, ist Sache des Philosophen.

Irrthum der Aetiologie ohne Ende und falscher Zurückführung ursprünglicher Kräfte auf andre.

Eben aber weil es so schwer ist, die ursprünglichen Kräfte, die ihre eignen Gesetze haben und nicht auf andre schon bekannte Kräfte zurückzuführen sind, zu erkennen und aufzustellen, und sie zu unterscheiden von dem was bloße durch Umstände modifizirte Aeußerung schon bekannter Kräfte ist; deswegen hat zu allen Zeiten eine ihr Ziel verkennende Aetiologie dahin gestrebt, alles organische Leben zurückzuführen auf unorganische Kräfte, etwa Elektricität und Chemismus (*illustr.*); diesen (d. i. die Qualität) auf Mechanismus (Wirkung durch die Gestalt der Atomen, *molécules*) (*illustr.*); diesen aber auf rein geometrische Konstruktionen (*illustr.*) (wie etwa die Abnahme nach dem Quadrat der Entfernung und der Hebel); die Geometrie läßt sich endlich in Arithmetik auflösen, welche, wegen Einheit der Dimension, die faßlichste, übersehbarste, ergründlichste Gestaltung des Sazes vom Grund ist. Belege dieser Methode: Demokritos' Atome, Kartesius' Wirbel; Lesages mechanische Physik, Reils Form und Mischung als Ursache des thierischen Lebens. Es liegt auch in Lockes Lehre von den primären und sekundären Eigenschaften, dadurch alle Qualitäten nichts sind als Modifikationen der Solidität, Ausdehnung, Gestalt, Bewegung. Wir werden nochmals zurückkommen auf solche falsche Zurückführung ursprünglicher Kräfte auf andre. Hier nur so viel: gesetzt, das gienge so an; so wäre freilich alles erklärt und ergründet, ja zuletzt auf ein Rechnungsexempel zurückgeführt, welches dann das Allerheiligste im Tempel der Weisheit wäre. Aber aller Inhalt der Erscheinung wäre verschwunden, und bloße Form zurückgeblieben. Denn Geometrie und Arithmetik, also bloße Bestimmungen des Raumes und der Zeit, hätten sich als das letzte ergeben. Das *was* erscheint wäre sonach gänzlich zurückgeführt auf das *wie* es erscheint, auf Raum und Zeit: dieses *wie* aber wäre das auch *apriori* Erkennbare, daher ganz abhängig vom Subjekt, daher aber auch bloß für das Subjekt, daher endlich bloßes Phantom, Vorstellung und Form der Vorstellung durch und durch: nach keinem Ding an sich wäre dann zu fragen. – Es wäre, wenn das so angienge, wirklich die ganze Welt aus dem Subjekt abgeleitet, und in der That das geleistet was *Fichte* zu leisten scheinen wollte. – Aber das geht nicht so an: Phantasien, Sophistikationen, – keine Wissenschaft. Es ist gelungen die vielen mannigfaltigen Erscheinungen in der Natur zurückzuführen auf einzelne Kräfte: dies war immer ein Fortschritt: man hat mehrere Anfangs für verschieden gehaltene Kräfte eine aus der andern abgeleitet und so ihre Zahl vermindert: eben jetzt scheint es, daß man Magnetismus und Elektrizität, die man bisher als zwei verschiedne Grundkräfte ansah, auf eine Kraft zurückführen wird. Die Aetiologie wird am Ziele seyn, wann sie alle ursprünglichen Kräfte der Natur als solche erkannt und aufgestellt haben wird, sodann ihre Wirkungsart festgesetzt haben wird, d. h. die Regel, nach der, am Leitfaden der Kausalität, die Erscheinungen jeder solchen Kraft in Raum und Zeit eintreten und einander ihre Stellen bestimmen: dabei werden aber noch immer Urkräfte übrig bleiben, ursprüngliche Aeußerungen auf die jede Erklärung zurückläuft, ein Inhalt der Erscheinung, der nicht auf ihre Form zurückzuführen, also nicht, nach dem Satz vom Grund, aus einem anderen zu erklären ist. – Denn in jedem Ding in der Natur ist etwas, davon kein Grund je angegeben werden kann, keine Erklärung möglich, keine Ursache weiter zu suchen ist: es ist die specifische Art seines Wirkens, d. h. eben die Art seines Daseyns, sein Wesen. Zwar von jeder einzelnen Wirkung des Dinges ist eine Ursach nachzuweisen, aus welcher folgt, daß es grade jetzt, grade hier wirken mußte: aber davon, daß es überhaupt wirkt, und grade so wirkt, nie. (Beispiele.) Hat es keine andern Eigenschaften, ist es ein Sonnenstäubchen, so zeigt es wenigstens als Schwere und Undurchdringlichkeit jenes unergründliche Etwas: und dieses eben ist ihm, was dem Menschen sein *Wille* ist, und ist, so wie dieser, seinem innern Wesen nach, der Erklärung nicht unterworfen, ja ist an sich dasselbe mit jenem. Wohl läßt sich für jede Aeußerung des Willens, für jeden Akt desselben zu dieser Zeit, an diesem Ort, ein Motiv nachweisen, auf welches er nothwendig erfolgen mußte, unter Voraussetzung des Karakters des Menschen: aber grade daß er diesen Karakter hat, daß er überhaupt will, daß von mehreren Motiven grade dieses und kein anderes, ja daß irgend eines seinen Willen bewegt, davon ist kein Grund je anzugeben. Was dem Menschen sein unergründlicher Karakter ist, den alle Erklärung seiner Thaten aus Motiven schon voraussetzt; grade das ist jedem unorganischen Körper seine wesentliche Qualität, die Art seines Wirkens: die Aeußerungen dieser in jedem bestimmten Zeitpunkt werden zwar durch Einwirkung von Außen hervorgerufen und dadurch soweit erklärt, aber jene wesentliche Qualität und Wirkungsart selbst wird durch nichts außer ihr bestimmt, ist also auch nicht durch ein anderes erklärlich: ihre einzelnen Erscheinungen, durch welche allein sie sichtbar wird, sind dem Satz des Grundes unterworfen: sie selbst ist grundlos.

Es ist ein eben so großer als gewöhnlicher Irrthum, daß die häufigsten, allgemeinsten und einfachsten Erscheinungen es wären, die wir am besten verständen: da sie doch vielmehr nur diejenigen sind, an deren Anblick und unsre Unwissenheit darüber wir uns am meisten gewöhnt haben. (*Illustr.*) Es ist uns eben so unerklärlich daß ein Stein zur Erde fällt, als daß ein Thier sich bewegt. Ich sagte oben, wie man die lebendigen Erscheinungen auf chemische und diese auf mechanische Kräfte zurückführen gewollt. Man meinte daß wenn man die allgemeinsten Naturkräfte zur Grundlage der Erklärung machte, von ihnen ausgieng, z. B. Gravitation, Kohäsion, Undurchdringlichkeit, man sodann die seltner und unter kombinirteren Umständen wirkenden, aus ihnen würde erklären können, z. B. die chemischen Kräfte und Qualitäten, Elektricität, Magnetismus: aus diesen wieder hoffte man den Organismus, das thierische Leben, ja zuletzt des Menschen Wollen und Erkennen, sich zuletzt zu erklären. Dabei war man nun von lauter *qualitates occultae* [verborgene Eigenschaften] ausgegangen, deren Aufhellung man folglich ganz aufgab, fügte sich aber stillschweigend hierin, da man über jenen zu bauen vorhatte, nicht sie selbst zu unterwühlen. Wir haben schon gesehn daß dergleichen nie gelingen kann und man nie die lebendigen organischen Kräfte zurückführen wird auf chemische und physische. Aber auch hievon abgesehn; so stände ja solches Gebäude immer in der Luft. Was helfen Erklärungen die zum Ausgangspunkt ein eben so Unbekanntes haben, als ihr Problem ist? Man versteht ja am Ende vom innern Wesen jener allgemeinen Naturkräfte, aus denen man alles erklären will, nicht mehr als vom innern Wesen eines Thieres: eines ist so unerforscht als das andre: ist eben auch unergründlich, weil es das an den Dingen ist, was nicht im Gebiet des Satzes vom Grund liegt, was grundlos ist, weil es der Inhalt, das Was der Erscheinung ist, das nie auf das Wie, auf ihre Form, auf den Satz vom Grund zurückgeführt werden kann. Man bildet sich ein das Fortrollen einer Kugel auf erhaltnen Stoß besser zu verstehn als die Bewegung seiner eignen Person, auf ein erblicktes Motiv. Ich sage aber es ist umgekehrt. Unser Bewegen auf Motiv verstehn wir unmittelbar und wissen was das Innre dieser Begebenheit sei. Das Rollen der Kugel ist uns seinem Innern nach ganz unverständlich. Daher ist es ein großer Irrthum, wenn man meint, man würde die Bewegungen des eignen Leibes besser verstehn, wenn man sie auf elektrische, chemische, mechanische Ursachen zurückführte. – Wir nun daher suchen hier nicht Aetiologie sondern Philosophie, d. i. nicht relative, sondern unbedingte Erkenntniß vom Wesen der Welt: darum schlagen wir den grade entgegengesetzten Weg ein und gehn nicht aus von den Erscheinungen, welche die allgemeinsten sind, aber unserm eignen Wesen am fernsten liegen und nur mittelbar uns bekannt sind; sondern gehn aus von dem, was uns unmittelbar, was uns am vollständigsten bekannt und ganz und gar vertraut ist und uns am nächsten liegt, und suchen daraus uns verständlich zu machen das, was uns nur entfernt, einseitig und mittelbar bekannt ist: wir wollen aus der mächtigsten, bedeutendsten, deutlichsten Erscheinung die unvollkommnern, schwächern verstehn lernen, statt daß die gewöhnliche Methode, die mächtigste und deutlichste Erscheinung durch Anhäufung und Kombination der schwächsten, unvollkommensten Erscheinungen zu erklären hoffte. – Von allen Dingen, meinen eignen Leib ausgenommen, ist mir nur *eine* Seite bekannt, die der Vorstellung: ihr inneres Wesen bleibt mir verschlossen und ein tiefes Geheimniß; auch wenn mir alle Ursachen bekannt sind, auf die ihre Veränderungen vor sich gehn. Denn diese Kenntniß giebt mir nur die feste Regel, nach der ihre Aeußerungen eintreten, aber keinen Aufschluß über das was so eintritt; noch irgend eine Vorstellung davon, wie eigentlich die Ursache die Wirkung hervorruft. Nur aus der Vergleichung mit dem, was *in mir* vorgeht, wann, indem ein Motiv mich bewegt, mein Leib eine Aktion ausübt, was das innere Wesen meiner eigenen, durch äußere Gründe bestimmten, veranlaßten Veränderungen ist, – nur daraus kann ich Einsicht erhalten in die Art und Weise wie jene leblosen Körper, durch Ursachen bestimmt, Wirkungen äußern, und kann so zum Verständniß auch ihres innern Wesens gelangen, von dessen Erscheinen und Aeußerungen mir die Kenntniß der Ursache die bloße Regel des Eintritts in Zeit und Raum angiebt und weiter nichts. Dies kann ich darum, weil mein Leib das einzige Objekt ist, von dem ich nicht bloß die *eine* Seite, die der Vorstellung kenne, sondern auch die zweite, welche Wille heißt. Indem wir also Philosophie, nicht Aetiologie suchen, müssen wir nicht glauben, wir würden unsre eigene Organisation, dann unser Erkennen und Wollen, und unsre Bewegung auf Motive, besser verstehn, wenn wir sie zurückführen könnten auf Bewegung aus Ursachen, auf Phänomene der Elektricität, des Chemismus, Mechanismus u. s. f.: – sondern wir müssen ganz umgekehrt verfahren, indem wir auch die gemeinsten und einfachsten Bewegungen der unorganischen Körper, die wir auf Ursachen erfolgen sehn, zuvörderst ihrem innern und eigentlichen Wesen nach verstehn lernen aus unsern eigenen Bewegungen, wie sie auf Motive erfolgen, und dergestalt erkennen, daß die unergründlichen Kräfte, die sich in allen Körpern der Natur äußern, der Art und dem Wesen nach identisch sind mit dem was in uns Wille ist, und nur dem Grade nach und in der Erscheinung davon verschieden. Nun erinnern Sie sich, daß ich, um Ihnen die vier Gestaltungen des Satzes vom Grunde vorzuführen, alle Objekte des Subjekts in vier Klassen theilte. – – Die letzte jener Klassen muß uns den Schlüssel geben zur Erkenntniß des innern Wesens der ersten, und aus dem Gesez der Motivation, müssen wir das Gesez der Kausalität verstehn lernen. Das ist der Weg zur Metaphysik der Natur, zur Erkenntniß des Dinges an sich in allen Erscheinungen. Wir müssen die Natur verstehn lernen aus unserm eignen Selbst, nicht unser eignes Selbst aus der Natur.

Spinoza sagt (*epistula 62*) daß der durch einen Stoß in die Luft fliegende Stein, wenn er Bewußtsein hätte, meinen würde, aus seinem eignen Willen zu fliegen. Ich füge hinzu, daß der Stein ganz Recht hätte. Der Stoß ist für ihn, was für mich das Motiv; und was bei ihm erscheint als Kohäsion, Schwere, Beharrlichkeit im angenommenen Zustande, – das ist, an sich und dem innern Wesen nach, dasselbe, was ich in mir als Willen erkenne, und was auch er als Willen erkennen würde, wenn auch er Bewußtseyn, d. h. Erkenntniß, Vorstellung hätte. Der Unterschied zwischen dem Stein und mir, liegt nicht darin daß ich Willen habe und er nicht; sondern darin, daß dieser Wille bei mir von Erkenntniß begleitet und so unmittelbar beleuchtet ist, bei ihm nicht. Spinoza hatte, an jener Stelle, sein Augenmerk auf die *Nothwendigkeit* gerichtet, mit welcher der Stein fliegt; und will sie, mit Recht, übertragen auf die Nothwendigkeit mit welcher der einzelne Willensakt einer Person auf das Motiv erfolgt. Ich dagegen, betrachte hier das innere Wesen, welches aller realen Nothwendigkeit (d. i. Wirkung aus Ursache) als ihre Voraussetzung, erst Bedeutung und Gültigkeit ertheilt, und welches im Menschen Karakter, im Stein Qualität heißt, in beiden aber wesentlich dasselbe ist, da wo es unmittelbar erkannt wird, Wille genannt: es hat im Stein den schwächsten Grad seiner Sichtbarkeit, Objektivität, im Menschen den stärksten.

Metaphysische Einheit des Willens.

Jetzt rufen Sie sich zurück, was ich Ihnen, bei der Lehre vom Erkenntnißvermögen, vortrug über das *principium individuationis* – es war Zeit und Raum betrachtet in der Eigenschaft, daß sie die Möglichkeit der Vielheit des Gleichartigen enthalten. Sodann erkannten wir später Zeit und Raum als Gestaltungen des Satzes vom Grund, der alle unsre Erkenntniß *apriori* befaßt. Diese nun insgesammt kommt, wie hinlänglich dargethan, nur der Erkennbarkeit der Dinge zu, nicht dem was sie an sich seyn mögen; ist folglich nur Form unsrer Erkenntniß, nicht Eigenschaft des Dinges an sich: dieses muß frei seyn von aller Form die der Erkenntniß als solcher anhängt, sogar von der des Objekt für ein Subjekt seyns: d. h. es muß etwas von der Vorstellung ganz und gar Verschiedenes seyn. Ist es uns nun, aus der unmittelbarsten Selbsterkenntniß und der Reflexion über solche, einleuchtend und gewiß geworden, daß jenes Ding an sich der Wille ist; so folgt, daß er als solches und gesondert von seiner Erscheinung genommen, auch außer dem *principio individuationis* liegt, demnach gar keine Vielheit kennt, sondern *Einer* ist: nicht wie ein Individuum, noch wie ein Begriff; sondern wie das dem die Bedingung der Möglichkeit der Vielheit fremd ist. Demnach haben wir von dieser Einheit nur eine *negative* Erkenntniß: jede positive Vorstellung, die wir davon uns zu machen suchen, ist falsch. Die Dinge in Raum und Zeit sind sämmtlich seine *Objektität*; aber ihre Vielheit trifft ihn nicht, und ungeachtet derselben, bleibt er Einer und untheilbar. Nicht ist etwa ein kleinerer Theil von ihm im Stein, ein größrer im Menschen: sondern auch das Mehr und Minder trifft nur die Erscheinung, d. i. die Sichtbarkeit, die Objektivation: von dieser ist ein höherer Grad in der Pflanze, als im Stein; im Thier ein höherer als in der Pflanze: ja sein Hervortreten in die Sichtbarkeit hat so unendliche Abstufungen, wie zwischen dem dunkelsten Schatten und dem hellsten Sonnenlicht, dem stärksten Ton und dem leisesten Nachklang sind. Diese verschiedenen Grade seiner Sichtbarkeit werden jetzt der Gegenstand unsrer Betrachtung werden und wir werden sehn wie eben auch diese Abstufung zu seiner Objektivation, zum Abbild seines Wesens gehört. – Noch weniger aber als die Abstufungen seiner Objektivation ihn selbst unmittelbar treffen, trifft ihn die Vielheit der Erscheinungen auf diesen verschiedenen Stufen, d. i. die Menge der Individuen jeder Form, oder der einzelnen Aeußerungen jeder Kraft, da diese Vielheit unmittelbar durch Zeit und Raum bedingt ist, in die er selbst nie eingeht. Er offenbart sich eben so sehr und eben so ganz in einer Eiche, als in Millionen: ihre Zahl, ihre Vervielfältigung in Raum und Zeit hat gar keine Bedeutung in Hinsicht auf ihn selbst; sondern ist nur für die Erscheinung da und hat Bedeutung für die in Raum und Zeit vervielfachten und zerstreuten Individuen, die selbst nur Erscheinungen sind und nur Erscheinungen erkennen.

Magie des Willens.

CAP. 11.
Die Stufen der Objektivation des Willens.

Wer von Ihnen so glücklich gewesen, ein fleißiges Studium des Platon zu treiben, wird, ohne meine Erinnerung bemerken, daß, wenn man die Stufen der Objektivation des Willens für sich betrachtet, und absieht von den zahllosen Individuen in welchen sie, durch Raum und Zeit vervielfältigt, erscheinen, zu welchen ihren bloßen Erscheinungen jene Stufen sich folglich verhalten als ihre ewigen d. i. zeitlosen Formen, auch als ihre unerreichten Musterbilder, welche nicht selbst in Zeit und Raum, das Medium der Individuen eintreten, sondern fest stehen, keinem Wechsel unterworfen, immer seiend, nie geworden, während jene entstehen und vergehn, immer werden und nie sind, – daß also diese *Stufen der Objektivation* des Willens nichts anderes sind als *Platons Ideen*. (*Illustr.*) In dieser Hinsicht werden sie der eigentliche Gegenstand des dritten Theils, der Aesthetik, werden.

Erklärung des Wortes Idee.

Hier bemerke ich es nur vorläufig, um von jetzt an das Wort *Idee* in diesem Sinne gebrauchen zu können. Denn es hat öfter seine Bedeutung gewechselt und ist daher vieldeutig geworden. Platon hat es zuerst in die Philosophie eingeführt: er braucht *ιδεα* und auch *ειδος* (Gestalt) im selben Sinne: er versteht darunter die bleibenden, unveränderlichen Gestalten der in Raum und Zeit sich darstellenden zahllosen Wesen, die Typen, die Urformen derselben, Musterbilder jener Nachbilder, nicht entstanden, nicht vergehend, immer seiend. Also wesentlich anschauliche, nicht abstrakte Vorstellungen. Diese Bedeutung behielt das Wort im ganzen Alterthum und eben so im Mittelalter: denn nicht nur alle Philosophen des Alterthums, sondern auch die Scholastiker und die Theologen des Mittelalters brauchen es allein in jener Platonischen Bedeutung, im Sinn des Worts *exemplar.* Bloß in der neuen Zeit wurde es gemißbraucht: zunächst von Franzosen und Engländern, welche wegen Armuth ihrer Sprachen, jede Vorstellung *idée, idea* nennen: besonders Locke. (*Brucker historia doctrinae de ideis.*) Nun kam Kant und bezeichnete damit die drei Hauptgegenstände, der drei Hauptzweige der bisherigen und von ihm umgestoßenen Philosophie: nämlich die Objekte der Theologie, Psychologie, Kosmologie: Gott, Seele, Welt als Ganzes ansich. Nämlich Idee sollte seyn eine nothwendige Annahme der Vernunft, von etwas das in keiner Erfahrung je vorkommen könne, ja dessen Möglichkeit sie nicht nachweisen, ja nicht einmal recht denken könne: aber Idee muß etwas anschauliches seyn, und nicht solch ein Abstractum, das kaum vom Gedanken geschweige von der Anschauung erreicht wird. *ειδος, ιδεα* heißt am besten Anschaulichkeit. Nach Kant beliebten die Herrn allerlei Idee zu nennen, was nur nicht in der Erfahrung vorkommen könne, von dem zu reden sie sich aber doch gedrungen fühlen. Sie bezeichnen es als die Vorstellungen die von keiner Erfahrung je erreicht werden können: dann würden aber alle Schimären dahin gehören. Die Naturphilosophen nennen ihre luftigen Hypothesen Ideen. So nennen sie besonders oft drei Ideen: das Wahre, Schöne, Gute. Das sind drei höchst abstrakte, sehr weite, folglich gar nicht inhaltsreiche Begriffe, und höchst verschiedne Begriffe: jeder derselben wird von uns an seinem rechten Ort betrachtet.

Wir also nehmen das Wort *Idee* in seiner ächten, ursprünglichen, von Platon herrührenden Bedeutung. Ich verstehe also unter *Idee* jede bestimmte und feste Stufe der Objektivation des Willens, sofern er Ding an sich ist, als solches der Vielheit fremd. Diese Stufen der Objektivation verhalten sich zu den einzelnen Dingen, den Individuen jeder Art, allerdings wie ihre ewigen Formen oder Musterbilder. An sich unveränderlich und *eine* wird jede Idee durch das *principium individuationis* [durch die Erkenntnisformen Raum und Zeit] vervielfältigt zu unzähligen Idividuen für die Erkenntniß des Subjekts welches selbst Individuum ist.

CAP. 12.
Stufenleiter der Objektivation des Willens in aufsteigender Linie.

Unorganische Natur.

Als es vorhin mein Zweck war Ihnen die Erkenntniß beizubringen, daß das innre Wesen aller Erscheinungen und folglich der ganzen Natur das ist, was sich am deutlichsten Kund giebt in uns als Wille, weil es dort seine höchste Sichtbarkeit erreicht hat, weshalb wir es Wille nennen: da gieng ich mit Ihnen die Natur durch von oben abwärts, damit Sie allmälig Ihr eignes Wesen in allen Erscheinungen wiederfinden sollten. Jetzt, da ich annehme, daß Sie zu dieser Erkenntniß gelangt sind, steht der Wille als Ding an sich fest: nunmehr wollen wir in umgekehrter Richtung gehn, um zu sehn, wie dieser Wille, der allein das Ding an sich ist, indem er sich objektivirt, d. h. Vorstellung wird, alle die Erscheinungen darstellt, welche die Natur, die Welt, ausmachen. Wir werden also jetzt ausgehn von der unorganischen leblosen Natur und enden mit dem Thiere und dem Menschen. Dadurch wird auch das Bisherige an Gewißheit und Deutlichkeit gewinnen und Sie werden die eigentliche Metaphysik der Natur fassen.

Naturkraft.

Als *die niedrigste Stufe* der Objektivation des Willens stellen sich dar die algemeinen *Naturkräfte*. Diese sind theils solche, welche in jeder Materie ohne Ausnahme erscheinen, wie Schwere, Undurchdringlichkeit; theils solche, die sich unter einander in der überhaupt vorhandenen Materie getheilt haben, so daß einige über diese, andre über jene, dadurch specifisch verschiedene Materie herrschen, wie Starrheit, Flüssigkeit, Elasticität, Elektricität [Fußnote: *NB* Electricität ist wahrscheinlich auch in *allen* Körpern.] Magnetismus, chemische Eigenschaften und Qualitäten jeder Art. (*Illustr.*) Diese alle sind an sich unmittelbare Erscheinungen des Willens, so gut als das Thun des Menschen: sie sind an sich grundlos, wie der Karakter des Menschen: nur ihre einzelnen Erscheinungen sind dem Satz vom Grund unterworfen, wie die Handlungen des Menschen: die *Natur-Kräfte* selbst hingegen können niemals weder Wirkung noch Ursach heißen; sondern sie sind die vorhergegangenen und vorausgesetzten Bedingungen aller Ursachen und Wirkungen, durch welche ihr Wesen sich entfaltet und offenbart. Es ist deshalb unverständig zu fragen nach einer Ursache der Schwere, der Elektricität. Dies sind ursprüngliche Kräfte, deren Aeußerungen zwar nach Wirkung und Ursach vor sich gehn, so daß jede einzelne Erscheinung derselben eine Ursach hat, die selbst wieder eine eben solche einzelne Erscheinung ist und die Bestimmung giebt, daß hier jene Kraft sich äußern, in Zeit und Raum hervortreten mußte; keineswegs aber ist die Kraft selbst Wirkung einer Ursache noch Ursache einer Wirkung. – Daher ists auch falsch zu sagen: »die Schwere ist Ursache daß der Stein fällt«: vielmehr ist hier die Ursache die Nähe der Erde, welche den Stein zieht. Die Kraft selbst liegt ganz außerhalb der Kette von Ursachen und Wirkungen, welche die Zeit voraussetzt und nur in dieser und in Bezug auf diese, Bedeutung hat: die Kraft liegt schon außerhalb der Zeit. Die einzelne Veränderung hat immer wieder eine eben solche einzelne Veränderung zur Ursach, nicht aber die Kraft selbst, deren Aeußerung sie ist. Denn das eben, was dieser Ursach, so unzählige Male sie eintreten mag, immer die Wirksamkeit verleiht, das ist eine Naturkraft. Jede Ursache kann eigentlich nur einmal wirken, sie wird durch ihre Wirkung erschöpft, und nachdem sie solche vollbracht hat, ist sie als Ursache dieser Art tod; sie muß selbst erst wieder Wirkung werden, d. h. selbst erst wieder durch eine andre Ursache in den Stand gebracht werden wo sie vor ihrem Wirken war, um von Neuem wieder auf dieselbe Weise zu wirken: hingegen das absolut unermüdliche Wesen, was im Feuer brennt und schmilzt, was im gefrierenden Wasser oder in der verdampfenden Salzauflösung Krystalle bildet, was aus dem geriebnen Glase oder den Scheiben der Säule Schläge und Funken hervorschickt und durch keine Ewigkeit der Wirksamkeit nur ein Atom seiner Kraft einbüßt, oder müde wird immer dasselbe zu leisten, das ist eine Naturkraft: sie ist als solche grundlos, d. h. liegt ganz außerhalb der Kette von Ursachen und überhaupt des Gebietes des Satzes vom Grund, und wird philosophisch erkannt als unmittelbare Objektität des Willens der das Ansich der gesammten Natur ist; dasselbe aber wird in der Aetiologie, hier Physik, nachgewiesen, als ursprüngliche Kraft, welche als solche *qualitas occulta* [verborgene Eigenschaft] ist.

Gegensatz des Organischen und Unorganischen in Hinsicht auf Individuation und Individualität.

Die obern Stufen der Objektivität des Willens sind sehr verschieden von den untern, daher ihr Identisches nicht erkannt; zeichnen sich aus durch folgendes: zuvörderst, daß in ihnen die *Individuation* hervortritt; d. h. jede Willenserscheinung ist ein Wesen das für sich ein Ganzes ist. (*Illustr.*, Zusammenhang und Beziehung der Theile.) Zur Individuation kommt nun beim Menschen noch die Individualität, der individuelle Karakter (und die große Verschiedenheit individueller Karaktere), d. h. die vollständige Persönlichkeit: sie drückt sich hier schon äußerlich aus, als stark gezeichnete individuelle Physiognomie, welche die gesammte Korporisation mit begreift. Ja je mehr der Mensch Geist hat, sich über das Gewöhnliche erhebt, desto mehr Individualität des Karakters. Zurückstehende Völker, Neger, Kalmücken, haben weniger, sind einander ähnlicher. – Menschen von Genie haben auch gleich mehr Individualität als die gewöhnlichen. Alles ist an ihnen karakteristisch und individuell, ihr ganzes Wesen und Thun ist eigenthümlich und stark gezeichnet. Sie werden sogleich wieder erkannt, nicht leicht verwechselt, fallen bald auf u. s. w. – Eben weil mit der Steigerung des Bewußtseins die Individualität sich steigert, die eigentliche Persönlichkeit sich vollkommner zeigt. Weil dies offenbar ist, so sind *gemein* und *gewöhnlich* Ausdrücke des Tadels, ungemein, ausgezeichnet, außerordentlich des Lobes. *Gemein* gilt mehr vom Moralischen, ein *gemeiner Mensch*, gemeine Seele; *gewöhnlich* mehr vom *intellektuellen*, gewöhnlicher Mensch, gewöhnlicher Kopf. Das *Gemeine* ist das was der ganzen Species zukommt. Wer weiter keine Eigenschaften hat, als die seiner Species, kann keinen großen Werth haben: seines Gleichen schafft die Natur aus unerschöpflicher Quelle. Er ist darin dem Thier ähnlich; denn die Eigenschaften seiner Species hat auch jedes Thier, aber keine individuellen. In gewissem Sinne fühlt man, daß ein Wesen, welches weiter keine Eigenschaften hat, als die seiner Species, gerechterweise auch auf kein andres Daseyn Anspruch zu machen hat, als auf das Daseyn der Species. Denn *ein* Individuum ist grade wie das andre. – Nun aber abwärts: kein Thier hat eigentlich Individuellen Karakter: sie haben bloß Gattungs-Karakter, keinen Individual-Karakter: einen schwachen Anstrich davon haben die vollkommensten: aber der Gattungskarakter herrscht ganz über ihn vor; eben so keine Individualphysiognomie. Je weiter abwärts, desto mehr verliert sich jede Spur von individuellem Karakter in den allgemeinen der Species, deren Physiognomie auch allein übrig bleibt. Man kennt den psychologischen Karakter der Gattung, und weiß genau was vom Individuo zu erwarten. Hingegen in der Menschenspecies will jedes Individuum für sich studirt und ergründet seyn: dies ist, um mit einiger Sicherheit sein Verfahren daraus zu bestimmen, von der größten Schwierigkeit, wegen der, erst mit der Vernunft eingetretenen, *Möglichkeit der Verstellung*. Ohne Zweifel ist es mit diesem Unterschiede der Menschengattung von allen andern zusammenhängend, daß die Furchen und Windungen des Gehirns bei allen Thieren weit symmetrischer an beiden Seiten, und konstanter bei jedem Individuo dieselben sind, als beim Menschen. Phänomen des Individualkarakters, daß die Thiere ohne Auswahl den Geschlechtstrieb befriedigen: beim Menschen diese Auswahl, und zwar auf eine von aller Reflektion unabhängige instinktmäßige Weise, bis zur leidenschaftlichen Liebe geht.

Jeder Mensch also ist eine besonders bestimmte und karakterisirte Erscheinung des Willens, ja gewissermaaßen als eine eigene Idee anzusehn: bei den Thieren aber fehlt dieser Individualkarakter im Ganzen, nur noch die Species hat eigenthümlichen Karakter; selbst die Spur davon schwindet desto mehr je weiter sie vom Menschen abstehn: die Pflanze endlich hat gar keine andre Eigenthümlichkeit des Individui, als solche, die sich aus äußern günstigen oder ungünstigen Einflüssen des Bodens und Klimas und andern Zufälligkeiten vollkommen erklären lassen: Jedoch ist bei Thieren und Pflanzen noch immer *Individuation*, d.h. jedes ist ein Ganzes für sich, seine Theile existiren und leben nur dadurch daß sie dem Ganzen angehören. Jedoch ist dies schon viel weniger bei den Pflanzen als den Thieren. Ihr Leben ist viel gleichmäßiger vertheilt: jeder Zweig ist eine kleine Pflanze die auf der großen vegetirt. Der Baum ist dennoch ein Ganzes; Gegensatz von Wurzel und Krone, Indifferenzpunkt zwischen beiden. Allein kein entschiedenes Centrum des Lebens: daher stirbt sie nie auf einmal: auch der abgeschnittne Theil lebt: der Moment des Todes ist nie anzugeben. Die niedrigsten Thiere sind darin den Pflanzen ähnlich, die Zoophyten (*animalia composita*); jeder Zweig der Korallstaude lebt für sich; jedes Glied des Bandwurms; doch sind sie dem Ganzen noch verknüpft und tragen zu dessen Leben bei. In allen kaltblütigen Thieren ist hievon noch soweit eine Spur, daß die abgeschnittnen Theile noch Leben und Bewegung haben, Stücke der Schlangen, Aale; Schildkröten leben lange ohne Kopf. Je vollkommner das Thier, desto mehr ist das Leben koncentrirt und an einen Punkt gebunden: Menschen und die vollkommensten Thiere sind mit einem Stich augenblicklich zu tödten: Genick, und Herz. Weil die Individuation so vollkommen ist. Nun aber endlich im unorganischen Reich verschwindet gänzlich sogar alle Individuation. Bloß der Krystall ist noch gewissermaaßen als Individuum anzusehn: er ist eine Einheit des Strebens nach bestimmten Richtungen, von der Erstarrung ergriffen, die dessen Spuren bleibend macht: zugleich ist er ein Aggregat aus seiner Kerngestalt, durch eine Idee zur Einheit verbunden, ganz so wie der Baum ein Aggregat aus der einzelnen treibenden Faser, die sich in jeder Rippe, Blatt, Ast, darstellt, wiederholt, und gewissermaaßen jedes von diesen ansehn läßt als ein eignes Gewächs, das sich parasitisch vom Größern nährt: so ist der Baum ein systematisches Aggregat von kleinen Pflanzen, der Krystall von seiner Kerngestalt: aber erst der ganze Baum, ganze Krystall, stellt die Idee dar: d. i. die bestimmte Stufe der Objektivation des Willens. Aber Individualität ist im Unorganischen gar nicht. Die Individuen derselben Gattung von Krystallen können keine andre Unterschiede haben, als durch äußere Zufälligkeiten veranlaßte: man kann sie groß und klein nach Belieben anschießen machen. Auch die Voltasche Säule hat gewissermaaßen Individuation, sie ist ein Ganzes, zu dessen Wirksamkeit alle Theile beitragen, und mit vereinter Kraft wirken. Das Individuum aber, als solches, d. h. mit Spuren wahrer Individualität, eignen Karakters, findet sich durchaus nicht mehr im unorganischen Reich. Alle seine Erscheinungen sind Aeußerungen allgemeiner Naturkräfte, d. h. solcher Stufen der Objektivität des Willens, welche sich durchaus nicht, wie in der organischen Natur, durch die Vermittelung der Verschiedenheit der Individuen (die das Ganze der Idee theilweise aussprechen) objektiviren; sondern sie stellen sich dar allein in der Species, und diese in jeder einzelnen Erscheinung, ganz, und ohne alle Abweichung, d. i. gesetzmäßig. – Da Zeit, Raum, Vielheit, Bedingtsein durch Ursach nur der Erscheinung angehören, nicht dem Willen, noch der Idee (Stufe seiner Objektivation); so muß in allen Millionen Erscheinungen einer solchen Naturkraft, z. B. der Schwere, oder der Elektricität, sie als solche sich ganz genau auf gleiche Weise darstellen und bloß die äußern Umstände können die Erscheinung modifiziren.

Naturgesetze.

Eben nun diese vollkommne Einheit des Wesens einer Naturkraft in allen ihren Erscheinungen, diese *unwandelbare Konstanz* des Eintritts ihrer Aeußerungen, sobald, am Leitfaden der Kausalität, die Bedingungen dazu dasind, heißt ein *Naturgesetz*. Ist ein solches, durch Erfahrung, einmal bekannt; so läßt sich die Erscheinung der Naturkraft, deren Karakter in ihm ausgesprochen und niedergelegt ist, genau vorherbestimmen und berechnen. Diese Gesetzmäßigkeit der Erscheinungen der untern Stufen der Objektität des Willens ist es aber eben, die ihnen ein *so verschiedenes Ansehn* giebt von den Erscheinungen desselben

Willens auf den höhern, d. i. deutlicheren Stufen seiner Objektivation, in Thieren, Menschen und deren Thun, wo das stärkere oder schwächere Hervortreten des individuellen Karakters und das Bewegtwerden durch Motive, welche, da sie in der Erkenntniß des fremden Individui liegen, dem Zuschauer oft verborgen bleiben, das Identische des innern Wesens beider Arten von Erscheinungen bisher gänzlich hat verkennen lassen.

Die *Unfehlbarkeit* der Naturgesetze, hat, wenn man von der Erkenntniß des Einzelnen, nicht von der Idee ausgeht, also auf dem empirischen, nicht dem philosophischen Standpunkte steht, etwas sehr Ueberraschendes, ja fast Schaudererregendes. Man möchte sich wundern, daß die Natur ihre Gesetze auch nicht ein einziges Mal vergißt: daß, z. B. wenn es einmal einem Naturgesetz gemäß ist, daß beim Zusammentreffen gewisser Stoffe, unter bestimmten Bedingungen, eine chemische Verbindung, Gasentwickelung, Verbrennung Statt habe; nun auch, wenn die Bedingungen zusammentreffen, sei es durch unsre Veranstaltung oder ganz und gar durch Zufall (wo die Pünktlichkeit durch das Unerwartete desto Ueberraschender ist), heute so gut wie vor tausend Jahren, sofort und ohne Aufschub die bestimmte Erscheinung vor sich geht. Am meisten empfinden wir dieses Wunderbare bei seltenen, nur unter sehr kombinirten Umständen eintretenden und unter diesen uns vorherverkündigten Erscheinungen: z. B. beim Schließen der Pole einer starken galvanischen Batterie muß sich alles entzünden, sogar das schwer verbrennliche Silber, welches mit grünen Flammen brennt: sieht man nun durch die bloße Anordnung verschiedner Metalle dies Phänomen bedingt werden und nun auch wirklich eintreten, so wird man jenes an Schauder gränzende Erstaunen über die Pünktlichkeit der Natur in Befolgung ihrer Gesetze spüren: so beim Verbrennen des Diamanten. Es läßt sich aber auch bei den alltäglichsten Erscheinungen wahrnehmen z. B. der Schwere. Ein Stein in der Mauer eines alten Tempels hat Jahrtausende an seiner Stelle gelegen: aber die Schwere hat ihn nicht außer Acht gelassen; man entzieht ihm seine Stütze und augenblicklich fällt er, genau nach den mathematisch bestimmbaren Gesetzen, in der Richtung des Mittelpunkts der Erde. Eigentlich ist es die geistermäßige Allgegenwart der Naturkräfte die uns mit

Schauder erfüllt: wir werden etwas inne, das uns bei den alltäglichen Erscheinungen nicht mehr einfällt, wie der Zusammenhang zwischen Ursach und Wirkung doch zuletzt so geheimnißvoll ist, wie der welchen man dichtet zwischen einer Zauberformel und dem Geist, der dadurch herbeigerufen nothwendig erscheint. Nun aber, vom empirischen Standpunkt auf den philosophischen getreten: so weiß man daß alle Vielheit des Gleichartigen nur durch die Formen unsrer Erkenntniß, Raum und Zeit entsteht, die eben deshalb das *principium individuationis* sind: und da sieht man ein, daß jenes Erstaunen über die Gesetzmäßigkeit und Pünktlichkeit des Wirkens einer Naturkraft, über die vollkommene Gleichheit aller ihrer Millionen Erscheinungen, über die Unfehlbarkeit des Eintritts derselben, in der That ganz ähnlich ist dem Erstaunen eines Kindes oder eines Wilden, der zum ersten Mal durch ein Glas mit vielen Facetten etwa eine Blume betrachtet und nun sich wundert über die vollkommne Gleichheit der unzähligen Blumen die er sieht, und einzeln die Blätter einer jeden derselben zählt. Dies sieht nämlich ein wer in die philosophische Erkenntniß eingedrungen ist, daß eine Naturkraft eine bestimmte Stufe der Objektivation des Willens ist (d. h. desjenigen was auch wir als unser innerstes Wesen erkennen), und nun diesen Willen als Ding an sich unterscheiden gelernt hat von seiner Erscheinung, ferner die Formen dieser Erscheinung als solche erkannt hat und sie gesondert hat von dem eigentlich erscheinenden Wesen: diese Formen nämlich waren Zeit, Raum, Kausalität; diese und was aus ihnen sich ergiebt, gehört bloß der Erscheinung als solcher an; folglich auch alle Vielheit des Gleichartigen. Diese Vielheit des Gleichartigen gehört also keineswegs dem Willen als Ding an sich an, auch noch nicht der *Idee*, d. i. der bestimmten Stufe seiner Objektivation, sondern bloß den Erscheinungen dieser, welche eingetreten sind ins *principium individuationis* und nun durch Raum und Zeit auseinandergezogen sich darstellen als eine Vielheit des Gleichartigen. Das Gesez der Kausalität aber hat seine Bedeutung bloß in Beziehung auf Raum und Zeit indem es eben in diesen jenen durch sie vervielfachten Erscheinungen ihre Stellen in ihnen bestimmt, die Ordnung regelt nach der sie eintreten. Wer auf diese Weise gefaßt hat daß Zeit, Raum, Kausalität nicht dem Ding an sich sondern nur der Erscheinung angehören, nur Formen unsrer Erkenntniß, nicht Beschaffenheiten des Dings an sich sind; der wird in allen jenen so vielfachen, aber regelmäßig und pünktlich eintretenden Erscheinungen nicht mehr eine Vielheit erblikken, sondern die eine und selbe erscheinende *Idee*, die eine und selbe Manifestation des Willens: er wird also von jenem Erstaunen über die Pünktlichkeit der Naturkräfte, welches er empfand als er sie bloß vom empirischen Standpunkt aus betrachtete, so zurückkommen wie jener der sich über die unzähligen gleichen Blumen wunderte, davon zurückkommt, sobald er einsieht daß diese Erscheinung dem geschliffenen Glase zuzuschreiben ist, durch dessen Vermittelung er die eine Blume sah.

Jede allgemeine ursprüngliche *Naturkraft* ist also, in ihrem innern Wesen, nichts anderes, als die Objektivation des Willens auf einer niedrigen Stufe: wir nennen eine jede solche Stufe eine ewige *Idee* in dem Sinn den Platon diesem Wort gegeben. Das *Naturgesetz* aber ist die Beziehung der Idee auf die Form ihrer Erscheinung. Diese Form ist Zeit, Raum, Kausalität, welche nothwendigen und unzertrennlichen Zusammenhang und Beziehung auf einander haben. Durch Zeit und Raum vervielfältigt sich die Idee zu unzähligen Erscheinungen: die Ordnung aber, nach welcher diese in jene Formen der Mannigfaltigkeit eintreten, ist fest bestimmt durch das Gesetz der Kausalität: dieses ist gleichsam die Norm der Grenzpunkte jener Erscheinungen verschiedner Ideen, nach welcher Raum, Zeit und Materie an sie vertheilt sind. Diese Norm bezieht sich daher nothwendig auf die Identität der gesammten vorhandnen Materie, welche das gemeinsame Substrat aller jener verschiednen Erscheinungen ist. Wären diese nicht alle an jene gemeinsame Materie gewiesen, in deren Besitz sie sich gleichsam theilen müssen; so bedürfte es nicht eines solchen Gesetzes, das ihre Ansprüche bestimmt: sie könnten dann alle zugleich und nebeneinander den unendlichen Raum eine unendliche Zeit hindurch füllen. Nur also, weil alle jene Erscheinungen der ewigen Ideen an eine und dieselbe Materie gewiesen sind, mußte eine Regel seyn für ihren Ein- und Austritt; sonst würde keine der andern Plaz machen. Diesergestalt ist das Gesez der Kausalität wesentlich verbunden mit dem der Beharrlichkeit der Substanz: beide erhalten ihre Bedeutung wechselseitig von einander: eben so aber auch wieder verhalten sich zu ihnen Raum und Zeit. Denn die Zeit ist die bloße Möglichkeit entgegengesetzter Bestimmungen an derselben Materie: der Raum ist die bloße Möglichkeit des Beharrens derselben Materie bei allem Wechsel ihrer Bestimmungen. Darum eben war uns bei unsrer Betrachtung der Vorstellung als solcher die Materie die Vereinigung von Zeit und Raum, welche Vereinigung sich zeigte als Wechsel der Accidenzien beim Beharren der Substanz, wovon die allgemeine Möglichkeit eben die Kausalität oder das Werden ist. Daher auch fanden wir die Materie als durch und durch Kausalität. Das subjektive Korrelat dieser Kausalität war der Verstand; nur für den Verstand war demnach auch die Materie, folglich die ganze objektive Welt da: er war die Bedingung, der Träger dieser ganzen objektiven Welt.

Beispiel der Maschine.

Wir wollen nun noch an einem Beispiel uns deutlich machen, wie das Gesetz der Kausalität seine Bedeutung nur hat in Beziehung auf Zeit und Raum und auf Materie welche eben nur durch die Vereinigung jener besteht: nämlich das Gesetz der Kausalität leistet bloß dies, daß es die Gränzen bestimmt, welchen gemäß die Erscheinungen der Naturkräfte sich im Besiz von Zeit und Raum und Materie theilen, während hingegen jene ursprünglichen Naturkräfte selbst, als unmittelbare Objektivationen des Willens, der als Ding an sich dem Satz vom Grund nicht unterworfen ist, außerhalb jener Formen liegen, innerhalb welcher allein jede ätiologische Erklärung Gültigkeit und Bedeutung hat, die eben deshalb nie zum innern Wesen der Dinge führen kann. –

Denken wir uns zu diesem Zweck etwa eine nach den Gesetzen der Mechanik konstruirte Maschine. Eiserne Gewichte geben durch ihre Schwere den Anfang der Bewegung: kupferne Räder widerstehn durch ihre Starrheit, stoßen und heben einander und die Hebel vermöge ihrer Undurchdringlichkeit u. s. f. – Hier sind nun Schwere, Starrheit, Undurchdringlichkeit, ursprüngliche unerklärte Kräfte: bloß die Bedingungen, unter denen, und die Art und Weise wie sie sich äußern, hervortreten, bestimmte Materie, Zeit und Ort beherrschen, giebt die Mechanik an. – Jetzt kann etwa ein starker *Magnet* auf das Eisen der Gewichte wirken: er überwältigt die Schwere: die Bewegung der Maschine stockt und ihre Materie ist sofort der Schauplaz einer ganz andern Naturkraft, des Magnetismus, von der die ätiologische Erklärung ebenfalls nichts weiter angiebt, als die Bedingungen ihres Eintritts. –

Nunmehr aber wollen wir die kupfernen Scheiben der Maschine auf Zinkplatten legen, gesäurte Feuchtigkeit dazwischen leiten: sogleich ist dieselbe Materie der Maschine einer andern ursprünglichen Kraft, dem Galvanismus, anheimgefallen; dieser beherrscht sie jetzt nach seinen Gesetzen, offenbart sich an ihr durch seine Erscheinungen von denen die Aetiologie auch nicht mehr angeben kann, als die Umstände unter denen, und die Gesetze nach welchen sie sich zeigen. –

Jetzt lassen wir die Temperatur wachsen, reines Oxygen hinzutreten: die ganze Maschine verbrennt: d.h. abermals hat eine gänzlich verschiedne Naturkraft, der Chemismus, für diese Zeit, an diesem Ort, unweigerliches Recht an jene Materie und offenbart sich an ihr, als Idee, als bestimmte Stufe der Objektivation des Willens. – Der dadurch entstandene Metallkalk verbinde sich nun mit einer Säure: ein Salz, ein Vitriol, entsteht, Krystalle schießen an: sie sind die Erscheinung einer andern Idee, die selbst wieder ganz unergründlich ist; während ihre Erscheinung, ihr Hervortreten abhieng von jenen Bedingungen, welche die Aetiologie anzugeben weiß. – Die Krystalle verwittern, vermischen sich mit andern Stoffen, eine Vegetation erhebt sich aus ihnen, eine neue Willenserscheinung: – und so könnten wir noch ferner und ins Unendliche die nämlich beharrende Materie verfolgen und zusehn, wie bald diese, bald jene Naturkraft ein Recht auf sie gewinnt und es unausbleiblich ergreift, um hervorzutreten und ihr Wesen zu offenbaren. Die Bestimmung dieses Rechts, der Punkt in der Zeit und dem Raum, wo es gültig wird, der Theil der Materie an dem es sich äußern soll, – das eben ist was das Gesez der Kausalität bestimmt, weiter aber nichts, und auch nur bis dahin geht die auf demselben gegründete Erklärung. Die Naturkraft selbst ist Erscheinung des Willens, und als solche nicht den Gestaltungen des Satzes vom Grund unterworfen, d. h. grundlos. Sie liegt außer aller Zeit, und scheint gleichsam beständig zu harren auf den Eintritt der Umstände, unter denen sie hervortreten und sich einer bestimmten Materie bemächtigen kann, mit Verdrängung der diese bis dahin beherrschenden Kräfte. Alle Zeit aber ist nur für die Erscheinung der Kräfte da, diesen selbst nichts, ihnen selbst ohne Bedeutung. Daher schlummern Jahrtausende hindurch die chemischen Kräfte in einer Materie, bis endlich die Berührung der Reagenzien sie frei macht: dann erscheinen sie: aber die Zeit ist nur für die Erscheinung, nicht für die Kräfte selbst da. So schlummert Jahrtausende hindurch der Galvanismus in Zink und Kupfer: beide liegen ruhig neben dem Silber, welches, sobald alle drei unter den erforderten Bedingungen sich berühren, in Flammen aufgehn muß. Selbst im organischen Reich sehen wir ein trocknes Saamenkorn zwanzig Jahre lang, die schlummernde Kraft bewahren, welche beim endlichen Eintritt der günstigen Umstände, als Baum emporsteigt. So harrt eine jede Naturkraft mit Geduld auf die günstige Gelegenheit zu ihrer Aeußerung; sobald aber diese kommt, ergreift sie solche unausbleiblich und drängt sich mit Begierde ins Daseyn: eben weil ihr Wesen eben jener Wille ist, der auch in uns lebt, vermöge dessen auch wir begierig ins Daseyn traten und mit aller Gewalt im Daseyn zu beharren streben.

Gelegenheits-Ursachen.

Es ist uns also jetzt der Unterschied deutlich geworden, zwischen einer Naturkraft und allen ihren Erscheinungen: wir haben eingesehn, daß jene der Wille selbst ist auf dieser bestimmten Stufe seiner Objektivation; daß *nicht ihm*, sondern nur seinen Erscheinungen *Zeit, Raum und dadurch Vielheit* zukommt und das Gesez der Kausalität nichts anderes ist, als die Bestimmung der Stelle der einzelnen Erscheinungen in Raum und Zeit. – Von diesem Standpunkt aus können wir einen interessanten Rückblick thun auf ein längst vergessenes, aber in der Geschichte der Philosophie immer merkwürdiges System, das des Mallebranche dessen Hauptlehre die der *gelegentlichen Ursachen* ist, welche nachher der Anlaß wurde zu Leibnitzens *harmonia praestabilita* [im voraus festgelegte harmonische Übereinstimmung von Körper und Seele].

Nämlich dieselbe Wahrheit die wir nun deutlich dargelegt haben, hatte schon Mallebranche getroffen: aber da zu seiner Zeit die Philosophie noch lange nicht zu der Klarheit und Tiefe gediehn war, welche seitdem besonders Kant möglich gemacht hat; so mußte Mallebranche jene Erkenntniß ganz anders ausdrücken und sie verknüpfen mit den zu seiner Zeit üblichen Lehren der Philosophie welche im Ganzen noch die des Cartesius war.

Mallebranche nun lehrte: Es sei gar nicht zu begreifen und zu denken wie die Körper, sowohl organische als unorganische, die Fähigkeit haben könnten zu wirken und Bestimmungen in einander hervorzubringen. Die Verbindung zwischen Ursachen und Wirkungen sei etwas ganz unbegreifliches: z.B. wie die Pferde durch ihr Ziehn den Wagen bewegen, verstehe man eigentlich nie. Daß man den Dingen *Kräfte* und *Qualitäten* beilege, vermöge deren sie Kausalität haben, erkläre gar nichts. Alle Veränderung, Bewegung, Wirkung könne nur von *Gott* hervorgebracht werden: sein Wille sei eigentlich in jeder Bewegung thätig, und der Lauf der Ursachen drücke nur die Ordnung aus in der es ihm ein für alle Mal beliebt hat die Veränderungen hervorzubringen: er sei eigentlich die alleinige und wahre Ursache von allem was geschieht. Die physischen Ursachen nennt Mallebranche daher *causes secondes* [sekundäre Ursachen]: und weil sie, nach der einmal von Gott festgesetzten Ordnung, den Zeitpunkt der Veränderungen bestimmen, so geben sie *die Gelegenheit* zum Wirken Gottes: alle natürlichen Ursachen seien daher nicht die eigentlich wahren *causes efficientes* [wirkenden Ursachen]; sondern bloße *causes occasionelles* [Gelegenheitsursachen]. Das eigentlich Thätige bei allem Wirken sei immer der Wille Gottes, der durchaus allein wahre Fähigkeit hat etwas zu bewirken. Den Lauf der Natur habe Gott zwar so bestimmt daß er nach Ursachen und Wirkungen vor sich gehe, aber diese geben bloß die Anlässe, Gelegenheiten, bei denen der Wille Gottes Veränderungen hervorbringt. Dies erstrecke sich auch auf die Bewegung der Thiere und Menschen: unser Wille habe nicht das Vermögen etwas zu bewegen: es sei immer Gottes Wille der auch die Aktionen thierischer Leiber hervorbringt: unser Wollen sei bloße Gelegenheitsursache dazu. (*Mallebranche, de la recherche de la vérité, chap. 3 de la seconde partie du Livre VI, et les éclaircissements sur ce chapitre* hinten.)

Glauben Sie nicht etwa, ich wolle sagen, daß was ich den Willen als Ding an sich nenne sei identisch mit dem was Mallebranche Gott nennt: das ist es gewiß nicht. Wenn ich vom Willen rede, so meine ich nichts andres als eben den Willen, den jeder in sich trägt, und der ihm von allen Dingen am genausten und unmittelbarsten bekannt ist; nicht einen Willen eines von uns verschiednen Wesens. Sondern meine Uebereinstimmung mit Mallebranche liegt darin, daß auch er, wiewohl auf eine ganz andre Art philosophirend und mit andern Dogmen, die seinem Zeitpunkt angemessen sind, beschäftigt, doch ganz richtig die Wahrheit traf, daß nämlich die Kausalität nur die *Erscheinung* betreffe und das Wirken bloß bestimmte in Hinsicht auf dessen Eintritt in Raum und Zeit, daß hingegen das *innere* Wesen der in allen Wirkungen erscheinenden Kräfte, das in ihnen sich eigentlich *Aeußernde*, eigentlich ursprünglich *Thätige* ein von dieser Erscheinung *toto genere* [der ganzen Art nach] verschiedenes seyn müsse, welches selbst nicht abhängt von Ursachen und Wirkungen, sondern unter dessen Voraussetzung diese erst gelten: daß die Ursache eigentlich nicht die Wirkung hervorbringe, sondern nur die Gelegenheit, den Anlaß gebe, zum Hervortreten der Aeußerungen jener Kräfte: daß also die Ursache nur den Punkt in Zeit und Raum bestimme, wo die Aeußerung der Kraft eintreten soll, die Kraft selbst aber von dieser Bestimmung unabhängig sei, und ihrem innern Wesen nach einer ganz andern Ordnung der Dinge angehöre als der Lauf der Natur ist. Lesen Sie die angeführten Stellen des Mallebranche. Es ist interessant zu sehn, wie selbst durch das sonderbare Gewebe Kartesianischer Dogmen, in welchen Mallebranche befangen war, die Wahrheit einzudringen wußte und er sie zu deutlich erkannte als daß er sie verwerfen sollte; sondern nur sucht sie mit jenen Dogmen wie er kann zu vereinigen und sie diesen anzupassen. Wäre er nicht befangen gewesen, so hätte eben die ihm aufgegangene Erkenntniß, daß das Kausalverhältniß nur der Erscheinung angehört, selbst nur Form der Erscheinung ist und das wahre innre Wesen daher kein Kausalverhältniß kennt: diese Erkenntniß hätte ihn dahin leiten sollen, einzusehn daß das Verhältniß Gottes zur Welt eben auch gar kein Kausalitätsverhältniß seyn kann: wodurch aber die ganze Kartesianische Philosophie umgestürtzt worden wäre, wie sie eben, nachdem sie durch Leibniz und Wolf weiter fortgebildet worden, endlich durch Kant umgestürtzt wurde. Soviel Unbefangenheit hatte Mallebranche nicht: er hielt aber doch die sich seiner unmittelbaren Einsicht aufdringende Wahrheit fest und drückte sie aus so weit es die Kartesianische Philosophie ihm erlaubte. – (Wie auf diese Weise oft die Wahrheit sich dem Irrthum anpassen muß.) Lesen Sie jene Stellen: denn außerdem hat es den Vortheil, daß man eine Wahrheit tiefer faßt, wann man sie von zwei ganz verschiednen Gesichtspunkten aus zu sehn bekommt; in der Sprache zweier ganz verschiedner Systeme vortragen hört. Allerdings also hat Mallebranche Recht: jede natürliche Ursache ist nur *Gelegenheitsursach*, giebt nur *Gelegenheit, Anlaß* zur Erscheinung jenes *einen* und untheilbaren Willens, der das Ansich aller Dinge ist, und dessen stufenweise Objektivirung diese ganze sichtbare Welt. Nur das Hervortreten, das Sichtbarwerden an diesem Ort, zu dieser Zeit, wird durch die Ursache herbeigeführt und ist insofern von ihr abhängig, nicht aber das Ganze der Erscheinung, nicht ihr inneres Wesen: dieses ist der Wille selbst, auf den der Satz vom Grunde keine Anwendung findet, der mithin grundlos ist. Kein Ding in der Welt hat eine Ursache seines Daseyns schlechthin und überhaupt, eine Ursache seines ganzen Wesens; sondern nur eine Ursache aus der es grade hier und grade jetzt da ist. Warum ein Stein jetzt Schwere, jetzt Starrheit, jetzt chemische Eigenschaften zeigt, das hängt von Ursachen, von äußeren Einwirkungen ab und ist aus diesen zu erklären: jene Eigenschaften selbst aber, also sein ganzes Wesen, das aus ihnen besteht und folglich sich auf alle jene angegebenen Weisen äußert, daß er also überhaupt ein solcher ist, wie er ist, daß er überhaupt existirt, das hat keinen Grund; sondern ist eben die Sichtbarwerdung des grundlosen Willens. – Also alle Ursache ist Gelegenheitsursache. So haben wir es gefunden in der erkenntnißlosen Natur: grade so aber ist es auch im Thun der Thiere und im Handeln der Menschen, wo statt der eigentlichen Ursachen im engsten Sinn, Reize und Motive es sind, die den Eintrittspunkt der Erscheinungen bestimmen. Denn hier wie dort ist es einer und derselbe Wille, der erscheint: die Grade seiner Manifestation sind höchst verschieden: die Erscheinungen dieser sind vervielfacht durch Raum und Zeit, und in Hinsicht auf diese dem Gesetz der Kausalität unterworfen: er selbst an sich ist frei von dem allen. So wenig als die Natur*kraft* von Ursachen abhängt, sondern diese nur ihre Erscheinungen betreffen; eben so wenig hängt von den Motiven die eigentliche Handelungsweise, der Karakter des Menschen ab; sondern die Motive bestimmen nur die Erscheinung dieses Karakters, seine Aeußerungen, also die Thaten; die äußere Gestalt seines faktischen Lebenslaufs wird bestimmt durch die Art der Motive welche auf ihn einwirkten: hingegen die innere Bedeutung dieses Lebenslaufs, der ethische Gehalt desselben, sein eigentliches Wollen geht ganz allein hervor aus dem Karakter, der die unmittelbare Erscheinung des Willens selbst, mithin grundlos ist, d. h. eben frei. Warum der Eine, im ganzen Verlauf seines Lebens, sich bei allen Gelegenheiten immer böse zeigt, ein Andrer immer gut, das hängt nicht ab von den Motiven und äußern Einwirkungen, nicht etwa von den Predigten oder Moralsystemen die man ihm vorgetragen: in diesem Sinn ist es ganz unerklärlich: eben so wie es nicht weiter zu erklären ist, warum ein Körper diese, der andre jene chemischen Eigenschaften zeigt und an den Reagenzien äußert. Aber, ob der Böse seine Bosheit zeigt in kleinlichen Ungerechtigkeiten, feigen Ränken, niedrigen Schurkereien die er im engen Kreise seiner Umgebung ausübt, oder ob er als ein Eroberer mit einem Schlage ganze Völker unglücklich macht, das Blut von Millionen vergießt, Jammer über die halbe Welt verbreitet: dieses, sein faktischer Lebenslauf, ist bloß die äußere Form seiner Erscheinung, das Unwesentliche derselben, und dies hängt allerdings ab von der Gestalt der Motive, von den Umständen, in die ihn das Schicksal versetzte, von den Umgebungen, den äußern Einflüssen. Aber nie ist seine Entscheidung auf diese Motive aus ihnen erklärlich: die geht eben hervor aus dem Karakter, aus dem Willen selbst, dessen Erscheinung dieser Mensch ist. (*Suo loco.*) Mit der Art und Weise, wie der Karakter seine Eigenschaften entfaltet, ist es gar nicht anders als mit der, auf welche jeder leblose Körper seine Eigenschaften an den Tag legt. – Das Wasser bleibt Wasser mit seinen ihm inwohnenden Eigenschaften: ob es aber als stiller See seine Ufer abspiegelt; oder ob es schäumend über Felsen stürzt; oder ob es durch künstliche Vorrichtungen veranlaßt als langer Stral hoch in die Luft spritzt: das ist es was von den Ursachen, von den äußeren Einwirkungen abhängt: dem Wasser selbst ist eines so natürlich als das andre: aber je nachdem die Umstände sind, wird es das Eine oder das Andre zeigen, zu allem gleich sehr bereit, in jedem Fall aber seinem Karakter getreu und immer nur diesen offenbarend. – Eben so nun wird auch jeder Mensch seinen Karakter unter allen Umständen offenbaren: aber die Erscheinungen die daraus hervorgehn, die Gestalt seines faktischen Lebenslaufs, die wird unter verschiednen Umständen verschieden ausfallen: denn sie ist das Produkt aus dem Konflikt des unwandelbaren Karakters mit den zufälligen Umständen. Das Wesentliche unsers Lebenslaufs, d. i. das Ethische, können die Umstände nie modifiziren; aber das Unwesentliche, die Erscheinung desselben, bleibt ganz dem Zufall überlassen. Diese Ethischen Episoden mitten in der Betrachtung der unorganischen Natur, mache ich deshalb, weil wir die Natur aus unserm eignen Wesen müssen verstehn lernen: indem ja das innre Wesen der Natur dasselbe ist mit dem Wesen unseres Selbst; nur daß es in uns den höchsten Grad der Sichtbarkeit erreicht hat, in der Natur den niedrigsten. Umgekehrt kann auch die Kenntniß des Wesens der Natur, bisweilen dienen zum bessern Verständniß unseres eigenen Wesens.

Aufgabe und Ziel der Aetiologie.

Durch alle bisherigen Betrachtungen über die Kräfte der Natur und deren Erscheinungen wird Ihnen deutlich geworden seyn, wie weit dic Erklärung der Erscheinungen aus ihren Ursachen gehn kann, und wo sie hingegen aufhören muß, falls sie nicht in das verkehrte Bestreben gerathen will, den Inhalt aller Erscheinungen zurückzuführen auf ihre bloße Form, wo denn am Ende nichts als Form übrig bliebe. In Folge dieser Einsicht werden wir nunmehr im Allgemeinen bestimmen können, was eigentlich von aller Aetiologie zu fordern ist, was sie zu leisten hat; dadurch wird uns das Verhältniß der Metaphysik zur Physik noch deutlicher bestimmt. – Sie hat zu allen Erscheinungen in der Natur die Ursachen aufzusuchen, d. h. die Umstände, unter denen sie alle Zeit eintreten. Sodann hat sie die, unter mannigfaltigen Umständen, vielgestaltigen Erscheinungen zurückzuführen auf das, was in aller Erscheinung wirkt, und was bei der Ursach vorausgesetzt wird, auf ursprüngliche Kräfte der Natur: sie muß dabei richtig unterscheiden, ob eine Verschiedenheit in der Erscheinung herrührt davon, daß eine verschiedene Kraft thätig ist, oder nur davon daß die Umstände verschieden sind, unter denen die Kraft sich äußert: hiebei muß sie sich gleich sehr hüten vor zweierlei: einerseits daß sie nicht zwei verschiedene Kräfte annimmt, wo nur eine und dieselbe Kraft sich äußert unter verschiedenen Umständen; und andrerseits daß sie nicht Aeußerungen ursprünglich verschiedener Kräfte *einer* Kraft zuschreibt, die nur unter verschiedenen Umständen wirkete. Dieses ist nun unmittelbar Sache der Urtheilskraft: daher sind so wenige Menschen fähig in der Physik die Einsicht zu erweitern; hingegen alle, sie mit Erfahrungen zu bereichern. Trägheit und Unwissenheit machen geneigt, sich zu früh auf ursprüngliche Kräfte zu berufen. Die Scholastiker, beim Mangel an aller Naturkenntniß trieben dieses so weit, daß man es für Ironie hätte halten können: eine Sache brannte durch ihre *igneitas* [Feuerheit] und damit war sie erklärt; war flüssig durch die *fluiditas* [Flüssigheit]; hart durch die *duritas* [Hartheit]; war Eisen durch die *ferreitas* [Eisenheit] oder Brod durch die *paneitas* [Brotheit]; hatte Beschaffenheiten überhaupt durch die *quidditas* [Washeit]; Daseyn, durch die *entitas* [Seinsheit]; und war ein Einzelwesen durch die *haecceitas* [Diesheit]. – Die Wiedereinführung dieser Art zu philosophiren wünsche ich keineswegs zu begünstigen, dadurch daß ich sage, es giebt ursprüngliche Kräfte die nicht weiter auf etwas anderes zurückzuführen sind, weil sie selbst unmittelbare Stufen der Objektivität des Willens sind: die Aetiologie muß sich begnügen die Phänomene auf solche Kräfte zurückzuführen, kann aber diese Kräfte nicht weiter erklären, weil sie selbst die Voraussetzung sind unter der alle ätiologische Erklärung gilt. Die Erklärung der Phänomene aus Ursachen darf dadurch nicht leiden: man darf, statt eine physikalische Erklärung zu geben, sich so wenig auf die Objektivation des Willens berufen als auf die Schöpfungskraft Gottes. Denn die Physik verlangt Ursachen: der Wille ist aber nie Ursache – sein Verhältniß zur Erscheinung ist durchaus nicht nach dem Satz vom Grund: – sondern, was an sich Wille ist, das ist andrerseits als Vorstellung da, d. h. ist Erscheinung. Als solche befolgt es die Gesetze, welche die Form der Erscheinung ausmachen: da muß jedes Phänomen das eintritt, jede Veränderung, z. B. jede Bewegung obwohl sie allemal Willenserscheinung ist, dennoch eine Ursache haben, aus der sie als Einzelnes in Beziehung auf bestimmte Zeit und Ort, hervorgieng, also daraus nicht im Allgemeinen, ihrem innern Wesen nach, sondern als *einzelne* Erscheinung zu erklären ist. Diese Ursache ist eine mechanische beim Stein, ist ein Motiv bei der Bewegung des Menschen: aber fehlen kann sie nie. Darum ist jede Erscheinung als Erscheinung aus Ursachen zu erklären. Hingegen das Allgemeine, das gemeinsame Wesen aller Erscheinungen einer bestimmten Art, das, ohne dessen Voraussetzung die Erklärung aus der Ursache weder Sinn noch Bedeutung hätte, das eben ist die allgemeine Naturkraft, die in der Physik nur nachgewiesen, nicht selbst weiter erklärt werden kann, sondern allerdings als *qualitas occulta*, ursprüngliche, selbständige Kraft, stehn bleiben muß, eben weil hier die ätiologische Erklärung zu Ende ist und die philosophische anfängt. – Die Kette der Ursachen und Wirkungen wird aber nie abgebrochen durch eine solche ursprüngliche Kraft, auf die man sich zu berufen hätte, und läuft nicht etwa auf diese zurück als auf ihr erstes Glied: sondern das nächste Glied der Kette, sogut als das entfernteste, setzt schon die ursprüngliche Kraft voraus und könnte sonst nichts erklären. Eine Reihe von Ursachen und Wirkungen kann die Erscheinung der verschiedenartigsten Kräfte seyn, deren successiver Eintritt in die Sichtbarkeit, durch sie geleitet wird, wie ich es vorhin am Beispiel einer metallnen Maschine erläutert habe: aber die Verschiedenheit dieser ursprünglichen, nicht von einander abzuleitenden Kräfte unterbricht keineswegs die Einheit jener Kette von Ursachen und den Zusammenhang zwischen allen ihren Gliedern. Die Aetiologie der Natur und die Metaphysik der Natur thun einander nie Abbruch; sondern gehen neben einander, indem sie denselben Gegenstand aus verschiedenem Gesichtspunkt betrachten. Die Aetiologie giebt Rechenschaft von den Ursachen, welche die einzelne, zu erklärende Erscheinung nothwendig herbeiführten: dann zeigt sie als die Grundlage aller ihrer Erklärungen die allgemeinen Kräfte auf, welche in allen diesen Ursachen und Wirkungen thätig sind, sich dadurch äußern: sie bestimmt diese Kräfte genau, ihre Zahl, ihre Unterschiede und dann alle Wirkungen in denen jede Kraft, nach Maasgabe der Verschiedenheit der Umstände verschieden hervortritt, wiewohl immer ihrem eigenthümlichen Karakter gemäß, den sie nach einer unfehlbaren Regel entfaltet, welche ein *Naturgesetz* heißt. – Sobald die Physik dies Alles in jeder Hinsicht vollständig geleistet haben wird, wird sie ihre Vollendung erreicht haben: dann wird keine Kraft der unorganischen Natur mehr unbekannt seyn und keine Wirkung wird gesehn werden, welche nicht nachgewiesen wäre, als Erscheinung einer jener Kräfte, unter bestimmten Umständen, gemäß einem Naturgesetz. – Alsdann wird die Betrachtung der gesammten Natur vollendet werden durch die *Morphologie*, welche alle bleibenden Gestalten der organischen Natur aufzählt, vergleicht und ordnet. Hingegen über die Ursache des Eintritts der einzelnen Wesen hat sie wenig zu sagen: denn diese ist bei allen die Zeugung, deren Theorie für sich geht, und in einzelnen Fällen die *generatio aequivoca* [Urzeugung: das Entstehen lebendiger Wesen aus unbelebter Materie; daneben am Rand: *Generatio aequivoca*: Bandwürmer, Läuse? grüne Materie des Priestley; ausgetrocknete Teiche.]. – Genau genommen ist auch die Art wie alle niedrigen Stufen der Objektivität des Willens, also alle physischen und chemischen Erscheinungen im Einzelnen hervortreten gewissermaaßen mit der *generatio aequivoca* dasselbe, nämlich der Eintritt einer Willenserscheinung, durch einen kausalen Anlaß, der nicht das Vorhergehn der ihr gleichen Erscheinung ist, wie bei der Zeugung. – Das also war die Aufgabe, das Ziel der Aetiologie. – Die Philosophie hingegen betrachtet überall, also auch in der Natur, nur das Allgemeine. Als Metaphysik der Natur sind die ursprünglichen Kräfte selbst ihr Gegenstand. Sie erkennt in ihnen die verschiedenen Stufen der Objektivation des Willens, der das innere Wesen, das Ansich, dieser Welt ist, welche sie, wenn sie von jenem absieht, für die bloße Vorstellung des Subjekts erklärt. – Die Aetiologie sollte der Philosophie vorarbeiten, Belege zu deren Lehren liefern.

Falsches Bestreben der Aetiologie in der Zurückführung der Kräfte auf einander.

Bisweilen aber hat sie im Gegentheil gemeint, sie müsse das Wesen der Dinge erschöpfen, so, daß der philosophischen Betrachtung gar nichts mehr übrig bleibe und die Physik alle Metaphysik aufhöbe: sie setzte sich alsdann zum Ziel alle ursprünglichen Kräfte wegzuleugnen, bis etwa auf *eine*, die allgemeinste, z. B. Undurchdringlichkeit: auf diese sollten nun alle anderen Kräfte und alle Phänomene zurückgeführt werden. Das versuchte z. B. Cartesius. Durch solches Beginnen entzieht sich die Aetiologie ihre eigene Grundlage und geräth in die größten Irrthümer. (Irgend eine einfache Erscheinung, z. B. Undurchdringlichkeit, Solidität, wird zum innern Wesen der Dinge gemacht.) Denn jetzt wird der Gehalt der Erscheinungen durch die Form verdrängt: Alles wird den einwirkenden Umständen, nichts mehr dem innern Wesen der Dinge zugeschrieben. Ich zeigte Ihnen schon oben, wie auf diesem Wege zuletzt ein Rechnungsexempel das Räthsel der Welt lösen würde. Dieser Weg eben ist es, den man geht, wenn man wie schon oben erwähnt, alle physiologische Wirkung zurückführen will auf Form und Mischung, also etwa zunächst auf Elektricität, diese wieder auf Chemismus, diesen auf Mechanismus. Letzteres thaten alle Atomistiker: z. B. Cartesius der die Bewegung des Magneten aus dem Stoß eines Fluidums, also mechanisch erklärt und eben so alle Qualitäten auf den Zusammenhang und Gestalt der Atomen zurückführt: eben so Locke der als *apriori* gewiß annahm, alle Qualitäten der Dinge, Farbe, Geschmack, Geruch, Härte, Weiche, Flüssigkeit, Festigkeit und alle chemischen Qualitäten, könnten gar nichts anderes seyn als Phänomene der Undurchdringlichkeit, Kohäsion, Gestalt, und Bewegung: d. h. wären an sich nichts anderes als die Textur der kleinsten Theile, ihre Lage, Gestalt, oder auch Bewegung; daß sie uns als Qualitäten erschienen komme von der Grobheit unsrer Sinne. Dieses ist der Gegensatz zwischen mechanischer und dynamischer Physik. Im Ganzen ist man davon jetzt zurückgekommen: doch giebt es noch Physiologen, die das ganze organische Leben hartnäckig erklären wollen aus der »Form und Mischung der Bestandtheile des Leibes«, d. h. es zurückführen wollen auf elektrische, chemische und mechanische Kräfte. – Genau betrachtet, liegt hiebei die absurde Voraussetzung zum Grunde, daß der Organismus nur ein Aggregat von Erscheinungen physischer, chemischer und mechanischer Kräfte sei, die hier, zufällig zusammengekommen, den Organismus zu Stande brächten, als ein Naturspiel, ohne weitere Bedeutung. Sonach wäre dann der Organismus eines Thiers oder Menschen, nicht Darstellung einer eigenen *Idee*, d. h. nicht selbst unmittelbar Objektität des Willens, auf einer bestimmten höheren Stufe; sondern in ihm erschienen nur jene Ideen, welche in der Elektricität, Chemismus, Mechanismus den Willen objektiviren: – der Organismus wäre daher aus dem Zusammentreffen dieser Kräfte so zufällig zusammengeblasen, wie die Gestalten von Menschen und Thieren aus Wolken oder Stallaktiten, daher an sich weiter nicht interessant.

Obgleich also dieses Zurückführen höherer Stufen auf niedere; des Organismus auf Kräfte der unorganischen Natur an sich falsch ist; so ist sie dennoch innerhalb gewisser Gränzen zulässig. Die Auseinandersetzung hievon ist weitläuftig und schwierig: aber sie eröfnet eben eine tiefere Einsicht in das Wesen der Natur und das Verhältniß des Willens als Ding an sich zu den Abstufungen seiner Erscheinungen. [Hier folgte ursprünglich, später mit Tinte wieder ausgestrichen: Ich kann folgendes nicht beweisen; sondern stelle es als höchst wahrscheinliche Hypothese auf.]

Es ist, wie gesagt, eine Verirrung der Naturwissenschaft, wenn sie die höhern Stufen der Objektität des Willens zurückführen will auf niedere; da das Verleugnen oder Verkennen ursprünglicher, für sich bestehender Naturkräfte eben so fehlerhaft ist, als die grundlose Annahme eigenthümlicher Kräfte, wo bloß eine besondre Erscheinungsart schon bekannter Statt findet. Kant fragte, ob wohl je der Newton des Grashalms kommen werde; d. h. derjenige, der den Grashalm zurückführt auf die Erscheinung chemischer und physischer Kräfte, deren zufälliges

Konkrement, also ein bloßes *Naturspiel* er dann wäre, in welchem keine eigenthümliche Idee erschiene, d. h. der Wille sich nicht auf einer höhern und besondern Stufe unmittelbar offenbarte; sondern eben nur so, wie in den Erscheinungen der unorganischen Natur, und zufällig in dieser Form. Das wollen wir nicht hoffen. So ein Beginnen läßt sich am besten in der Sprache des Aristoteles und der Scholastiker bezeichnen, welche sagen würden, das wäre ja ein gänzliches Wegleugnen der *forma substantialis* [wesentlichen Form] und ein Herabwürdigen derselben zur bloßen *forma accidentalis* [zufälligen Form]. Denn die *forma substantialis* des Aristoteles bezeichnet ganz genau das, was ich den Grad der Objektivation des Willens in einem Dinge nenne. Denn *forma substantialis* wird erklärt als das eigentliche innre Wesen des Dings, was mit der Materie sich verbunden hat, auf eine Zeit lang, und so lange nun ihr die specifische Natur, alle Qualitäten und Kräfte giebt, wodurch das Ding ist was es ist, worin es seyn Wesen hat. Die *forma accidentalis* ist eben nur die dem Dinge von Außen zugekommene Gestalt, Lage seiner Theile u. dgl. Wechsel der *forma accidentalis* ist bloße Veränderung. Wechsel der *forma substantialis* aber ist Korruption und Generation. (Siehe *Reid, on the powers of human mind, Vol. 1, p 190.*) –

Innere Verwandschaft der Erscheinungen vermöge der Einheit des Dinges an sich.

Nun aber andrerseits, bei aller Verschiedenheit der bestimmten Stufen auf welchen der Wille sich zu immer höherer Deutlichkeit offenbart, und welche eben so viele eigenthümliche Naturkräfte, oder eigenthümlich bestimmte organische Formen sind, – müssen wir doch nicht vergessen, daß in allen diesen *Ideen*, d. h. in allen Kräften der unorganischen und Gestalten der organischen Natur, das darin Erscheinende, das Ding an sich, dasselbe ist, *der eine und selbe Wille*, der sich offenbart, d. h. in die Form der Vorstellung, der *Objektität* eingeht. Seine Einheit muß sich daher auch durch eine *innere Verwandschaft* zwischen allen seinen Erscheinungen zu erkennen geben.

Daher Analogie des Typus der Organismen.

Diese nun offenbart sich auf den höhern Stufen seiner Objektität, wo die ganze Erscheinung deutlicher ist, also im Pflanzen- und Thierreich, durch die *allgemein durchgreifende Analogie aller Formen, den Grundtypus*, der in allen Erscheinungen sich wiederfindet: dieser ist auch eben das leitende Princip der vortrefflichen, in unsern Tagen von den Franzosen ausgegangenen, zoologischen Systeme: er wird am vollständigsten nachgewiesen in der vergleichenden Anatomie: ferner auch unsre Teutschen sogenannten Naturphilosophen, sind bemüht ihn überall nachzuweisen und dies ist ganz gewiß ihre löblichste Bestrebung; auch haben sie darin ciniges Verdienst, wenn gleich in vielen Fällen ihre Jagd nach Analogien in der Natur zur bloßen Witzelei ausartet. Das Beste in der Art hat aber bei weitem *Kielmaier* gethan, von dem es ausgieng, von dem es *Schelling* lernte, und dann von diesem seine Schule. Sie alle haben mit Recht jene allgemeine Verwandschaft und Familienähnlichkeit nicht nur in der organischen Natur, sondern auch in den Ideen der unorganischen Natur nachgewiesen, z. B. zwischen Elektricität und Magnetismus, chemischer Anziehung und Schwere, u. dgl. m.

Durchgängige Form der Polarität.

Sie haben besonders aufmerksam gemacht auf die *Polarität* als eine durchgängige Form in der Natur: die *Polarität* ist eigentlich jedes Auseinandertreten der Erscheinung einer ursprünglichen Kraft in zwei *qualitativ* verschiedene, zwar *in genere* [die Gattung betreffend] identische aber *in specie* [die Art betreffend] entgegengesetzte Erscheinungen, in zwei Thätigkeiten, die sich entgegengesetzt sind, aber zur Wiedervereinigung streben (qualitativ *illustr.*): dieses Auseinandertreten stellt sich in den meisten Fällen auch räumlich dar, als ein Streben nach entgegengesetzten Richtungen: immer aber bedingen beide qualitativ entgegengesetzte Thätigkeiten sich wechselseitig, dergestalt, daß keine ohne die andre weder gesetzt noch aufgehoben werden kann, jedoch so, daß sie nur in der Trennung und im Gegensaze bestehn und die Wiedervereinigung, nach der sie streben, eben das Ende und Verschwinden beider ist. (Wir können daher das Wesen der Polarität ausdrücken durch eine Phrase des Platon im Symposion: *επειδη ουν ἥ φυσις διχα ετμηθη, ποθουν ἕκαστον το ἥμισυ το αὗτου, ξυνῃει.*) [Nachdem nun die Natur in zwei Teile geschnitten war, vereinte sich ein jegliches aus Sehnsucht nach der ihm zugehörigen Hälfte mit dieser (191 a).] – Am deutlichsten zeigt sich die Polarität im Magnetismus, in der Elektricität, im Galvanismus. – Aber wenn man den Begriff derselben nur allgemein genug gefaßt hat und das Wesentliche vom Unwesentlichen zu unterscheiden weiß, wird man finden, daß sie in der That ein Grundtypus fast aller Erscheinungen in der Natur ist, vom Magnetismus – bis zum Menschen. Im Krystall; – im Baum, Krone und Wurzel, Streben nach Unten und Oben, nach Dunkelheit und Feuchtigkeit, nach Licht und Wärme; – im Thier Kopf und Genitalien: – auch Mann und Weib. – Ueberall eine Gewisse *Potioritas* [Überlegenheit] und *Minoritas* [Unterlegenheit]; auszudrücken durch + und –. (Ich habe sie im Auge entdeckt.) –

Also Polarität bezeugt vorzüglich die durchgreifende Analogie und Verwandschaft aller Erscheinungen in der Natur: sie gleichen Variationen, ohne Thema. Diese Analogie rührt zuletzt daher, daß alle Dinge Objektität des einen und selben Willens sind, dem innern Wesen nach identisch: weil dieses sich stufenweise offenbart; so muß in jedem Unvollkommnern sich schon die Spur, Anlage, Andeutung des zunächst liegenden Vollkommnern zeigen (*illustr.* Belege); – und nun sogar, weil alle jene Formen doch nur der Welt als *Vorstellung* angehören; so läßt sich annehmen, daß schon in den allgemeinsten Formen der Vorstellung als solcher, in diesem eigentlichen Grundgerüst der erscheinenden Welt, also in Raum und Zeit, bereits der Grundtypus, Anlage, Andeutung alles dessen, was diese Formen füllt, aufzufinden und nachzuweisen sei. Die dunkle Ahndung hievon mag es gewesen seyn, welche der Kabbala, und der Zahlenphilosophie der Pythagoreer und der Chinesen den Ursprung gab. Daher auch finden wir in jener Schellingschen Schule, bei ihren mannigfaltigen Bestrebungen die Analogie zwischen allen Erscheinungen der Natur an das Licht zu ziehn auch manche, wiewohl unglückliche Versuche, aus den bloßen Gesetzen des Raumes und der Zeit, Naturgesetze abzuleiten.

Wir dürfen nie den Unterschied aus den Augen lassen, welcher ist zwischen der Erscheinung und dem Ding an sich: wir dürfen daher nie die Identität des in allen Ideen sich objektivirenden Willens verdrehen zu einer Identität der einzelnen Ideen in denen er erscheint: denn sie sind fest bestimmte Stufen seiner Objektität: wir dürfen daher z. B. nimmermehr die chemische oder elektrische Anziehung zurückführen wollen auf Anziehung durch bloße Schwere oder Adhäsion: doch können wir etwas Analoges in ihnen erkennen und solches allenfalls so ausdrücken, daß jene ersteren höhere Potenzen dieser letzteren wären: aber identifiziren dürfen wir sie so wenig, als wir, weil wir die innere Analogie des Baues aller Thiere erkennen, deswegen uns berechtigt halten die Arten zu vermischen und etwa die vollkommneren für Spielarten der unvollkommneren zu erklären. Eben so nun dürfen wir (was eigentlich jetzt noch unser Thema ist) nicht die physiologischen Funktionen zurückführen wollen auf chemische oder physische Processe. Dennoch, sagte ich, daß dieses Verfahren innerhalb gewisser Schranken, und bis auf einen gewissen Punkt zu rechtfertigen sei: nämlich nach folgender Ansicht, die zwar eine höchst wahrscheinliche Hypothese, die aber unerweisbar ist. Ihr Verständniß ist schwierig.

Sieg der Erscheinungen höherer Stufen über niedrigere, besonders im Organismus.

Wenn von den Erscheinungen des Willens, auf den niedrigeren Stufen seiner Objektivation, also im Unorganischen, mehrere unter einander in Konflikt gerathen, indem jede, am Leitfaden der Kausalität sich der vorhandenen Materie bemächtigen will; so geht aus diesem Streit die Erscheinung einer höhern Idee hervor, welche die vorhin dagewesenen unvollkommnern alle überwältigt, jedoch so, daß sie das Wesen derselben auf eine untergeordnete Weise fortbestehn läßt, indem sie ein Analogon davon in sich aufnimmt. Dieser Vorgang ist eben nur begreiflich aus der Identität des erscheinenden Willens in allen Ideen und aus seinem Streben nach immer höherer Objektivation: Daher z. B. sehn wir im Festwerden der Knochen ein unverkennbares Analogon der Krystallisation, als welche ursprünglich den Kalk beherrschte; obgleich dennoch nie die Ossifikation zurückgeführt werden kann auf Krystallisation. Schwächer zeigt sich diese Analogie im Festwerden des Fleisches. – So auch ist die Mischung der Säfte im thierischen Körper und die Sekretion ein Analogon der chemischen Mischung und Abscheidung: ja, die Gesetze dieser wirken dabei noch fort, aber untergeordnet, sehr modifizirt, von einer höhern Idee überwältigt: daher eben können bloß chemische Kräfte, außerhalb des Organismus nie Blut, Galle, Schleim u. s. w. liefern. Indem also aus dem Kampf mehrerer niederer Ideen, eine höhere hervorgeht und sie alle besiegt, aber doch von ihnen ein höher potenzirtes Analogon in sich aufnimmt, zeigt solche einen ganz neuen Karakter: der Wille objektivirt sich auf eine neue deutlichere Art. So müssen wir uns denken daß aus dem Kampf unorganischer Kräfte das Organische hervorgegangen ist, es entsteht, ursprünglich durch *generatio aequivoca* [Urzeugung], nachher durch Assimilation an einen Vorhandenen Keim organischer Saft, Schleim, Pflanze, Thier, Mensch. So also geht aus dem Streit niedriger Erscheinungen die höhere hervor, die sie alle verschlingt, aber zugleich das Streben aller in höherm Grade verwirklicht.

Dieser Ansicht gemäß wird man zwar im Organismus die Spuren chemischer und physischer Wirkungsarten nachweisen, aber nie ihn daraus erklären können. Denn er ist keineswegs ein durch das Vereinigte Wirken dieser Kräfte zufällig hervorgebrachtes Phänomen; sondern ist eine höhere Idee, welche durch *überwältigende Assimilation* jene niedrigeren sich unterworfen hat. Denn der in allen Ideen sich objektivirende *eine* Wille strebt zur höchstmöglichen Objektivation und giebt daher die niedrigen Stufen seiner Erscheinung, nach einem Konflikt derselben, auf, um auf einer höheren Stufe desto mächtiger zu erscheinen. Kein Sieg, ohne Kampf. Indem die höhere Idee, oder Willensobjektivation, nur durch Ueberwältigung der niedrigeren hervortreten kann, erleidet sie den Widerstand dieser, welche, wenn gleich zur Dienstbarkeit gebracht, doch immer noch streben, zur unabhängigen und vollständigen Aeußrung ihres Wesens zu gelangen. (Beispiel; unorganisches, organisches.) Der Magnet, der ein Eisen gehoben hat, unterhält einen fortdauernden Kampf mit der Schwere: denn diese als die niedrigste Objektivation des Willens, hatte ein ursprünglicheres Recht auf die Materie jenes Eisens: in diesem Kampf stärkt sich sogar der Magnet; der Widerstand reizt ihn zu größerer Anstrengung. Eben so nun unterhält auch die Willenserscheinung, welche sich im menschlichen Organismus offenbart, einen dauernden Kampf gegen die vielen physischen und chemischen Kräfte, welche als niedrigere Ideen ein früheres Recht auf jene Materie hatten. Daher sinkt der Arm, den mein Wille, mit Ueberwältigung der Schwere gehoben gehalten. Das behagliche Gefühl der Gesundheit, drückt aus den Sieg der Idee des sich seiner bewußten Organismus über alle die physischen und chemischen Gesetze, welche ursprünglich die Säfte des Leibes beherrschten: aber es ist, eben aus jenem Grunde doch so oft unterbrochen, ja eigentlich immer begleitet von einer gewissen größeren oder kleineren Unbehaglichkeit, welche hervorgeht aus dem Widerstand jener Kräfte: dadurch ist schon der vegetative Theil unsers Lebens beständig mit einem größern oder kleinern Leiden verknüpft. Daher auch deprimirt die Verdauung alle animalischen Funktionen, weil sie die ganze Lebenskraft in Anspruch nimmt zur Ueberwältigung chemischer Naturkräfte durch die Assimilation. Daher also überhaupt die Last des physischen Lebens, die Nothwendigkeit des Schlafs und zuletzt des Todes, wann nämlich endlich, durch Umstände begünstigt, jene unterjochten Naturkräfte dem Organismus, den selbst, was sich nicht weiter erklären läßt, sein stäter Sieg ermüdet hat, die ihnen entrissene Materie wieder abgewinnen und zur ungehinderten Darstellung ihres Wesens gelangen. Daher auch kann man sagen: jeder Organismus stellt die Idee, deren Abbild er ist, nur dar, nach Abzug des Theiles seiner Kraft, welche verwendet wird auf Ueberwältigung der niedrigeren Ideen, die ihm die Materie streitig machen. Jakob Böhme sagt: alle Leiber der Menschen und Thiere, ja alle Pflanzen, wären eigentlich halbtod. Denn die Materie des Organismus gehorcht nur halb der Idee des Organismus, halb aber den Ideen niedrer Kräfte. Jenachdem nun aber dem Organismus die Ueberwältigung jener die tieferen Stufen der Objektivation des Willens ausdrückenden

Naturkräfte mehr oder weniger gelingt, wird er zum vollkommneren oder unvollkommneren Ausdruck seiner Idee, d.h. steht näher oder ferner dem *Ideal*, welchem in seiner Gattung die Schönheit zukommt.

Kampf der Erscheinungen der verschiedenen Ideen in der Natur, auf allen Stufen.

So sehn wir in der Natur überall Streit, Kampf und Wechsel des Siegs: und eben darin werden wir weiterhin die dem Willen wesentliche Entzweiung mit sich selbst deutlicher erkennen. Jede Stufe der Objektivation des Willens macht der andern die Materie, den Raum, die Zeit streitig. Beständig muß die beharrende Materie die Form wechseln, indem, am Leitfaden der Kausalität, mechanische, physische, chemische, organische Erscheinungen sich gierig zum Hervortreten drängen, sich die Materie entreißen, da jede ihre Idee offenbaren will. Dieser Streit läßt sich durch die gesammte Natur verfolgen: ja sie besteht wieder nur durch ihn: eben weil er selbst nur die Sichtbarkeit der dem Willen wesentlichen Entzweiung mit sich selbst ist. Dieser allgemeine Kampf erreicht die deutlichste Sichtbarkeit in der Thierwelt: diese nämlich lebt durch Vernichtung der Pflanzenwelt: und selbst jedes Thier wird die Beute und Nahrung eines anderen: d.h. es muß die Materie an welcher seine Idee sich darstellte, abtreten zur Darstellung einer anderen. Endlich das Menschengeschlecht überwältigt alle andern, so daß es zuletzt die Natur ansieht als ein Fabrikat zu seinem Gebrauch: wir werden aber weiterhin sehn, wie eben das Menschgeschlecht jenen Kampf, jene Selbstentzweiung des Willens grade in sich selbst zur furchtbarsten Deutlichkeit offenbart. Inzwischen können wir denselben Streit ebensowohl auf den niedrigen Stufen der Objektität des Willens wiedererkennen. Auf eine artige Weise zeigt sich dieser Streit auf der niedrigsten Stufe des thierischen Lebens. Sie wissen daß die Fortpflanzung der Armpolypen so geschieht, daß das Junge als Zweig aus dem Alten hervorwächst und nachher sich von ihm absondert. Aber während es noch auf dem Alten als Sprößling festsitzt, hascht es schon nach Beute mit seinen Armen und da geräth es oft mit dem Alten in Streit über die Beute, so sehr daß eines sie dem andern aus dem Maule reißt. Ein einfaches deutliches Bild des Widerstreites der Erscheinungen des Willens zum Leben gegen einander! So ists in der ganzen Natur. Z. B. schon bei aller organischen Assimilation, wo die Pflanze Wasser und Kohle in Pflanzensaft verwandelt; oder wir Pflanzen oder Brod in Blut verwandeln, und so überall, wo, mit Beschränkung der chemischen Kräfte auf eine untergeordnete Wirkungsart, animalische Sekretion vor sich geht. – Ein andres Beispiel jenes Streites geben auf einer niedrigen Stufe in der unorganischen Natur die Krystalle welche im Anschießen sich begegnen, kreuzen und gegenseitig so stören, daß sie nicht die rein auskrystallisirte Form zeigen können, wie denn fast jede Druse das Abbild eines solchen Streites des Willens auf jener so niedrigen Stufe seiner Objektivation ist: – oder auch wenn ein Magnet dem Eisen die Magneticität aufzwingt um seine Idee auch hier darzustellen. So auch wann der Galvanismus die Wahlverwandschaften überwältigt, die festesten Verbindungen zersetzt, die chemischen Gesetze so sehr aufhebt, daß die Säure eines am negativen Pol zersetzten Salzes zum positiven Pol muß, mit solcher Macht gezogen, daß, indem sie an Asbestfäden geleitet dabei durch Alkalien durchgeht, sie doch nicht mit diesen sich verbinden darf, ja nicht einmal die Lakmustinktur röthen darf, auf die sie trifft. – Dasselbe im Wesentlichen geschieht, wann ein *Weltkörper* den andern in seine Attraktionssphäre bekommt und ihn an sich fesselt als seinen Beständigen Begleiter: dieser, obgleich besiegt, widersteht noch immer, (so wie wir oben die durch den Organismus bezwungnen chemischen Kräfte doch noch widerstreben und gelegentlich rebelliren sahen). Aus diesem Zwang und Widerstand geht dann die beständige Spannung zwischen Centrifugal- und Centripetal-Kraft hervor, welche das Weltgebäude in Bewegung erhält, selbst aber schon ein Ausdruck und Phänomen ist jenes allgemeinen und wesentlichen Kampfes der Erscheinungen des Willens gegen einander. Nämlich eben weil jeder Körper auf irgend eine Art einen Willen manifestiren muß, Wille aber nothwendig als ein Streben sich darstellt; so kann der *ursprüngliche* Zustand jedes zur Kugel geballten Weltkörpers nicht Ruhe seyn, sondern muß Bewegung seyn,

Streben vorwärts in den unendlichen Raum ohne Rast und ohne Ziel: daher nun ist kein erster Anstoß zu suchen dessen fortdauernde Wirkung die Centrifugalkraft wäre: sondern dieses Streben in grader Linie vorwärts ist eben schon der ursprüngliche Zustand jedes Weltkörpers, der dadurch den unendlichen Raum durchfliegt, bis er in die Attraktionssphäre eines größern gerathen ist, der ihn überwältigt und an sich bindet. Dieser fliegt selbst auch vorwärts bis auch ihn auf gleiche Art ein größerer fesselt. (Anwendung auf die Trabanten und Planeten.) So haben denn die Astronomen schon längst ein Fortrücken unsers ganzen Sonnensystems wahrgenommen, ja auch des ganzen Sternenhaufens zu dem unsre Sonne gehört: sie vermuthen eine Centralsonne deren anziehende Kraft sich auf alle Fixsterne erstreckt und endlich auch ein allgemeines Fortrücken aller Fixsterne mit sammt dieser Centralsonne welches freilich im unendlichen Raum alle Bedeutung verliert, da wo nur ein Objekt und gar keine Gränze ist, die größte Bewegung von der Ruhe nicht mehr zu unterscheiden ist: aber eben durch diesen Umstand, wie auch schon unmittelbar durch das Streben und Fliegen ohne Ziel offenbart sich jene Nichtigkeit, jene Ermangelung eines letzten Zwecks, welche wir bald dem Willen in allen seinen Erscheinungen werden zuerkennen müssen: ja dies spricht sich schon darin aus, daß endloser Raum und endlose Zeit die allgemeinsten und wesentlichsten Formen der gesammten Erscheinung des Willens seyn mußten, als welche sein ganzes Wesen auszudrücken da ist. – Ja den Kampf aller Willenserscheinungen gegen einander selbst, den wir hier betrachten, können wir schon wiedererkennen in der bloßen Materie als solcher. [Daneben am Rand: Repulsion, Attraktion *illustr.*] Nämlich Kant hat das Wesen der Erscheinung der Materie sehr richtig ausgesprochen als Kontraktion und Expansion. Hierin liegt unmittelbar daß schon die Materie ihr Daseyn bloß hat in einem Kampf entgegenstrebender Kräfte. Nämlich abstrahiren wir von aller qualitativen oder chemischen Verschiedenheit der Materie, oder auch denken wir uns in der Kette der Ursachen und Wirkungen so weit zurück, daß noch keine chemische Differenz da ist; so bleibt uns die bloße Materie als solche, die Welt zu einer Kugel geballt, deren Leben, d. h. Objektivation des Willens, nun jener Kampf zwischen Attraktiv- und Repulsiv-Kraft ausmacht: jene drängt als Schwere von allen Seiten zum Centrum, diese widersteht ihr als Undurchdringlichkeit, sei es als Starrheit oder als Elasticität, und solcher stete Drang und Widerstand ist dann zu betrachten als die Objektität des Willens auf der alleruntersten Stufe, zeigt aber schon hier den ihm wesentlichen Karakter eines steten Kampfes.

So sähen wir denn hier, auf der untersten Stufe, den Willen sich darstellen als einen blinden Drang, ein finsteres, dumpfes Treiben, fern von aller unmittelbaren Erkennbarkeit. Es ist die einfachste und schwächste Art seiner Objektivation. Als solcher blinder Drang und erkenntnißloses Streben erscheint er aber noch in der ganzen unorganischen Natur, in allen den ursprünglichen Kräften, welche aufzusuchen und ihre Gesetze kennen zu lernen, Physik und Chemie beschäftigt sind. Jede von diesen Kräften stellt sich dar in Millionen Erscheinungen die aber ganz gleichartig sind und gesetzmäßig eintreten, keine Spur von individuellem Karakter tragen, sondern sich Millionen Mal gleichmäßig wiederholen, nämlich bloß vervielfältigt durch Zeit und Raum, das *principium individuationis*, welche die eine Idee jeder Kraft so vervielfältigen, wie ein in Facetten geschliffenes Glas ein Bild vielfach erscheinen macht.

Organische Natur.

Pflanzen.

Von Stufe zu Stufe aufwärts objektivirt sich der Wille deutlicher: im Pflanzenreich ist zwar das Band seiner Erscheinungen nicht mehr die Ursach im engsten Sinn, sondern der Reiz: dennoch wirkt auch hier noch der Wille völlig erkenntnißlos als finstere, dumpfe, treibende Kraft: Eben so im vegetativen Theil der thierischen Erscheinung, bei der Hervorbringung und Ausbildung jedes Thiers und bei der Unterhaltung der innern Oekonomie desselben: immer sind es noch bloße Reize die die Erscheinung bestimmen, mit augenscheinlicher Nothwendigkeit. *Diese Art seines Wirkens aber uns näher zu erklären* und die organischen Bildungen als das Resultat derselben zu begreifen, ist schlechthin unmöglich: weil wir mit der ganzen Möglichkeit unsers Erklärens und Begreifens immer schon in der Welt der Vorstellung stehn, wo Objekt und Subjekt, Form und Materie, Ursache und Wirkung *auseinandergetreten* sind und unser Erklären eben darin besteht, daß wir sie wieder *zusammenbringen*: hier aber ist das Problem das Treiben des Willens, welches in der Vorstellung sich zwar darstellt als die Gebilde der Organischen Theile und die Funktionen derselben, welches Treiben selbst und an sich aber noch jenseit der Vorstellung liegt und dem Willen als Ding an sich angehört; dort ist daher noch gar kein Gegensatz von Subjekt und Objekt, denn es ist keine Vorstellung, auch eben deshalb kein Gegensatz von Ursache und Wirkung, auch nicht von Materie und Form; diese sind hier noch nicht auseinandergetreten, die sind Eins oder vielmehr statt ihrer ist das Wesen an sich da, dessen Erscheinung sowohl die Materie als die Form ist, daher hat hier nicht, wie in der Welt der Vorstellung bei dem Wirken am Licht der Erkenntniß, die Form sich erst der Materie zu bemeistern, noch auch widersteht die Materie der Form wie dort: denn der Gegensatz zwischen beiden ist noch nicht da: endlich ist hier auch Ursache und Wirkung eigentlich nicht vorhanden, beide sind Eins im *αυτοματον*, d. h. im ursprünglichen Treiben des Wesens, dessen Erscheinung alle Kausalreihen und alle Glieder derselben auf gleiche Weise sind. – Also dort, wo der Wille noch ohne Erkenntniß wirkt und in seinem ursprünglichen Wesen bleibt, ohne Hinzutritt der Welt der Vorstellung, da wirkt er *ohne Hinderniß* und mit absoluter Leichtigkeit und Freiheit: daher auch die Schöpfung immer neuer Individuen kostet ihm nichts, er ist verschwenderisch mit ihnen und wird nicht müde der beständigen Zerstörung derselben entgegenzuarbeiten. Daher nun ist es höchst verkehrt, wenn wir die Schwierigkeit oder vielmehr Unmöglichkeit unsers Begreifens jener Wirkungsweise des noch blinden d. h. in seinem eignen Gebiete bleibenden Willens übertragen auf dieses Wirken und Treiben selbst und den Kopf dabei schütteln, daß der Wille im Blinden und ohne Erkenntniß zu Stande bringen soll, was wir mit aller Erkenntniß nicht einmal begreifen können. Denn die Schwierigkeiten, die wir dabei sehn, sind erst mit der Erkenntniß eingetreten. Es ist die Schwierigkeit Gegensätze zu vereinigen, die noch nicht da sind. Der innre Bau schon der Pflanzen und noch viel mehr der Thiere, besonders der vollkommnern, stellt sich unsrer Untersuchung desselben dar als so bewundrungswürdig zweckmäßig, daß wir ihn uns denken als das Werk der durchdachtesten, weitsehendesten Ueberlegung und Kombination: grade so stellen sich uns die Kunsttriebe der Thiere dar als höchst überlegte Handlungen nach Zweckbegriffen: wie aber diese ohne Zweckbegriffe und aus blindem Willen ihre Werke zu Stande bringen: grade so bringt die Natur den Bau der Organismen zu Stande, indem der Wille sich hier unmittelbar objektivirt: sein Wirken ist ohne Ueberlegung und nicht geleitet durch Zweckbegriffe, weil diese bloß in und mit der Vorstellung eintreten, die Vorstellung aber ganz sekundären Ursprungs ist, wie wir sogleich sehn werden; der Wille allein ist das Radikale und Ursprüngliche und als solches noch ohne Vorstellung. Um die Möglichkeit zu fassen, wie der blinde und erkenntnißlose Wille das hervorbringt was von der Erkenntniß als höchst überlegt zweckmäßig aufgefaßt wird, kann uns als Mittelglied der Erkenntniß die Betrachtung dienen, wie eben jener erkenntnißlose Wille das mathematisch Regelmäßige hervorbringt ohne vorhergängige Regel: in der Krystallisation. Betrachten Sie den oktaedrischen Granat: oder die Schneeflocke: 6 gleich lange Radien gehn von einem Mittelpunkt aus, in Winkeln von 60° aneinandergefügt: und doch ist diese mathematisch genaue Figur von keiner Erkenntniß vorgemessen. Es ist das blinde, hier noch sehr einfache Streben des Willens in verschiednen Richtungen, nach allen Seiten gleichmäßig; was, für die Erkenntniß, wenn sie dazutritt sich in dieser Figur darstellt: aber es ist darum nicht von Erkenntniß ausgegangen und vorgemessen: Wie nun der Wille solche regelmäßige Figur zu Stande bringt, ohne Mathematik und ohne *transporteur*, so bringt er den höchst zweckmäßigen Organismus der Pflanze und des Thiers hervor, ohne Physiologie und Anatomie. Jene regelmäßige Form im Raum, bei der Kristallisation, ist nur da für die Anschauung und der Raum selbst ist nur da als die Art und Weise unserer Anschauung, ist deren Form: eben so ist die Zweckmäßigkeit des Organismus allein da, für die erkennende Vernunft, deren Erkenntnißform die diskursive an den Begriffen von Mittel und Zweck fortschreitende und nach diesen Begriffen das ihr Vorgelegte zusammenfassende ist.

Ich werde bald das Kapitel der Zweckmäßigkeit in der Natur ausführlich behandeln.

Ich sagte, daß bei dem vegetativen Treiben in Pflanzen und dem Bau der Thiere, das Band der Erscheinungen noch bloß Reize sind, nicht *Motive*, bloße Reize rufen die Erscheinungen hervor.

Thiere, Eintritt der Erkenntniß.

Nun aber führen die immer höher stehenden Stufen der Objektität des Willens endlich zu dem Punkt, wo das Individuum, welches die Idee darstellt, nicht mehr durch bloße Bewegung auf Reize seine zu assimilirende Nahrung erhalten kann; weil nämlich solcher Reiz abgewartet werden muß: hier aber ist die Nahrung schon eine specieller bestimmte und sodann ist bei der immer mehr angewachsenen Mannigfaltigkeit der Erscheinungen das Gedränge und Gewirre endlich so groß geworden, daß sie einander stören, und der Zufall, von dem das auf bloße Reize sich bewegende Individuum die Nahrung abwarten muß, würde hier zu ungünstig seyn. Die Nahrung muß aufgesucht, ausgewählt werden, von dem Punkt an, wo das Thier dem Ei oder Mutterleibe, in welchem es erkenntnißlos vegetirte, sich entwunden hat. Die Bewegung auf bloße Reize ist also nicht mehr zureichend. Es entsteht also der Natur die Nothwendigkeit einer Bewegung auf *Motive*: – diese aber macht wieder die *Erkenntniß* nothwendig: diese also tritt nun ein als ein auf dieser Stufe der Objektivation des Willens (die der Begriff *Thier* bezeichnet) erfordertes Hülfsmittel, eine *μηχανη*, zur Erhaltung des Individuums und Fortpflanzung des Geschlechts. Die Erkenntniß tritt also ein, repräsentirt durch das Gehirn oder ein größeres Ganglion, eben wie jede andre Bestrebung oder Bestimmung des sich objektivirenden Willens durch ein Organ repräsentirt ist. – Allein mit diesem Hülfsmittel, dieser *μηχανη*, steht nun mit einem Schlage da *die Welt als Vorstellung*, mit allen ihren wesentlichen Formen, Objekt und Subjekt, Raum, Zeit, Vielheit und Kausalität. Jetzt also erst zeigt die Welt auch die zweite Seite. Bis hieher bloß Wille, ist sie nun zugleich Vorstellung, Objekt des erkennenden Subjekts. – Der Wille, der bis hieher im Dunkeln höchst sicher und unfehlbar seinen Trieb verfolgte, hat sich auf dieser Stufe ein Licht angezündet, als ein Mittel, das nothwendig wurde zur Aufhebung des Nachtheils, welcher aus dem Gedränge und der komplicirten Beschaffenheit seiner Erscheinungen eben den vollendetesten erwachsen würde. – Die bisherige unfehlbare Sicherheit und Gesetzmäßigkeit, mit der er in der bloß unorganischen und vegetativen Natur wirkte, beruhte darauf, daß er allein in seinem *ursprünglichen Wesen*, als blinder Drang, Wille, thätig war, ohne Beihülfe, aber auch ohne Störung von einer zweiten ganz andern Welt, der Welt als Vorstellung, welche zwar nur das Abbild seines eignen Wesens, aber doch ganz andrer Natur ist und die jetzt eingreift in den Zusammenhang seiner Erscheinungen. Dadurch hört nun jene unfehlbare Sicherheit und strenge Gesetzmäßigkeit derselben auf. Die Thiere sind schon dem Schein, also der Täuschung ausgesetzt. Sie haben indessen noch bloß anschauliche Vorstellung, keine Begriffe, keine Reflexion, sind daher an die Gegenwart gebunden, können nicht die Zukunft berücksichtigen, daher auch sind sie nur dem Schein, noch nicht dem eigentlichen Irrthum unterworfen. Aber auch allein in der *Erkenntniß* liegt der Unterschied zwischen dem Menschen und den Thieren. Das innre Wesen ist in beiden ganz dasselbe: nämlich es ist der Wille, der in Allen dasselbe will, Leben, Daseyn, Wohlseyn, Fortpflanzung. Daher eben kommt es, daß wir alles was im Thiere Willensregung, Affektion des *Willens*, ist, sehr leicht verstehn und mit Sicherheit auslegen, eben weil es unmittelbar identisch ist mit unserm eignen Wollen: hingegen ist es die *Erkenntnißweise* der Thiere allein, über die wir in Ungewißheit sind und bloße Muthmaaßungen aussprechen. Sehr natürlich: denn der Wille, als das Radikale und Ursprüngliche in jedem Wesen, als das Ding an sich, ist überall Einer und derselbe: daher nehmen wir keinen Anstand, alle die *Willensregungen*, alle die *Affekten*, die wir an uns selbst kennen, auch dem Thiere unmittelbar und unverändert beizulegen: Begierde, Furcht, Leid, Freude, Zorn, Liebe, Neid, Mißtrauen, Haß, Sehnsucht u.s.w. spricht Jeder auch dem Thiere mit Sicherheit zu: sobald man aber auf Sachen der bloßen Erkenntniß im Thiere kommt, fängt sogleich die Ungewißheit an. Daß das Thier urtheile, wisse, denke, begreife, wagt Niemand zu sagen: hingegen daß es Bewußtseyn und Vorstellung habe kann man nicht leugnen: die Bestimmung kann erst aus ernstlicher Forschung hervorgehn. Dies Alles zeigt, wie eben die Vorstellung das Sekundäre und Modifikable ist, der Wille das Radikale, Primäre, Ursprüngliche und Unwandelbare in allen Erscheinungen. –

Nun aber scheint es, als ob diese vernunftlose Erkenntniß nicht in jedem Fall hinreichend zu ihrem Zweck gewesen sei und bisweilen gleichsam einer Nachhülfe bedurft habe. Denn es bietet sich uns die sehr merkwürdige Erscheinung dar, daß, in zwei Arten von Erscheinungen, das blinde Wirken des Willens und das von der Erkenntniß erleuchtete, auf eine höchst überraschende Weise, eines in das Gebiet des andern hinübergreifen. Einmal nämlich finden wir, mitten unter dem von der anschaulichen Erkenntniß und ihren Motiven geleiteten Thun der Thiere, ein ohne Motive vollzogenes, also mit der Nothwendigkeit des blindwirkenden Willens vor sich gehendes Thun, nämlich in den Kunsttrieben, welche durch kein Motiv, noch Erkenntniß geleitet, doch das Ansehn haben, als geschähen sie sogar auf abstrakte vernünftige Motive. – Der andre, diesem entgegengesetzte Fall ist der, wo umgekehrt das Licht der Erkenntniß eindringt in die Werkstätte des noch blind wirkenden Willens, und die vegetativen Funktionen des menschlichen Organismus beleuchtet: im durch thierischen Magnetismus hervorgerufenen *Hellsehn*.

Endlich nun da, wo der Wille zum höchsten Grad seiner Objektivation gelangt ist, reicht nun die schon den Thieren aufgegangene Erkenntniß des Verstandes, dem die Sinne die Data liefern, woraus bloße Anschauung, die an die Gegenwart gebunden ist, hervorgeht, nicht mehr zu. Der Mensch, das komplicirte, vielseitige, bildsame, höchst bedürftige und unzähligen Verletzungen ausgesetzte Wesen, mußte, um bestehn und durchkommen zu können, durch eine doppelte Erkenntniß erleuchtet werden: es war für ihn nicht hinreichend daß er seine *gegenwärtigen* Bedürfnisse erkannte; sondern auch die zukünftigen zum voraus: zur anschaulichen Erkenntniß mußte gleichsam eine höhere Potenz derselben, eine Reflexion derselben, hinzutreten: das abstrakte Erkennen durch Begriffe, die Vernunft. [Daneben am Rand: Wie die Bewegung auf abstrakte gedachte Motive dem Wesen nach dasselbe ist mit der auf eigentliche Ursachen, nur im höhern Grade der Erscheinung: so ist auch das Erkennen und das Denken nur ein höherer Grad desselben was Empfänglichkeit für Reiz, Sensibilität und Bewegbarkeit durch Stoß oder andre Ursachen ist.] Mit dieser war nun Besonnenheit da, enthaltend den Ueberblick der Zukunft und Vergangenheit, und in Folge derselben, Ueberlegung, Sorge, Fähigkeit des prämeditirten Handelns, unabhängig von der Gegenwart, endlich auch völlig deutliches Bewußtsein der eignen Willensentscheidungen als solcher. – Schon mit der bloß anschaulichen Erkenntniß trat die Möglichkeit des Scheines und der Täuschung ein, wodurch die vorige Unfehlbarkeit mit welcher das erkenntnißlose Treiben des Willens vor sich gieng aufgehoben wurde; deshalb Instinkt und Kunsttrieb, als erkenntnißlose Willensäußerungen mitten unter den von Erkenntniß geleiteten zu Hülfe kommen und eingreifen mußten: nun aber gar mit dem Eintritt der Vernunft, verliert sich fast ganz jene Sicherheit und Untrüglichkeit der Willensäußerungen, welche am andern Extrem, in der unorganischen Natur sogar als strenge Gesetzmäßigkeit erscheint. Nachdem also gar die Vernunft hinzugekommen, tritt der Instinkt völlig zurück: weil die Natur (d. h. der Wille in seiner Objektivation) nachdem sie schon das letzte und vollkommenste Hülfsmittel zur Erhaltung des Individuums ergriffen hat, nämlich die reflektirte Erkenntnis der Vernunft, nun, nach ihrer Sparsamkeit (*lex parsimoniae* [Gesetz der Sparsamkeit]) jene Hülfsmittel von beschränkterm Umfange, die sie auf niedrigeren Stufen als Nothhülfe gebrauchte, wegläßt: etwa wie, nachdem man die Krieger mit Schießgewehr bewaffnet hatte, man Lanzen, Hallebarden, Streitäxte, Harnische, wegließ. Die Ueberlegung die nunmehr Alles ersetzen soll gebiert Schwanken und Unsicherheit: der Irrthum wird möglich, ja ist häufig vorhanden. Dieser wird in vielen Fällen die adäquate Objektivation des Willens hindern, hindern daß er nicht durch Thaten ausgedrückt wird. Denn wenn gleich in jedem Individuo der Wille im Karakter den bestimmten und unveränderlichen Grad seiner Objektivation hat und das diesem entsprechende Thun nach Anlaß der Motive unfehlbar eintritt; so kann doch der Irrthum die Erscheinung des Karakters hemmen indem er die Aeußerungen desselben aufhebt oder ändert: denn das *medium* der Motive ist die Erkenntniß, und in der hat jetzt der Irrthum Spielraum und schiebt Wahnmotive unter, die gleich wirklichen Motiven einfließen und diesen oft entgegenwirken indem sie statt ihrer die Thaten bestimmen: so z. B. bei jeder Lüge die uns verleitet; oder auch wenn etwa Superstition eingebildete Motive unterschiebt, die den Menschen zu einer Handlungsweise zwingen, die der Art, wie sein Wille sich außerdem äußern würde, grade entgegengesetzt ist: so schlachtet Agamemnon seine Tochter: ein Geizhals spendet Almosen, aus reinem Egoismus, in der Hoffnung dereinstiger zehnfacher Wiedererstattung. Die Scholastiker sagten: *causa finalis non agit secundum suum esse reale, sed secundum suum esse cognitum* [Die Zweckursache wirkt nicht nach ihrem wirklichen, sondern nur nach ihrem erkannten Wesen]. Indem wir nun gesehn haben wie die Erkenntniß aus der Objektivation des Willens auf den höhern Stufen hervorgeht, als eine *μηχανη*, Hülfsmittel zu dieser Objektivation; und wie endlich auf der höchsten Stufe diese *μηχανη* gleichsam verdoppelt wird durch die Reflexion, die vernünftige Erkenntniß; so erinnern wir uns einer frühern Betrachtung über die Ausstattung der Thiere mit natürlichen Waffen und natürlichen Künsten.

Ich wünsche Ihnen deutlich gemacht zu haben, daß die Erkenntniß überhaupt, sowohl vernünftige als bloß anschauliche, ursprünglich aus dem Willen selbst hervorgeht, eben mit zum Wesen der höheren Stufen seiner Objektivation gehört, und dort eintritt als eine bloße *μηχανη*, ein Mittel zur Erhaltung von Individuum und Art, sogut als jedes Organ des Leibes. Indem also die Erkenntniß ursprünglich zum Dienste des Willens bestimmt ist, zur Vollbringung seiner Zwecke aus ihm hervorgeht, so bleibt sie ihm auch fast durchgängig gänzlich dienstbar, so in allen Thieren und in fast allen Menschen. (*Illustr.*) Jedoch werden wir in der Folge sehn, wie in einzelnen Menschen die Erkenntniß sich dieser Dienstbarkeit entziehn, ihr Joch abwerfen und frei von allen Zwecken des Wollens rein für sich bestehn kann, als bloßer klarer Spiegel der Welt, woraus die Kunst hervorgeht: ja wir werden in der Ethik sogar einsehn, wie durch diese Art der Erkenntniß, wenn sie auf den Willen zurückwirkt, die Selbstaufhebung des Willens eintreten kann, d. i. die Resignation, welche uns als das letzte Ziel, ja das innerste Wesen aller Tugend und Heiligkeit, und als die Erlösung von der Welt sich ergeben wird.

CAP. 13.
Verhältniß des Willens zur Abstufung und Vielheit seiner Erscheinungen.

Wir haben die große Mannigfaltigkeit und Verschiedenheit der Erscheinungen betrachtet in denen der Wille sich objektivirt. Ja wir haben ihren endlosen und unversöhnlichen Kampf gegen einander gesehn. Dennoch ist, zufolge unsrer ganzen bisherigen Darstellung, der Wille selbst, als Ding ansich, keineswegs weder in jener Mannigfaltigkeit, noch Vielheit, noch in jenem Wechsel begriffen. Die Verschiedenheit der Ideen, oder Abstufungen der Objektivation, die Menge der Individuen, in denen jede von diesen sich darstellt, der Kampf der Formen um die Materie; dies alles trifft nicht ihn; sondern ist nur die Art und Weise seiner Objektivation, und hat nur durch diese eine mittelbare Relation zu ihm, sofern nämlich jenes alles zum Ausdruck seines Wesens für die Vorstellung gehört. Wie eine *Zauberlaterne* viele und mannigfaltige Bilder zeigt, es aber doch nur eine und dieselbe Flamme ist, welche ihnen allen die Sichtbarkeit ertheilt; so ist in allen mannigfaltigen Erscheinungen, welche neben einander die Welt füllen, oder nach einander als Begebenheiten sich verdrängen, doch nur der *eine Wille* das Erscheinende, dessen Objektität das Alles ist, und der unbewegt bleibt mitten in jenem Wechsel; so schnell auch seine Erscheinungen vorüber eilen, selbst nicht mit fortgerissen wird. Er allein ist das Ding an sich: alles Objekt aber ist bloß Erscheinung, Phänomen, bloß in der Vorstellung vorhanden.

Der Wille findet zwar im Menschen, d. h. in der Idee des Menschen überhaupt, seine deutlichste und vollkommenste Objektivation. Dennoch aber konnte er durch diese Idee allein sein Wesen nicht ausdrücken. Die Idee des Menschen, durfte, um in der gehörigen Bedeutung zu erscheinen, nicht allein und abgerissen sich darstellen; sondern sie mußte begleitet seyn von der Stufenfolge abwärts, durch alle Gestaltungen der Thiere, durch das Pflanzenreich, bis zum Unorganischen: erst diese alle zusammen ergänzen sich zur vollständigen Objektivation des Willens: sie alle werden von der Idee des Menschen so vorausgesetzt, wie die Blüthen des Baumes Blätter, Aeste, Stamm und Wurzel voraussetzen: sie bilden eine Pyramide, deren Gipfel der Mensch ist. Auch kann man sagen daß alle diese Erscheinungen die Erscheinung des Menschen so nothwendig begleiten wie das volle Licht begleitet ist von den allmäligen Gradationen aller Halbschatten durch die es allmälig in die Finsterniß sich verliert. Aber die beste Darstellung im Bilde jener Nothwendigkeit der Abstufungen der Objektivation des Willens, vom Menschen abwärts, werden wir erst weiterhin kennen lernen, in der Aesthetik: dieselbe ist ein Hauptheil einer eigenen und höchst vortrefflichen Kunst: es ist nämlich die *Harmonie*: bei Betrachtung der ästhetischen Bedeutung der Musik werden wir finden, und mit Gründen erläutern, wie der tiefe Baß, der die Basis, ja die mathematische Basis der ganzen Harmonie ist, bildlich die unorganische Natur darstellt, die Masse des Planeten; sodann die bestimmt abgestuften höheren Töne und Stimmen die übrigen Kräfte der Natur, die Pflanzenwelt, die Thierwelt: alle diese Ripien-Stimmen haben aber bloße Harmonie: noch keine Melodie; diese Melodie, diese mit Bedeutsamkeit und Zusammenhang durch hohe leicht bewegliche Töne fortschreitende Folge hat bloß die obere leitende Stimme, in welcher wir die Darstellung des durch Besonnenheit Zusammenhang habenden Lebens und Strebens des Menschen erkennen werden. Und doch ist zum vollen Eindruck der Musik, jene ganze Harmonie nöthig, durch welche allererst die Melodie in der gehörigen Bedeutung erscheint. – Die Musik also allein kann uns die wahre Erkenntniß geben von der Nothwendigkeit der Abstufungen der Objektivation des Willens. – Jedoch finden wir diese *innere*, aus dem Wesen des Willens selbst entspringende und daher von seiner adäquaten Objektivation unzertrennliche *Nothwendigkeit* der Stufenfolge seiner Erscheinungen, im Ganzen dieser Erscheinungen selbst auch ausgedrückt durch eine *äußere* Nothwendigkeit, eine physische, nämlich die, vermöge welcher der Mensch zu seiner Erhaltung der Thiere bedarf, diese stufenweise eines des andern, dann auch der Pflanzen;

diese wieder bedürfen des Bodens, des Wassers, der chemischen Elemente und ihrer Mischungen, der Naturkräfte, des Planeten, der Sonne, der Rotation und des Umlaufs um die Sonne, der Schiefe der Ekliptik u. s. f. – –

CAP. 14.
Teleologie der Natur.

Die Erkenntniß der *Einheit* des Willens, als Dinges an sich, in der unendlichen Verschiedenheit und Mannigfaltigkeit der Erscheinungen, hat uns den wahren Aufschluß gegeben über jene wundersame, unverkennbare *Analogie aller Produktionen der Natur*, jene Familienähnlichkeit (vermöge welcher sie als Variationen eines Thema's erscheinen, das aber selbst nicht mitgegeben ist). Diese Erkenntniß verbunden mit der Einsicht in die soeben erörterte *Harmonie*, den wesentlichen Zusammenhang aller Theile der Welt, die Nothwendigkeit ihrer Abstufung durch alle Ideen; – diese beiden Erkenntnisse im Zusammenhang gefaßt, sollen uns jetzt eine wahre und genügende Einsicht eröffnen in eine von jeher erkannte Eigenschaft der Natur, nämlich in die *Zweckmäßigkeit* aller organischen Naturprodukte, welche wir bei ihrer Beurtheilung sogar *apriori* voraussetzen, selbst da wo wir sie noch nicht erkennen. Das innere Wesen, den Ursprung und die Bedeutung jener Zweckmäßigkeit werden wir nun mehr einsehn können.

Die Beurtheilung der Natur am Leitfaden der Begriffe von Mittel und Zweck, heißt *Teleologie*; teleologische Naturbetrachtung. – Diese Zweckmäßigkeit die wir überall wahrnehmen und sogar voraussetzen, wo wir sie noch nicht wahrnehmen, ist doppelter Art, eine *innere* und *äußere*. Wir pflegen als Hauptzweck der Natur die organischen Wesen anzusehn, vorzüglich den Menschen, sodann die Thiere und Pflanzen. Die *innere Zweckmäßigkeit* besteht in der Anordnung aller Theile eines Organismus unter sich, zu einer solchen Uebereinstimmung, daß sie wechselseitig einander dienen und daraus die Erhaltung des Individuums und die Fortpflanzung seiner Gattung hervorgeht als letzter Zweck. – Die *äußere Zweckmäßigkeit* besteht in einem

Verhältniß der unorganischen Natur zur organischen, auch einzelner Theile der organischen Natur zu einander, welches die Erhaltung der organischen Wesen, besonders der Thiere und Menschen, möglich macht, daher als Mittel zu diesem Zweck beurtheilt wird.

Innere Zweckmäßigkeit.

Zuerst von der *innern* Zweckmäßigkeit. Jedes organische Wesen erscheint uns so, als ob seinem Daseyn ein Begriff von diesem Daseyn vorhergegangen wäre, und es nun nach diesem Begriff als dem Zweck, wäre gebildet worden: wie einem Kunstwerk ein Begriff davon vorhergeht: das Werk der Zweck, seine Theile und Konstruktion das Mittel. Betrachten Sie den Bau jedes Thieres. Seine äußern Glieder sind Werkzeuge zum fangen, besiegen, ergreifen seines Raubes; dann die Zähne zum Zerhacken, Speichel zur Vorbereitung der Verdauung, endlich im innern die zusammengesetzte, höchst wundersame Veranstaltung zur allmäligen Assimilation des fremden Stoffes dem eignen, die Verdauung, Bluterzeugung, Blutvertheilung und Umlauf, Ernährung aller Theile durch das Blut, Absonderung aus dem Blut von Säften die wieder zur Verdauung dienen, künstliche Anstalt zur Abführung des Ueberflüssigen und Unbrauchbaren, und das alles in stets erneuertem Kreislauf: die Respiration zur Oxydirung des Bluts und Erzeugung der Wärme u. s. f. Dann das wundervolle System der Fortpflanzung: bei Pflanzen durch die wunderbare Anstalt der Blume: bei Thieren die Trennung der Geschlechter, der Trieb zur Vereinigung: die Ernährung im Leibe oder im Ei: endlich die Entstehung der Milch zur Zeit der Geburt: alles wie höchst fein kombinirte Mittel zum Zweck. Die Aufzählung ist unendlich. Sodann im Einzelnen: Löwenklaue; die Chorioidea ist bei allen Thieren schwarz, bei vielen nächtlichen Raubthieren aber weiß und metallisch glänzend, um das wenige einfallende Licht durch Zurückwerfung zu verstärken; Seehundsauge. Jedes Thier ist seiner Lebensart aufs vollkommenste angepaßt: der Fisch durch Kiemen, Flossen, Schwanz, Schwimmblase: der Sumpfvogel durch lange Beine: der Schwimmvogel durch die

Schwimmhaut: das Insekt durch Flügel, Stachel, Rüssel, zum Stechen, Boren, Sägen: der Laubfrosch hat Oelschwämme an den Füßen um sich an glatten Körpern auch in aufrechter Lage festzuhalten. Eine ganz besondre Zweckmäßigkeit hat Réaumur entdeckt an den *Patellen*, oder einschaaligen Napfmuscheln: diese kleinen Thiere kleben in großer Menge an nackten Klippen im Meere, die Schaale nach oben, so fest, daß 28 ℔ Gewicht nöthig sind sie loszureißen: womit kann ein so kleines Thier sich so fest halten: es hat Drüsen die, wenn es sie ausdrückt einen so festen zähen Leim von sich geben, der es fest kittet: dann können weder Meereswellen, noch feindliche Thiere die Patelle losreißen: nun aber wenn es seinen Ort verändern will; womit macht es sich los, da es ganz fest geleimt ist? – Es hat eine andre Art Drüsen, die zwischen den vorigen auf seiner Grundfläche vertheilt sind: diese enthalten eine wäßrigte besondre Feuchtigkeit, welche jenen Kitt wieder auflöst: je nachdem nun die Muschel festkleben oder wieder loskommen will preßt sie die eine oder die andre Art von Drüsen aus, durch einen eignen Instinkt geleitet (*Mém. de l'Acad. 1710, 1711; Réaumur*). Finden wir an einem Thier einen Theil, dessen Zweck wir nicht einsehen so setzen wir ihn doch voraus. (*Ergo: da Capo.*) Diese unsre Art es anzusehn berechtigt uns aber nicht diese Ansicht für objektive Erkenntniß zu halten: zumal da zwischen der Konstruktion eines Organismus und der eines Kunstwerks eigentlich nur eine sehr unvollkommne Analogie ist. Beim Kunstwerk sind die Materie und die Form sich ursprünglich fremd und werden zusammengezwungen: – die Materie nur bis auf einen gewissen Grad der Form angepaßt. Beim Naturprodukt sind Materie und Form ganz Eins, innig übereinstimmend: die letzten Theile sind schon organisch: man trifft nicht durch Zerlegung auf unorganische Theile, wie beim Kunstwerk. – Der Organismus erhält und ersetzt sich selbst: u.s.f. – Statt zu sagen die Natur muß so wirken wie wir bei unsern Kunstwerken; sollten wir sagen: wenn unsre Kunstwerke sehr weit gebracht werden, so erhält dieses unser Wirken nach Zweckbegriffen, eine schwache und ferne Ähnlichkeit mit dem Wirken der Natur. Weil wir Uebereinstimmung der Theile zum Ganzen nur dadurch denken können daß der Begriff vorhergieng und Motiv zur Konstruktion war; so dürfen wir darum nicht der Natur ein solches Wirken unterschieben zu dem uns sonst nichts berechtigt: zumal da die Annahme davon uns zwänge auch anzunehmen daß jeder Organismus das Werk eines fremden, nach Erkenntniß und Motiv wirkenden Willens wäre: da doch unsrer ganzen Ableitung zufolge der Organismus die Erscheinung eines eignen Willens ist der sich eben darin objektivirt. Zudem wissen wir daß die ganze Form der Kausalität, zu der auch das Wirken nach Zweckbegriffen gehört, nur unserm Verstand angehört, von ihm ausgeht, subjektiven Ursprungs ist und daher immer nur die Erscheinung, nicht das Ding an sich erkennen läßt.

Im Zusammenhang unsrer Ansicht wird nun die innre Zweckmäßigkeit durch folgende Darstellung begreiflich, in die Sie aber nur, wenn Sie alles frühere wohl gefaßt und gegenwärtig haben, mittelst der geschärftesten Aufmerksamkeit eindringen können. – Wir wissen daß alle Verschiedenheit der Gestalten in der Natur und alle Vielheit der Individuen nicht dem Willen selbst angehört, sondern nur seiner Objektität und der Form dieser: hieraus folgt daß er selbst untheilbar und in jeder Erscheinung ganz gegenwärtig ist, wiewohl die Grade seiner Sichtbarkeit, seiner Objektivation, sehr verschieden sind. Diese Stufen sind die *Ideen*. Zu leichterer Faßlichkeit können wir diese verschiedenen Ideen ansehn als einzelne Willensakte in denen sein Wesen sich mehr oder weniger ausdrückt: diese Akte liegen, da sie die Ideen sind, noch außer der Zeit: aber die Individuen, die Erscheinungen dieser Willensakte liegen in Raum und Zeit und erscheinen daher als Vielheit. – Nun behält auf den *niedrigsten Stufen* der Objektivation jeder solcher Akt (Idee) auch in der Erscheinung seine ursprüngliche Einheit oder Einfachheit bei: hingegen auf den *höhern Stufen*, bedarf jeder Akt (Idee), eben weil er inhaltsreicher ist, einer ganzen Reihe von Zuständen und Entwickelungen in der Zeit, um darin sein Wesen zu entfalten, so daß erst die ganze Reihe zusammengenommen der vollendete Ausdruck seines Wesens ist. Also z. B. die niedrigsten Stufen, oder Ideen sind die allgemeinen Kräfte der unorganischen Natur: wie die Idee selbst, als außerzeitlich, als ein einfacher Akt des Willens zu betrachten ist; so hat auch jede solche Naturkraft, z. B. Schwere, Elektricität Magnetismus immer nur eine einfache Aeußerung, wenn gleich diese nach Maasgabe der äußern Verhältnisse sich verschieden darstellt: wäre dies nicht, so könnte die Identität einer Naturkraft gar nicht nachgewiesen werden, welches geschieht durch Absonderung der bloß aus den äußern Verhältnissen herrührenden Verschiedenheiten. (*Illustr.*) Also das wesentliche ihrer Aeußerung ist immer ganz dasselbe, spricht sich in jeder Wirkung ganz aus, ihr Lebenslauf ist ein Augenblick, ihr momentanes gesetzmäßiges Wirken. Eben so hat auch der Krystall nur eine Lebensäußerung, sein Anschießen, welches nachher an der erstarrten Form, dem Leichnam jenes momentanen Lebens, seinen völlig hinreichenden und erschöpfenden Ausdruck hat. – Nun aber auf den höhern Stufen erscheint die Idee, obwohl ursprünglich als außer der Zeit ein untheilbarer Akt, erst mittelst einer Succession von Zuständen. Schon die *Pflanze* drückt die Idee, deren Erscheinung sie ist, nicht mit einem Male und durch eine einfache Aeußerung aus; sondern erst durch eine Succession von Entwickelungen ihrer Organe, in der Zeit. Das Thier nun gar entwickelt nicht nur auf gleiche Weise seinen Organismus allmälig, ja sogar oft durch eine Succession gänzlich verschiedener Gestalten (Metamorphose); sondern die bloße Gestalt überhaupt, obwohl schon Objektität des Willens auf dieser Stufe, reicht doch nicht hin zur vollständigen Darstellung seiner Idee, vielmehr wird diese erst ergänzt durch die Handlungen des Thieres, in denen sein empirischer Karakter, welcher in der ganzen Species derselbe ist, sich ausspricht: sein ganzes Thun, sein Lebenslauf, also erst ist die vollständige Offenbarung seiner Idee, setzt aber den bestimmten Organismus als Grundbedingung voraus, schließt ihn in sich.

Beim Menschen ist nun schon in jedem Individuo der empirische Karakter ein eigenthümlicher. Sie erinnern sich, daß dieser empirische Karakter die Erscheinung ist des intelligibeln Karakters: eben nur die nothwendige Entwickelung in der Zeit und das dadurch bedingte Zerfallen in eine Reihe einzelner Handlungen aus denen wir empirisch den Karakter zusammensetzen, *unterscheidet diesen empirischen Karakter vom intelligibeln Karakter* der als ein einziger außer der Zeit liegender Willensakt anzusehn ist. Dieser intelligible Karakter also fällt mit der Idee zusammen: (sie ist seine adäquate Objektität). Und nicht nur der empirische

Karakter jedes Menschen; sondern auch der jeder Thierspecies, ja jeder Pflanzenspecies, und sogar jeder ursprünglichen Kraft der unorganischen Natur ist anzusehn als Erscheinung eines intelligibelen Karakters, d.h. eines außerzeitlichen untheilbaren *Willensaktes*. (Hier eine beiläufige Bemerkung: schon einmal machte ich Sie aufmerksam auf die größere Naivität des Thieres im Vergleich mit dem Menschen. Die größte Naivität hat aber die Pflanze: sehn Sie nur einmal jede Pflanze darauf an, betrachten Sie recht objektiv, wie sie ihren ganzen Karakter durch die bloße Gestalt ausspricht und offen darlegt, ihr ganzes Seyn und Wollen dem bloßen Anschauen offenbart: das macht die Physiognomien der Pflanzen so interessant: so naiv ist das Thier nicht mehr, um die Idee irgend eines Thieres zu erfassen, muß man es schon in seinem Thun und Treiben beobachten: den Menschen muß man vollends erforschen, ja versuchen: denn eben die Vernunft macht ihn der Verstellung fähig. Um so viel als das Thier naiver ist als der Mensch, ist die Pflanze naiver als das Thier.) –

Das Bisherige war nur eine Vorbereitung zur Erläuterung der innern Zweckmäßigkeit, die wir an den Organismen finden. Ich schreite jetzt zu deren Anwendung. Wir fanden daß die überall als ein einziger außerzeitlicher Willensakt zu betrachtende Idee, in der unorganischen Natur sich auch nur durch eine einzige immer gleiche Aeußerung offenbart: daher können wir sagen, daß hier der empirische Karakter *unmittelbar* der Einheit des intelligibelen Karakters *theilhaft ist*, gleichsam mit ihm zusammenfällt: deswegen kann hier sich keine innre Zweckmäßigkeit zeigen. Hingegen alle Organismen stellen ihre Idee erst dar durch eine Succession von Entwickelungen nach einander, welche bedingt ist durch eine Mannigfaltigkeit verschiedener Theile neben einander: also ist hier der empirische Karakter nicht der Einheit des intelligibeln theilhaft; sondern erst die Summe der Aeußerungen des empirischen Karakters zusammengefaßt ist Ausdruck des intelligibeln. – Dennoch aber kann dieses nothwendige Nebeneinander der Theile und Nacheinander der Entwikkelung nicht die ursprüngliche Einheit der Idee, oder des außerzeitlichen Willensaktes aufheben: vielmehr findet diese Einheit nunmehr ihren Ausdruck an der nothwendigen Beziehung und Verkettung jener Theile und Entwickelungen mit einander, nach dem Gesetz der Kausalität. Da es der einzige und untheilbare und eben darum ganz mit sich übereinstimmende Wille ist, der sich in der ganzen Idee, als wie in einem Akt offenbart; so muß seine Erscheinung, obwohl sie in eine Verschiedenheit von Theilen und Zuständen auseinandertritt, doch in einer durchgängigen Uebereinstimmung dieser Theile und Zustände jene Einheit wieder zeigen: dies geschieht durch eine nothwendige Beziehung und Abhängigkeit aller Theile von einander, wodurch auch in der Erscheinung die Einheit der Idee wiederhergestellt wird. Daher z. B. (*nach Cuvier Leçons d'anatomie comparée; Introduction*) findet sich niemals im selben Thier ein Hunds-Zahn, zum Zerfleischen tüchtig, und am Fuße ein Huf, der wohl taugt die Last des Leibes zu tragen, aber nicht als Waffe für ein Raubthier brauchbar ist. Sondern, es ist sichre Regel, wo sich so ein Huf findet, da sind allemal die Zähne mit platter Oberfläche, wie Mühlsteine zum Zermalmen vegetabilischer Nahrung, der Darmkanal lang, der Magen groß, oft mehr als ein Magen, nämlich bei den Wiederkäuern. Bei Raubthieren alles umgekehrt: – Diese innre Konsequenz im Bau jedes Thiers entspringt aus der Einheit der Idee, welche die adäquate Objektivation des einen untheilbaren Willensaktes ist, der das innre Wesen des Thiers ausmacht. – Eben so sind die verschiedenen Systeme in jedem Organismus sich auf das genauste entsprechend und angemessen, das Ernährungssystem, das Respirationssystem, das Zeugungssystem u. s. w. So sind auch alle einzelnen Theile in der vollkommensten Harmonie zu einander: sobald ein Theil anders gestaltet ist, sind es auch die übrigen, nach dessen Maasgabe. Kein Knochen kann in seiner Proportion, seinen Biegungen, Protuberanzen, bei einem Thier anders seyn als bei einem andern, ohne daß auch die andern Knochen entsprechende Modifikationen hätten. Daher, wenn ein geübter Naturforscher nur einen Hauptknochen eines Thieres sieht, er daraus schon ziemlich richtig schließen kann auf den Bau, ja auf die Lebensart des ganzen Thiers. Demzufolge erkennen wir nun jene verschiedenen Theile und Funktionen des Organismus wechselseitig als Mittel und Zweck von einander, den Organismus selbst aber als den letzten Zweck aller. (*Illustr.*) Folglich ist sowohl das Auseinandertreten der an sich einfachen Idee in die Vielheit der Theile und

Zustände des Organismus einerseits, als die Wiederherstellung ihrer Einheit durch die nothwendige Verknüpfung jener Theile und Funktionen, dadurch daß sie in durchgängiger Beziehung zu einander stehn, also Ursach und Wirkung, also Mittel und Zweck von einander sind, andrerseits, nicht dem erscheinenden Willen als solchem, dem Ding an sich wesentlich und eigenthümlich, sondern gehört nur seiner Erscheinung an, vermöge deren Formen Zeit, Raum, Kausalität, d. i. Satz vom Grund. –

Jene Eigenschaften also gehören der Welt als Vorstellung, nicht der Welt als Wille an: sie gehören zur Art und Weise wie der Wille Objekt, Vorstellung wird, auf dieser Stufe seiner Objektität. – Wer in den Sinn dieser vielleicht etwas schwierigen Erörterung eingedrungen ist, der kann nunmehr recht eigentlich verstehn was Kant in dieser Hinsicht lehrt, nämlich: »daß sowohl *die Zweckmäßigkeit des Organischen* als die *Gesetzmäßigkeit des Unorganischen*, allererst von unserm Verstande in die Natur hineingebracht wird, daher beide nur der Erscheinung nicht dem Dinge an sich zukommen«. (Dies soll Ihnen deutlicher werden.) Wir erwähnten oben, daß der Anblick der strengen Gesetzmäßigkeit in der *unorganischen* Natur, der *Pünktlichkeit* mit welcher hier die Natur ihre eignen Gesetze befolgt, der unfehlbaren Konstanz des Eintritts jeder Aeußerung einer Naturkraft, Verwunderung erregen müsse: diese Verwunderung ist mit der über die Zweckmäßigkeit der organischen Natur im Wesentlichen dieselbe: denn in beiden Fällen überrascht uns nur der Anblick der ursprünglichen Einheit der Idee, welche für die Erscheinung die Form der Vielheit und Verschiedenheit angenommen hatte. (Erläuterung.) Diese Verwunderung entspringt in beiden Fällen daraus, daß wir das ursprüngliche und deshalb erkenntnißlose Wirken der Natur als ein sekundäres und von Erkenntniß geleitetes ansehn, was eben ein falscher Maasstab zur Beurtheilung ist. Bei der *Pünktlichen Gesetzmäßigkeit der unorganischen Natur* erkennen wir bald, daß, obgleich sie ein für die Erkenntniß ausgesprochenes Gesetz genau befolgt, wir sie doch nicht als von Erkenntniß geleitet zu denken haben. Z. B. es ist Naturgesetz daß jeder Körper dem die Stütze entzogen wird fällt: nun sind unzählige Körper z. B. Steine in uralten Mauern Jahrtausende gestützt: aber so wie ein Zufall die Stütze wegnimmt, fällt der Stein: es ist als ob die Schwere immerfort gelauert und aufgepaßt hätte, auf die Gelegenheit ihr Gesetz in Anwendung zu bringen. Im Frühjahr thauet die Sonne den gefrornen Erdboden auf, dadurch wird er naß: aber wo nur ein Phal, ein Baum, ein Ast seinen Schatten warf, bleibt der Boden trokken und zeichnet dadurch die Figur des Asts: wenn wir nun dies auf einem Spaziergang tausend Mal wiederholt antreffen, so sieht es aus als hätte die Natur überall Gesetz und Vorschrift befolgt, die Sonne hätte den Boden naß gemacht, nur da nicht, wo ein Schatten das Recht hatte ihn trocken zu erhalten. In solchen Fällen sehn wir die Natur genau wie nach Gesetz und Vorschrift, also wie nach einer Vorstellung handeln: *wir* können gleichmäßig und gesetzmäßig nur dadurch wirken daß uns eine Regel, die Vorstellung ist, leitet. Doch sehn wir leicht ein, daß die Natur in ihrer Gesetzmäßigkeit nicht durch Regeln d. i. Vorstellung geleitet ist. Eben so nun müssen wir uns vorstellig machen daß auch ihre *zweckmäßigen* Produktionen, im *Organischen*, nicht unter Leitung der Vorstellung und nach Zweckbegriffen hervorgebracht sind: obgleich wir nur nach solchen etwas Aehnliches machen könnten. Dies ist richtig: Nun aber läßt Kant die teleologische Betrachtungsart der Natur bloß gelten als subjektive leitende Maxime; aber will sie durchaus nicht als objektive Ansicht der Natur betrachtet wissen. Vielmehr aber ist, da die ganze Natur nur Erscheinung ist, der Begriff der Zweckmäßigkeit, so objektiv als die Natur selbst: falsch ist bloß dies, daß die Zweckmäßigkeit immer das Werk der Erkenntniß sei, wie bei menschlichen Werken, falsch, daß alles Zweckmäßige, *nach* Zwecken, d. h. nach vorhergängigen Begriffen, entstanden seyn muß; falsch der Schluß von Zweckmäßigkeit auf das Entstehn durch einen von Zwecken, also von Erkenntniß geleiteten Willen. Wir wollen dies näher betrachten.

Der Begriff von *End-Ursachen*, d. h. Endzwecken der Natur, ist zuerst durch Aristoteles in die Philosophie gebracht: indem er vier Arten der Ursachen aufstellte: *causa formalis*, *materialis*, *efficiens* und *finalis* [formale, materiale, bewirkende und End-Ursache]: letztere *το τινος ἕνεκα* [das, um dessentwillen], auch *αιτια ὧς τελος* [Zweckursache]. Er zählte also die Endzwecke den *Ursachen* bei, aus denen die Entstehung eines Dinges genügend erklärt werden könne: das war nicht eigentlich richtig. *Zwecke* sind eigentlich *Motive*, und als *vollständiger Erklärungsgrund* können diese bloß gelten bei menschlichen Handlungen: sonst nirgends. Die Scholastiker hielten die Aristotelische Eintheilung fest. Später erklärte sich Baco von Verulam sehr eifrig gegen die *Endursachen* in der Naturkunde. *Causarum finalium inquisitio sterilis est, et tanquam Virgo Deo consecrata nihil parit.* [Die Nachforschung nach Endursachen ist unfruchtbar, und gebiert nichts, wie eine gottgeweihte Jungfrau.] (*De Augment. scient. Lib. 3, c. 5.*) Mit Recht, in Bezug auf die Scholastische Methode die Natur zu betrachten, die zu seiner Zeit herrschte; und wo man in der Unorganischen wie in der Organischen Natur sich alles Forschens nach wirkenden Ursachen, durch Angabe der End-Ursachen überhob und sodann zur Bewunderung der Weisheit Gottes übergieng. Seitdem ist man aber oft zu weit gegangen im Verbannen der End-Ursachen aus der Naturkunde. Aus der Betrachtung der Unorganischen Natur (deren Teleologie ich sogleich kritisiren werde) müssen sie freilich wegbleiben. Aber bei Betrachtung der Organischen Natur sind die Zwecke allerdings ein sichrer Leitfaden, zum Erkennen der innern Funktionen des Organismus und lassen dabei Raum für die Erklärung wie denn die Natur durch *wirkende* eigentliche Ursachen ihre Zwecke erreicht. Kein Theil eines Thiers kann ohne Zweck zum Bestande des Ganzen seyn: eben weil das Ganze die Erscheinung eines untheilbaren Willensakts ist. Die Ueberzeugung hievon ist so natürlich und sicher, daß z. B. obgleich man den Zweck der *Milz* noch nicht recht kennt; man dennoch nicht aufhört danach zu forschen, in der festen Gewißheit, sie müsse einen Zweck haben. – Weil ein Willensakt, der außer der Zeit liegend, untheilbar und mit sich übereinstimmend seyn muß, es ist, dessen Erscheinung jedes Thier ist; so ist eben jeder Organismus so überaus zweckmäßig, vollendet, als wäre er ein Werk der höchsten Erkenntniß, während er das Werk des Willens ist, der aller Erkenntniß vorhergängig, sie selbst mit allen ihren Objekten erst möglich macht. Maschinen durch Menschen, d. h. durch Erkenntniß ersonnen, haben immer einige Fehler oder Mängel, oder Nachtheile, werden auch allmälig besser eingerichtet: hingegen die Werke der organischen Natur sind ohne Makel, höchst vollkommen und stets unverbesserlich. Jede Aenderung die man vorschlagen könnte, würde unfehlbar eine Verschlechterung seyn, ja das Ganze verderben und zerstören. Darum bessert die Natur auch nicht an ihren Formen, sondern behält unwandelbar dieselben Formen bei. Diese unverbesserliche Vollkommenheit, d.h. eben Zweckmäßigkeit haben ihre Werke, weil in ihnen ein einziger Willensakt sich unmittelbar ausspricht und seiner Erscheinung die Konsequenz und innre Harmonie aufdrückt, die eben das Abbild seiner Einheit, Einfachheit, Untheilbarkeit ist. Weil also höchste Zweckmäßigkeit der wesentliche Karakter aller organischen Produkte der Natur ist und seyn muß, wie wir jetzt *apriori* einsehn; so muß der Begriff des Zwecks (Endursache) allerdings der beste Leitfaden seyn, zum Verständniß des Baues und Getriebes jedes Organismus. Vergleichende Anatomie ist deswegen ein so großes Hülfsmittel zur Physiologie, weil sie uns zeigt wie, bei verschiedenen Thieren, die Natur dieselben Hauptzwecke (Respiration, Blutumlauf, Verdauung, Generation, Sensation, Lokomotivität u.s.f.) unter verschiednen Umständen auf ganz verschiednen Wegen realisirte, und doch immer das Wesentliche erreichte: da sehn wir denn deutlich worin das Wesentliche, und worin der eigentliche Zweck jedes Organs besteht: d.h. lernen die wahren Funktionen der Organe kennen; und diese eben sind das Problem der Physiologie.

Aeußere Zweckmäßigkeit.

Die zweite Art der *Zweckmäßigkeit* war die *äußere*. Diese zeigt sich nicht in der innern Oekonomie der Organismen, sondern darin daß jeder Organismus viel Unterstützung und Hülfe von Außen erhält; sowohl von der unorganischen Natur als auch von andern Organismen. So z.B. ist ein genau angemessenes Verhältniß zwischen der Schwere jedes Thiers, die es an den Erdboden befestigt, und seiner Muskelkraft, vermöge deren es die Schwere überwältigt um sich von seinem Ort zu bewegen: ohne dies Verhältniß wären die Thiere unbeweglich. So z.B. ist die Luft, mit dieser bestimmten Mischung ihrer zwei Theile, ein ganz nothwendiges Hülfsmittel alles thierischen Lebens, und es sind Quellen in der Natur die, bei dem steten Verbrauch, beide Bestandtheile genau in dem Verhältniß (21, 79) stets wiederherstellen; eben so die Wärme innerhalb engbestimmter Gränzen; eine kleine Aenderung in beiden, und die jetzt vorhandne Thierwelt könnte nicht leben. [Daneben am Rand: Die Landthiere haben Lungen für die reine Luft; die Fische Kiemen für die im Wasser enthaltne.] Was wären alle Augen, ohne das Licht? – ja es ist ein bestimmtes Verhältniß zwischen der Intensität des Lichts und der Reizbarkeit jeder Retina: wäre diese reizbarer, so könnte sie vor Blendung nicht sehn; wäre sie stumpfer, so wäre ihr die Welt finster: – aber noch bewundrungswürdiger ist, daß das Auge ein zusammengesetzter optischer Apparat ist, berechnet auf den Grad der Brechbarkeit des Lichts, oder dieser auf jenen. (*Illustr.*) – Die Vertheilung der Wärme, der Wechsel des Tages und der Nacht und der Jahrszeiten, das alles hängt ab von einem ganz äußern und fernen Umstande, der Rotation und der Schiefe der Ekliptik in diesem bestimmten Winkel von *c*[a] 24°. Sodann ist die Pflanzenwelt die allgemeine Bedingung der thierischen, ist die Basis ihrer Nahrung: was wären wir ohne die Getreidearten und ohne Weiden für das Vieh? Jedes Thier findet in seiner Nähe die Pflanzen die ihm angemessen sind: die meisten Thiere leben von andern Thieren und finden diese in ihrer Nähe, sind auch mit Mitteln sie zu erhaschen oder zu bezwingen ausgestattet. Andrerseits ist jedes Thier irgendwie auch geschützt gegen seine natürlichen Verfolger, sei es durch Waffen, Panzer, durch Schnelligkeit; Hauer, Elephantenzähne, Hörner; Panzer des Armadills, es rollt sich zusammen, die Schienen treten auseinander; Schildkröte; Stachelschwein, Igel: – Schnelle Füße; – Farbe seines Aufenthalts; Sepia-Tinte; Laubfrösche: Flöhe springen! Auch gehört zur äußern Zweckmäßigkeit die Vertheilung des festen Landes und des Meeres, der Ströme und Quellen. Ganz sonderbare Fälle sind das Treibholz in den Polarländern; [Fußnote: Das Treibholz welches an den Küsten von Irrland, Schottland, Norwegen, Island, Grönland, Nowa-Zembla, Spitzbergen jährlich ankommt, sind Stämme welche die großen Flüsse Nordamerikas aus den Urwäldern ins Meer führen, und sodann die Tropischen Meeresströmungen, die erstlich von Ostindien bis Mexiko gehn (Ostindische Früchte dort antreiben) und sodann vom Mexikanischen Golf sich nach Norden bewegen als ein durch besondre Bewegung und größre Wärme deutlich kenntlicher Strom, diese bringen das Treibholz in besagte Länder. Aber woher das Treibholz an der Nordküste des Asiatischen Rußlands komme, ist ganz unbekannt.]; das Nordlicht daselbst: das Rennthier, der Seehund. Die Mäßigkeit der Hitze am Aequator durch stets kurze Tage, und große Wassermassen: dann daß in Ländern, wo es fast gar nicht regnet, die Flüsse jährlich übertreten und das Land befruchten, das sonst durch äußerste Dürre völlig unfruchtbar wäre; der *Nil*; der Euphrat. Man geht aber leicht zu weit im Aufsuchen solcher äußcren Teleologien: die Appeninen als Vorrath der Eishändler in Italien. Voltaire sagt daher: »die Nase sei äußerst zweckmäßig placirt um die Brille darauf zu setzen.«

Diese ganze äußere Zweckmäßigkeit findet im Allgemeinen ihre Erklärung ebenfalls in der eben aufgestellten Erörterung, indem ja die ganze Welt, mit allen ihren Erscheinungen, die Objektität des einen und untheilbaren Willens ist, die Idee ist, welche sich zu allen andern Ideen verhält, wie die Harmonie zu den einzelnen Stimmen: daher denn jene Einheit des Willens sich auch in der Uebereinstimmung aller seiner Erscheinungen mit einander zeigen muß. (Beiläufig: aus dieser Einheit des innern Wesens der ganzen Natur, also daraus, daß Ein Wille es ist, der in allen ihren so verschiednen Gestalten sich objektivirt, müssen wir uns auch dies faßlich machen, wie es kommt, daß jedes Thier, sobald es geboren ist, seine Umgebung sogleich völlig versteht, nicht verlegen und dumm dasteht in einer ihm fremden Welt, sondern eintritt wie in sein eignes Wohnhaus und sogleich weiß wo es hingehört und was es zu thun hat, auch wenn es keine Anleitung von Eltern erhält. Z. B. die kleinen Krokodile, auch Schildkröten, werden aus dem Ei von der Sonne ausgebrütet: sogleich gehn sie hinab ins Wasser, dort ihre Nahrung zu suchen; es fällt ihnen gar nicht ein sich umgekehrt zum festen Lande zu wenden, um zu sehn ob sie dort Befriedigung ihrer Bedürfnisse fänden. – Aus einer Larve, die als Wurm im Wasser lebt, geht durch Metamorphose ein geflügeltes Insekt hervor: sogleich weiß es welches Element und Lebensart seinem neuen Zustande angemessen ist: sobald es die letzte Haut abgeworfen hat, steht es nur einige Augenblicke still bis seine Glieder trocken und dadurch hart geworden sind: dann erhebt es sich mit völliger Zuversicht in das nie versuchte Element der Luft. – Bei Annäherung des Winters wissen die Zugvögel, wo die Länder liegen, darin allein sie jetzt leben können. Hingegen die Frösche, Kröten, Schildkröten, Würmer, Raupen, Murmelthiere, wissen daß sie sich jetzt in die Erde zu graben haben, um dort den Winter zu verschlafen.) Jedoch wollen wir diese Einsicht zu größerer Deutlichkeit erheben, indem wir etwas näher eingehn auf die Erscheinungen jener äußern Zweckmäßigkeit und die Uebereinstimmung der verschiedenen Theile der Natur zu einander: diese Erörterung wird auch auf die vorhergegangne Licht zurückwerfen. Wir müssen uns den Weg zu ihr durch eine Analogie bahnen.

Da, wie wir wissen, der Karakter jedes einzelnen Menschen ein individueller ist, und nicht ganz in dem der Species begriffen; so kann er als eine eigne Idee angesehn werden, die einem eigenthümlichen ursprünglichen Objektivationsakt des Willens entspricht. Dieser Akt wäre sein intelligibler Karakter; die Erscheinung desselben der empirische. – Dieser empirische Karakter ist ganz und gar bestimmt durch den intelligibeln, welcher grundloser, d. h. als Ding an sich dem Satz vom Grund (der Form der Erscheinung) nicht unterworfener Wille ist. Der empirische Karakter muß in einem Lebenslauf das Abbild des intelligibeln liefern und kann nicht anders ausfallen als dieser es erfordert. Allein diese Bestimmung erstreckt sich nur auf das Wesentliche des demnach erscheinenden Lebenslaufs; nicht auf das Unwesentliche desselben. Zu diesem Unwesentlichen gehört die nähere Bestimmung der Begebenheiten und Handlungen, welche der Stoff sind, an dem der empirische Karakter sich zeigt. Diese werden von äußern Umständen bestimmt, welche die Motive abgeben, auf welche der Karakter seiner Natur gemäß reagirt; da nun diese sehr verschieden seyn können; so wird sich nach ihrem Einfluß die äußere Gestaltung der Erscheinung des empirischen Karakters, also die bestimmte faktische oder historische Gestaltung des Lebenslaufes richten müssen. Diese wird sehr verschieden ausfallen können, wenn gleich das Wesentliche dieser Erscheinung, ihr Inhalt, derselbe bleibt. So z. B. ist die empirische Beschaffenheit oder der relative Werth der Objekte, die Motive werden, unwesentlich: es ist unwesentlich, ob man um Nüsse oder um Kronen spielt: aber ob man bei solchem Spiel betrügt oder ehrlich zu Werke geht, das ist das Wesentliche: dieses wird durch den intelligibelen Karakter, jenes durch den äußern Einfluß bestimmt. So verschieden gestaltet nun aber auch solcher äußerer Einfluß seyn kann; so muß dennoch, wie er auch ausfalle, der sich im Lebenslauf ausdrückende empirische Karakter den intelligibelen genau objektiviren, indem er seine Objektivation dem vorgefundenen Stoffe faktischer Umstände anpaßt. –

Etwas jenem Einfluß äußerer Umstände auf den im Wesentlichen durch den Karakter bestimmten Lebenslauf Analoges haben wir nun anzunehmen, wenn wir uns denken wollen, wie der Wille, im ursprünglichen Akt seiner Objektivation, die verschiedenen Ideen bestimmt in denen er sich objektivirt, d. h. die verschiedenen Gestalten von Naturwesen aller Art, in welche er seine Objektivation vertheilt und die deswegen nothwendig eine Beziehung zu einander in der Erscheinung haben müssen. Wir müssen annehmen, daß zwischen allen jenen Erscheinungen des *einen* Willens ein allgemeines gegenseitiges Anpassen und Bequemen zu einander Statt fand: dabei aber ist, wie wir bald deutlicher sehn werden, alle Zeitbestimmung auszulassen, da die Idee außer der Zeit liegt. Wenn Sie dieses fassen, so werden Sie sich denken können wie jede Erscheinung sich den Umgebungen, in die sie eintrat, anpassen mußte, eben so aber diese wieder auch jener, wenn gleich solche in *der Zeit* eine viel spätere Stelle einnimmt. Angemessen darum ist jede Pflanze ihrem Boden und Himmelsstrich, jedes Thier seinem Element und der Beute die seine Nahrung werden soll: Klauen, Zähne, – ist auch einigermaaßen geschützt gegen seinen natürlichen Verfolger; angemessen ist das Auge dem Licht, die Lunge und das Blut der Luft; Kiemen, Flossen, Schwanz und Schwimmblase dem Wasser; die hohlen Knochen der Vögel dem Schweben in der Luft; das Auge des Seehunds dem Wechsel seines Mediums; und so bis auf die speciellsten und erstaunlichsten Zweckmäßigkeiten herab. Nun aber muß bei Betrachtung dieses Anpassens der Ideen, d. i. der ursprünglichen Formen zu einander, abstrahirt werden von allen

Zeitverhältnissen: denn diese gehn nur die Erscheinung an, die Individuen, nicht die Idee selbst. Und vom Anpassen der Ideen zu einander ist hier die Rede: stehn die im gehörigen Verhältniß, so bleiben es auch die Individuen immer, in welcher Zeitfolge sie auch eintreten. Die Idee liegt außer der Zeit. Demnach ist jene Erklärungsart auch rückwärts zu gebrauchen und nicht bloß anzunehmen, daß jede Species sich zu den vorgefundenen Umständen bequemte; sondern daß auch diese Umstände selbst, obwohl sie in der Zeit vorhergehn, doch Rücksicht nehmen auf die dereinst noch kommenden Wesen. Denn es ist ja der eine und selbe Wille der sich in der ganzen Welt objektivirt: er selbst kennt keine Zeit: denn diese, als Gestalt des Satzes vom Grund, gehört nicht ihm an, noch seiner ursprünglichen Objektität, den Ideen; sondern gehört nur der Art und Weise an wie die Ideen von den selbst zeitlichen und vergänglichen Individuen erkannt werden; d. h. gehört der *Erscheinung* der Ideen an. Daher also ist bei unsrer gegenwärtigen Betrachtung der Art, wie die Objektivation des Willens sich an die Ideen vertheilt, die Zeitfolge ganz ohne Bedeutung, und diejenigen Ideen, deren Erscheinungen, nach Bestimmung des Gesetzes der Kausalität, dem sie als solche unterworfen sind, früher in die Zeitfolge eintraten, haben dadurch kein Vorrecht vor denen, deren Erscheinung später eintritt, welche vielmehr grade die vollkommensten Objektivationen des Willens sind, denen sich die früheren eben so sehr anpassen mußten, als diese jenen. Also der Lauf der Planeten, die Neigung der Ekliptik, die Rotation der Erde, die Vertheilung des festen Landes und des Meers, die Atmosphäre, das Licht, die Wärme, und alle ähnlichen Erscheinungen, welche in der Natur das sind, was in der Harmonie der Grundbaß, diese alle bequemten sich ahndungsvoll den kommenden Geschlechtern lebender Wesen, deren Träger und Erhalter sie werden sollten. Eben so bequemte sich der Boden der Ernährung der Pflanzen, diese der Ernährung der Thiere, diese der Ernährung andrer Thiere, ebensowohl als umgekehrt alle diese sich wieder jenen anpaßten. Alle Theile der Natur kommen sich entgegen, weil ein Wille es ist, der in ihnen allen erscheint, die Zeitfolge aber seiner ursprünglichen und allein adäquaten Objektität, den Ideen, ganz fremd ist. Wir können uns das Bequemen früherer Erscheinungen zu späteren faßlicher machen, wenn wir betrachten, daß noch jetzt, wo die Geschlechter sich nur zu erhalten, nicht mehr zu entwickeln haben, hin und wieder eine solche sich auf das Zukünftige erstreckende, eigentlich von der Zeitfolge abstrahirende Vorsorge der Natur sichtbar ist, ein Sichbequemen dessen was schon da ist, nach dem was noch kommen soll. So baut der Vogel das Nest für die Jungen, welche er noch nicht kennt: der Bieber errichtet einen Bau, dessen Zweck ihm unbekannt ist; manche Käfer die unter der Erde überwintern, Biene, Hamster sammeln Vorräthe zu dem ihnen unbekannten Winter; die Zugvögel ziehn ab, lange ehe der Winter kommt und während noch Nahrung genug für sie da ist; die Spinne, der Ameisenlöwe errichten, wie mit überlegter List, Fallen für den künftigen ihnen unbekannten Raub; die Insekten legen ihre Eier dahin, wo die künftige Brut künftig Nahrung findet. Einige Insekten tragen zu den gelegten Eiern das Futter hin, was den ausgekrochenen Jungen angemessen seyn wird. – Die männliche Blüthe der zweihäusigen (διοικος) Vallisnerie u. s. f.; – der Hirschschröter u. s. f. – Ueberhaupt also giebt uns der Instinkt der Thiere die beste Erläuterung zur übrigen Teleologie der Natur. Denn wie der Instinkt ein Handeln ist, gleich dem nach einem Zweckbegriff und doch ganz ohne denselben; so ist alles Bilden der Natur gleich dem nach einem Zweckbegriff und doch ganz ohne denselben. Denn bei der äußern, wie bei der innern Teleologie der Natur ist das, was wir als Mittel und Zweck denken müssen, überall nur die für unsre Erkenntnißweise in Zeit und Raum auseinandergetretene *Erscheinung der Einheit des mit sich selbst soweit übereinstimmenden Willens.*

Inzwischen kann das aus dieser Einheit entspringende wechselseitige Sichanpassen und Bequemen der Erscheinungen dennoch nicht den oben dargestellten, im allgemeinen Kampf der Natur erscheinenden innern Widerstreit tilgen, der dem Willen wesentlich ist. Denn das Anpassen ist nur zwischen den Ideen, nicht den Individuen: wie es daher auch außer der Zeit zu denken. Nämlich vermöge jener Harmonie und Ackomodation bestehn im Organischen die *Gattungen* und im Unorganischen die *allgemeinen Kräfte* der Natur neben einander, ja unterstützen sich wechselseitig; eben das was den Bestand aller Gattungen sichert, ist der Weg zur Vertilgung vieler Individuen: denn eine Gattung verzehrt die andre. Aber dagegen zeigt sich der innre Widerstreit des durch alle jene Ideen objektivirten Willens, im unaufhörlichen Vertilgungskrieg der *Individuen* jener Gattungen und im beständigen Ringen der *einzelnen Erscheinungen* jener Naturkräfte mit einander, wie früher ausgeführt. Der Tummelplaz und der Gegenstand dieses Kampfes ist die Materie, welche sie wechselseitig sich zu entreißen streben, sodann Raum und Zeit, deren Vereinigung in der Kausalität ja eigentlich die Materie ist.

CAP. 15.
Schlußerläuterungen.

Ich bin jetzt eigentlich mit dem zweiten Haupttheil meines Vortrags zu Ende. Ich habe Ihnen dargelegt, was ich glaube über das innere Wesen der Dinge, über das, was jenseit der Natur liegt, behaupten zu können. Das eben ist Metaphysik. Die Meinungen der Zeit sind freilich andre. Was vor Kant Metaphysik war, beschrieb ich Ihnen am Anfang: Kant selbst erklärte alle Metaphysik, in dem Sinne, daß sie Erkenntniß des Wesens an sich sei, dessen Erscheinung die Natur ist, also über die Natur und die Erfahrung hinausgeht, für unmöglich. Danach sind nun die Meinungen der heutigen Philosophen zweierlei: die einen lassen Kants Unmöglichkeit einer Metaphysik gelten, sofern sie Sache der Erkenntniß ist: bauen aber dagegen eine auf die Basis des Glaubens, des Ahndens, des Fühlens, welche Metaphysik denn so ziemlich die ist, welche *vor* Kant herrschte, nur anders ausgedrückt. Die andern folgen den Fußstapfen Schellings, behaupten nämlich eine Art von sechstem Sinn zu haben, eine Anschauung des Absolutums und schauen damit lange Historien an, die das Dasein der Welt enträthseln sollen; aber Jeder hat seine eigne: und Schelling hat die seine drei Mal von Grund aus geändert. Ernstlich gesagt läuft das auf Imponiren den Schwachen und Wind hinaus. Ich bin meinen eignen Weg gegangen. Möge es mir gelungen seyn, Ihnen deutlich und gewiß zu machen, wie diese Welt, in der wir leben und sind, ihrem ganzen Wesen nach durch und durch eben das ist, was wir in uns als Willen kennen, und zugleich durch und durch Vorstellung ist; daß diese Vorstellung schon als solche eine Form voraussetzt, nämlich Objekt und Subjekt, mithin relativ ist; dieser Form waren wieder andre untergeordnet deren gemeinsamer Ausdruck der Satz vom Grund: und nachdem wir fragten, was nach Aufhebung aller dieser Formen noch übrig bleibt, so ergab sich daß dieses als ein von der Vorstellung *toto genere* verschiedenes nichts anderes ist, als Wille, der sonach das eigentliche Ding an sich ist. Jeder findet sich selbst als diesen Willen, in welchem das innre Wesen der Welt besteht, so wie er sich auch als das erkennende Subjekt findet, dessen Vorstellung die ganze Welt ist, welche in sofern ihr Daseyn bloß hat in Bezug auf sein Bewußtseyn als den Träger desselben. Jeder ist also, in diesem doppelten Betracht, die ganze Welt selbst, der Mikrokosmos, findet beide Seiten derselben ganz und vollständig in sich selbst. Und was er so als sein eigenes Wesen erkennt, dasselbe erschöpft auch das Wesen der ganzen Welt, des Makrokosmos: auch sie also ist, wie Jeder selbst, durch und durch Wille und durch und durch Vorstellung, und nichts bleibt weiter übrig.

Die Philosophie des Thales betrachtete den Makrokosmos, die des Socrates den Mikrokosmos: beide fallen in der unsrigen zusammen da das Objekt beider sich als dasselbe aufweist.

Aber Sie werden alles Bisherige mit noch mehr Deutlichkeit und Sicherheit einsehn, wenn wir die ästhetischen und ethischen Betrachtungen hinzugefügt haben werden; durch welche hoffentlich auch manche Frage ihre Antwort erhalten wird, die durch das Bisherige deutlich oder undeutlich in Ihnen ist angeregt worden.

Nur *eine* solche Frage will ich gleich jetzt erörtern, da sie eigentlich nur aufgeworfen werden kann, so lange man die bisherige Darstellung noch nicht ganz gefaßt hat; daher diese Erörterung noch eine Erläuterung des Ganzen unsrer Darstellung ist. – Es könnte also etwa folgende Frage von Ihnen aufgeworfen werden: Jeder Wille ist Wille nach etwas, hat ein Objekt, ein Ziel seines Wollens: was will denn zuletzt, oder wonach strebt jener Wille, der uns als das Wesen an sich der Welt dargestellt wird?

So kann man nur fragen, so lange man noch nicht das Ding an sich deutlich getrennt hat von der Erscheinung. Auf die Erscheinung allein, nicht auf das Ding an sich erstreckt sich der Satz vom Grund, auf welchem alles Warum, Wozu, Woher beruht und dessen Gestaltung auch das Gesetz der Motivation ist. Ueberall läßt sich nur von Erscheinungen als solchen, von einzelnen Dingen ein Grund angeben, nie vom Willen selbst, noch von einer

Idee, welches seine adäquate Objektität ist. So ist von jeder einzelnen Bewegung oder überhaupt Veränderung in der Natur eine Ursache zu suchen, d. h. ein Zustand, der sie nothwendig herbeiführte; nie aber von der Naturkraft selbst, die sich in jener Erscheinung und in unzähligen ihr gleichen offenbart. (Es ist daher Unbesonnenheit, ja Unverstand, wenn in Schellings Schriften bisweilen gefragt wird: Was ist die Ursache der Schwere, der Elektricität? Nur etwa, wenn man dargethan hätte, daß Schwere, oder Elektricität nicht ursprüngliche eigenthümliche Naturkräfte wären, sondern nur Erscheinungsweisen einer allgemeinern, schon bekannten Naturkraft, da ließe sich fragen nach der Ursache welche macht, daß diese Naturkraft hier die Erscheinung der Schwere, der Elektricität hervorbringe. Das alles ist schon gezeigt worden.) Eben so nun hat jeder einzelne Willensakt eines erkennenden Individuums (das selbst nur Erscheinung des Willens als Dings an sich ist) nothwendig ein Motiv, ohne welches es nie zu jenem Akt käme. Aber wie die Ursache bloß bestimmt, daß zu dieser Zeit, an diesem Ort, an dieser Materie eine Aeußerung dieser oder jener Naturkraft eintreten muß: so bestimmt auch das Motiv nur den Willensakt eines erkennenden Wesens zu dieser Zeit, an diesem Ort, unter diesen Umständen, als ein ganz Einzelnes; keineswegs aber daß jenes Wesen überhaupt will und auf diese Weise will: dies ist Aeußerung seines intelligibeln Karakters, der als der Wille selbst, als Ding an sich, grundlos ist, da er außer dem Gebiet des Satzes vom Grunde liegt. Daher hat auch jeder Mensch beständig Zwecke und Motive, nach denen er sein Handeln leitet, und weiß von seinem einzelnen Thun allezeit Rechenschaft zu geben: aber wenn man ihn fragte, warum er überhaupt will, oder warum er überhaupt daseyn will; so würde er keine Antwort haben, vielmehr würde ihm die Frage ungereimt erscheinen: und hierin eben spräche sich eigentlich das Bewußtsein aus, daß er überhaupt nichts als Wille ist, dessen Wollen überhaupt sich also von selbst versteht und nur in seinen einzelnen Akten, für jeden Zeitpunkt, der näheren Bestimmung durch Motive bedarf.

In der That gehört Abwesenheit alles Ziels, aller Grenzen, zum Wesen des Willens an sich, der ein endloses Streben ist. Ich deutete hierauf schon oben hin, bei Erwähnung der Centrifugalkraft. Auch offenbart es sich am einfachsten auf der allerniedrigsten Stufe der Objektität des Willens, nämlich in der Schwere: hier liegt es vor Augen wie sie beständig strebt, bei völliger Unmöglichkeit eines letzten Ziels. Ihrem Streben, oder Willen gemäß würde alle Materie des Weltalls sich in einen Klumpen vereinigen: aber auch dann würde noch immer in diesem Klumpen die Schwere unaufhörlich zum Mittelpunkt streben und fortwährend kämpfen mit der Undurchdringlichkeit, die nun sich als Starrheit oder Elasticität zeigen mag. Das Streben der Materie kann stets nur gehemmt werden, nimmermehr erfüllt, befriedigt. So aber grade verhält es sich mit allem Streben aller Erscheinungen des Willens. Jedes erreichte Ziel ist wieder Anfang einer neuen Laufbahn und so ins Unendliche. Die *Pflanze* erhöht ihre Erscheinung vom Keim, durch Stamm und Blatt, zu Blüthe und Frucht: diese aber ist wieder nur der Anfang eines neuen Keimes, eines neuen Individuums, das abermals die alte Bahn durchläuft, und so gehts durch unendliche Zeit. – Ganz eben so ist der Lebenslauf des Thiers: der Gipfel desselben ist die Zeugung, nach dessen Erreichung sinkt das Leben des Individuums schneller oder langsamer: aber ein neues ist da, welches der Natur die Erhaltung der Gattung verbürgt und dieselbe Erscheinung wiederholt. Als die bloße Erscheinung dieses Dranges und Wechsels ist sogar die stete Erneuerung der Materie jedes Organismus anzusehn: sie ist nicht Ersatz des Verbrauchten: die mögliche Abnutzung beträgt nicht soviel als der beständige Zufluß durch Ernährung: sondern es ist die Erscheinung des ewigen Werdens, endlosen Flusses, der zur Offenbarung des Wesens des Willens gehört. – Endlich zeigt dasselbe sich auf der höchsten Stufe der Objektivation des Willens, nämlich in den menschlichen Bestrebungen und Wünschen, welche ihre Erfüllung uns immer als letztes Ziel des Wollens vorgaukeln: sobald sie aber erreicht sind, sehn sie sich nicht mehr ähnlich, werden dann immer bald vergessen, antiquirt und eigentlich immer als verschwundene Täuschungen bei Seite gelegt, wenn wir es uns auch nicht eingestehn. Es ist dann immer noch glücklich genug, wenn uns nur noch etwas zu wünschen und zu streben übrig bleibt, damit das Spiel des steten Uebergangs vom Wunsch zur Befriedigung und von dieser zum neuen Wunsch unterhalten werde: dessen rascher Gang heißt

Glück; der langsame Leiden: aber stockt er ganz, so entsteht die furchtbare, lebenerstarrende Langeweile, mattes Sehnen, ohne bestimmtes Objekt, ertödtender *languor.*

Diesem allen zufolge weiß der Wille, da wo ihn Erkenntniß begleitet, beleuchtet, stets was er jetzt, was er hier will; aber nie was er überhaupt will: jeder einzelne Akt hat einen Zweck, das gesammte Wollen keinen: es ist damit also grade so, wie jede einzelne Naturerscheinung zu ihrem Eintritt an diesem Ort, zu dieser Zeit durch eine Ursache bestimmt wird, nicht aber die in ihr sich manifestirende Kraft überhaupt eine Ursache hat; da solche Erscheinungsstufe des Dingesansich, des grundlosen Willens ist.

Die einzige Selbsterkenntniß des Willens im Ganzen aber ist die Vorstellung im Ganzen, also die gesammte anschauliche Welt. Sie ist seine Objektität, seine Offenbarung, sein Spiegel. In dieser Eigenschaft werden wir sie jetzt von neuem betrachten und werden finden daß diese Betrachtungsweise dieselbe ist, von der die Kunst ausgeht.

Sie sehn also hier, wie die Frage *wozu?* vom Willen als Ding an sich nicht gilt: also der Satz vom Grund als Gesetz der *Motivation* hier keine Anwendung findet. – Am Schluß unsrer ganzen Betrachtung werden wir sehn, daß eben so die Frage *Woher?* hier keine Bedeutung und Anwendung haben kann; also der Satz vom Grund als Gesetz der *Kausalität.*

Literatur

(Verzeichnis der Siglen s. o., S. 47f.)

Zu den Vorlesungen

Deussen, Paul und Mockrauer, Franz: Vorrede der Herausgeber, Vorl I, S. V–XXXII.
Hasse, Heinrich: Rezension. In: Kant-Studien 19 (1914), S. 270–272.
Hübscher, Arthur: Schopenhauers Declamatio in laudem philosophiae, 32. Jb. 1945–1948, S. 3–14.
Hübscher, Arthur: Schopenhauer als Hochschullehrer, 39. Jb. 1958, S. 172 bis 175.
Levi, Salomon: Das Verhältnis der »Vorlesungen« Schopenhauers zu der »Welt als Wille und Vorstellung« (1. Auflage). Gießen bzw. Ladenburg 1922 (von dieser Dissertation gibt es zwei Fassungen: das mit der Maschine geschriebene Original und die 15seitige gedruckte Kurzfassung).
Mockrauer, Franz: Nachtrag zur Vorrede, Vorl II, S. 621–646.

Weiterführende Literatur

Hübscher, Arthur: Schopenhauer-Bibliographie. Stuttgart-Bad Cannstatt 1981.
Spierling, Volker (Hrsg.): Materialien zu Schopenhauers »Die Welt als Wille und Vorstellung«. Frankfurt am Main 1984.

Karl Jaspers – Sein Werk bei Piper

Denkwege

Ein Lesebuch. Auswahl und Zusammenstellung der Texte von Hans Saner.
1983. 157 Seiten. Geb.

Die großen Philosophen

Erster Band

Die maßgebenden Menschen – Die fortzeugenden Gründer des Philosophierens – Aus dem Ursprung denkender Metaphysiker. 3. Aufl., 14. Tsd. 1981. 968 Seiten. Leinen

1957 erschien der erste Band der »Großen Philosophen«. Das Werk erregte damals Aufsehen durch eine völlig neue Typologie der Denker und durch ihre Darstellung als Zeitgenossen in einem übergeschichtlichen Raum. Jaspers verfolgte damit zwei Ziele: Er wollte einerseits möglichst exakt aufzeigen, was die großen Denker der Vergangenheit gesagt hatten; er wollte es aber in einer neuen Aneignung so tun, daß die Philosophen den heutigen Leser wieder ansprechen.

Die großen Philosophen

Nachlaß I

Darstellungen und Fragmente. Hrsg. von H. Saner. 1981. 679 Seiten. Leinen

Die großen Philosophen

Nachlaß 2

Fragmente, Anmerkungen, Inventar. Hrsg. von H. Saner. 1981. 560 Seiten. Leinen

Die großen Philosophen

Erster Band und Nachlaß 1 und 2

3 Bde. 1981. Zus. 2204 Seiten. Leinen i. Schuber

Der Nachlaß zu beiden Bänden wurde von dem ehemaligen Assistenten Karl Jaspers', Hans Saner, in einer wissenschaftlich sorgfältigen Edition bearbeitet. Sie umfaßt neben den von Jaspers abgeschlossenen Darstellungen (Xenophanes, Empedokles, Epikur und Lukrez, Origenes, Böhme, Pascal) viele längere Fragmente (Demokrit, Descartes, Lessing, Kierkegaard, Hegel) die jeweils in Jaspers' ursprünglichen Gesamtentwurf eingeordnet sind. Eine Rekonstruktion des Gesamtplans und eine Beschreibung der in Notizen nur umrissenen oder angedeuteten Partien zeigen, wie die Darstellungen fortgeführt worden wären. Beide Bände legen also nicht einen abgeschlossenen, sondern einen Arbeits-Nachlaß vor. Aber gerade aus ihm sprechen die große Lebendigkeit, die Intensität der Aneignung und die Kühnheit der Darstellung unmittelbar an.

Karl Jaspers – Sein Werk bei Piper

Notizen zu Martin Heidegger

Hrsg. von H. Saner. 2. Aufl., 7. Tsd. 1978. 342 Seiten und 7 Abbildungen. Geb.

Der philosophische Glaube angesichts der Offenbarung

3. Aufl., 18. Tsd. 1984. 576 Seiten. Leinen

Von der Wahrheit

Philosophische Logik. Erster Band. 3. Aufl., 13. Tsd. 1983.
XXIII, 1103 Seiten. Leinen

»Von der Wahrheit«, eines der Hauptwerke des Philosophen, ist der erste Band der Logik: einer Logik des Vorlogischen. In ihm wird das Denken des Wahrseins in seinen verschiedenen Bedeutungen und in seinen mannigfaltigen Beziehungen zum Sein untersucht. Es ist Jaspers' Grundlegung einer neuen Weltphilosophie von kolossalen Ausmaßen, die so offen sein soll, daß sie das Denken aus allen Ursprüngen zu verstehen vermag.

Weltgeschichte der Philosophie

Einleitung. Aus dem Nachlaß herausgegeben von H. Saner.
1982. 192 Seiten. Leinen

Erinnerungen an Karl Jaspers

Hrsg. von Klaus Piper/Hans Saner. 1974. 333 Seiten. 2 Fotos. Geb.

SERIE PIPER

Harald Bilger 111mal Südafrika. SP 5102
Norbert Blüm Die Arbeit geht weiter. SP 327
Jurij Bondarew Die Zwei. SP 334
Tadeusz Borowski Bei uns in Auschwitz. SP 258
Karl Dietrich Bracher Zeitgeschichtliche Kontroversen. SP 353
Alfred Brendel Nachdenken über Musik. SP 265
Raymond Cartier 50mal Amerika. SP 5101
Raymond Cartier Der Zweite Weltkrieg. Band I SP 281,
Band II SP 282, Band III SP 283
Horst Cotta Der Mensch ist so jung wie seine Gelenke. SP 275
Carl Dahlhaus Musikalischer Realismus. SP 239
Gerhard Dambmann 25mal Japan. SP 5104
Denkanstöße '85. SP 371
Georg Denzler Widerstand oder Anpassung? SP 294
Dhammapadam – Der Wahrheitpfad. SP 317
Ulrich Dibelius Moderne Musik I 1945–1965. SP 363
Hilde Domin Von der Natur nicht vorgesehen. SP 90
Hilde Domin Wozu Lyrik heute. SP 65
Fjodor M. Dostojewski Der Idiot. SP 400
Fjodor M. Dostojewski Rodion Raskolnikoff. SP 401
Fjodor M. Dostojewski Sämtliche Erzählungen. SP 338
Hans Heinrich Eggebrecht Bachs Kunst der Fuge. SP 367
Hans Eggers Deutsche Sprache im 20. Jahrhundert. SP 61
Irenäus Eibl-Eibesfeldt Liebe und Haß. SP 113
Irenäus Eibl-Eibesfeldt Krieg und Frieden. SP 329
Einführung in pädagogisches Sehen und Denken Hrsg. von
Andreas Flitner/Hans Scheuerl. SP 222
Theodor Eschenberg Die Republik von Weimar. SP 356
Jürg Federspiel Museum des Hasses. SP 220
Joachim C. Fest Das Gesicht des Dritten Reiches. SP 199
Iring Fetscher Herrschaft und Emanzipation. SP 146
Iring Fetscher Karl Marx und der Marxismus. SP 374
Iring Fetscher Der Marxismus. SP 296
Andreas Flitner Spielen – Lernen. SP 22
Fortschritt ohne Maß? Hrsg. Reinhard Löw/Peter Koslowski/
Philipp Kreuzer. SP 235
Viktor E. Frankl Die Sinnfrage in der Psychotherapie. SP 214
Richard Friedenthal Diderot. SP 316
Richard Friedenthal Goethe. SP 248
Richard Friedenthal Jan Hus. SP 331
Richard Friedenthal Leonardo. SP 299
Richard Friedenthal Luther. SP 259
Harald Fritzsch Quarks. SP 332

Serie Piper

Carlo Emilio Gadda   Die Erkenntnis des Schmerzes. SP 376
Walther Gerlach/Martha List   Johannes Kepler. SP 201
Jewgenia Ginsburg   Gratwanderung. SP 293
Albert Görres   Kennt die Religion den Menschen? SP 318
Goethe – ein Denkmal wird lebendig.   Hrsg. von Harald Eggebrecht. SP 247
Erving Goffman   Wir alle spielen Theater. SP 312
Helmut Gollwitzer   Was ist Religion? SP 197
Tony Gray   5mal Irland. SP 5105
Martin Greiffenhagen   Das Dilemma des Konservatismus in Deutschland. SP 162
Norbert Greinacher   Die Kirche der Armen. SP 196
Grundelemente der Weltpolitik   Hrsg. von Gottfried-Karl Kindermann. SP 224
Albert Paris Gütersloh   Der Lügner unter Bürgern. SP 335
Albert Paris Gütersloh   Eine sagenhafte Figur. SP 372
Albert Paris Gütersloh   Sonne und Mond. SP 305
Olaf Gulbransson   Es war einmal. SP 266
Olaf Gulbransson   Und so weiter. SP 267
Hildegard Hamm-Brücher   Gerechtigkeit erhöht ein Volk. SP 346
Hildegard Hamm-Brücher   Der Politiker und sein Gewissen. SP 269
Wolfram Hanrieder   Fragmente der Macht. SP 231
Bernhard Hassenstein   Instinkt Lernen Spielen Einsicht. SP 193
Bernhard und Helma Hassenstein   Was Kindern zusteht. SP 169
Elisabeth Heisenberg   Das politische Leben eines Unpolitischen. SP 279
Werner Heisenberg   Schritte über Grenzen. SP 336
Werner Heisenberg   Tradition in der Wissenschaft. SP 154
Jeanne Hersch   Karl Jaspers. SP 195
Werner Hilgemann   Atlas zur deutschen Zeitgeschichte. SP 328
Elfriede Höhn   Der schlechte Schüler. SP 206
Peter Hoffmann   Widerstand gegen Hitler. SP 190
Peter Huchel   Die Sternenreuse. SP 221
Aldous Huxley   Affe und Wesen. SP 337
Aldous Huxley   Eiland. SP 358
Aldous Huxley   Die Kunst des Sehens. SP 216
Aldous Huxley   Moksha. SP 287
Aldous Huxley   Narrenreigen. SP 310
Aldous Huxley   Die Pforten der Wahrnehmung – Himmel und Hölle. SP 6
Joachim Illies   Kulturbiologie des Menschen. SP 182
François Jacob   Das Spiel der Möglichkeiten. SP 249
Karl Jaspers   Die Atombombe und die Zukunft des Menschen. SP 237
Karl Jaspers   Augustin. SP 143
Karl Jaspers   Chiffren der Transzendenz. SP 7
Karl Jaspers   Einführung in die Philosophie. SP 13
Karl Jaspers   Kant. SP 124

Serie Piper

Karl Jaspers Kleine Schule des philosophischen Denkens. SP 54
Karl Jaspers Die maßgebenden Menschen. SP 126
Karl Jaspers Nietzsche und das Christentum. SP 378
Karl Jaspers Philosophische Autobiographie. SP 150
Karl Jaspers Der philosophische Glaube. SP 69
Karl Jaspers Plato. SP 147
Karl Jaspers Die Schuldfrage – Für Völkermord gibt es keine Verjährung. SP 191
Karl Jaspers Spinoza. SP 172
Karl Jaspers Strindberg und van Gogh. SP 167
Karl Jaspers Vernunft und Existenz. SP 57
Karl Jaspers Vom Ursprung und Ziel der Geschichte. SP 298
Karl Jaspers Wahrheit und Bewährung. SP 268
Karl Jaspers/Rudolf Bultmann Die Frage der Entmythologisierung. SP 207
Tilman Jens Unterwegs an den Ort wo die Toten sind. SP 390
Walter Jens Fernsehen – Themen und Tabus. SP 51
Walter Jens Momos am Bildschirm 1973–1983. SP 304
Walter Jens Die Verschwörung – Der tödliche Schlag. SP 111
Walter Jens Von deutscher Rede. SP 277
Louise J. Kaplan Die zweite Geburt. SP 324
Friedrich Kassebeer Die Tränen der Hoffnung. SP 392
Wilhelm Kempf Was ich hörte, was ich sah. SP 391
Rudolf Kippenhahn Hundert Milliarden Sonnen. SP 343
Michael Köhlmeier Der Peverl Toni. SP 381
Leszek Kolakowski Die Gegenwärtigkeit des Mythos. SP 149
Leszek Kolakowski Der Himmelsschlüssel. SP 232
Leszek Kolakowski Der Mensch ohne Alternative. SP 140
Christian Graf von Krockow Gewalt für den Frieden? SP 323
Hans Küng Ewiges Leben? SP 364
Hans Küng Die Kirche. SP 161
Hans Küng 24 Thesen zur Gottesfrage. SP 171
Hans Küng 20 Thesen zum Christsein. SP 100
Konrad Lorenz Die acht Todsünden der zivilisierten Menschheit. SP 50
Konrad Lorenz Das Wirkungsgefüge der Natur und das Schicksal des Menschen. SP 309
Konrad Lorenz Über tierisches und menschliches Verhalten. Bd. I SP 360
Konrad Lorenz Über tierisches und menschliches Verhalten. Bd. II SP 361
Konrad Lorenz/Franz Kreuzer Leben ist Lernen. SP 223
Lust am Denken Hrsg. von Klaus Piper. SP 250
Lust an der Musik Hrsg. von Klaus Stadler. SP 350
Franz Marc Briefe aus dem Feld. Neu hrsg. von Klaus Lankheit/Uwe Steffen. SP 233
Yehudi Menuhin Ich bin fasziniert von allem Menschlichen. SP 263
Yehudi Menuhin Variationen. SP 369

Serie Piper

Christa Meves   Verhaltensstörungen bei Kindern. SP 20
Alexander Mitscherlich   Auf dem Weg zur vaterlosen Gesellschaft. SP 45
Alexander Mitscherlich   Der Kampf um die Erinnerung. SP 303
Alexander und Margarete Mitscherlich   Eine deutsche Art zu lieben. SP 2
Alexander und Margarete Mitscherlich   Die Unfähigkeit zu trauern. SP 168
Margarete Mitscherlich   Das Ende der Vorbilder. SP 183
Christian Morgenstern   Galgenlieder. SP 291
Christian Morgenstern   Palmström. SP 375
Christian Morgenstern   Werke in vier Bänden. Band I SP 271, Band II SP 272, Band III SP 273, Band IV SP 274
Neues Testament   Hrsg. von Gerhard Iber. SP 348
Ernst Nolte   Der Faschismus in seiner Epoche. SP 365
Ernst Nolte   Der Weltkonflikt in Deutschland. SP 222
Pier Paolo Pasolini   Accattone. SP 344
Pier Paolo Pasolini   Gramsci's Asche. SP 313
Pier Paolo Pasolini   Mamma Roma. SP 302
Pier Paolo Pasolini   Teorema oder Die nackten Füße. SP 200
Pier Paolo Pasolini   Vita Violenta. SP 240
P.E.N.-Schriftstellerlexikon   Hrsg. von Martin Gregor-Dellin/Elisabeth Endres. SP 243
Karl R. Popper/Konrad Lorenz   Die Zukunft ist offen. SP 340
Ludwig Rausch   Strahlenrisiko!? SP 194
Fritz Redl/David Wineman   Kinder, die hassen. SP 333
Fritz Redl/David Wineman   Steuerung des aggressiven Verhaltens beim Kind. SP 129
Rupert Riedl   Evolution und Erkenntnis. SP 378
Rupert Riedl   Die Strategie der Genesis. SP 290
Romain Rolland   Georg Friedrich Händel. SP 359
Jörg Kaspar Roth   Hilfe für Helfer: Balint-Gruppen. SP 389
Erasmus von Rotterdam   Die Klage des Friedens. SP 380
Ivan D. Rožanskij   Geschichte der antiken Wissenschaft. SP 292
Hans Schaefer   Plädoyer für eine neue Medizin. SP 225
Wolfgang Schmidbauer   Heilungschancen durch Psychotherapie. SP 127
Wolfgang Schmidbauer   Sensitivitätstraining und analytische Gruppendynamik. SP 56
Robert F. Schmidt/Albrecht Struppler   Der Schmerz. SP 241
Arthur Schopenhauer   Metaphysik der Natur. SP 362
Schwabing   Hrsg. von Oda Schaefer. SP 366
Hannes Schwenger   Im Jahr des Großen Bruders. SP 326
Gerd Seitz   Erklär mir den Fußball. SP 5002
Kurt Sontheimer   Grundzüge des politischen Systems der Bundesrepublik Deutschland. SP 351
Robert Spaemann   Rousseau – Bürger ohne Vaterland. SP 203

Serie Piper

Die Stimme des Menschen Hrsg. von Hans Walter Bähr. SP 234
Hans Peter Thiel Erklär mir die Erde. SP 5003
Hans Peter Thiel Erklär mir die Tiere. SP 5005
Hans Peter Thiel/Ferdinand Anton Erklär mir die Entdecker. SP 5001
Ludwig Thoma Heilige Nacht. SP 262
Ludwig Thoma Moral. SP 297
Ludwig Thoma Münchnerinnen. SP 339
Ludwig Thoma Tante Frieda. SP 379
Ludwig Thoma Der Wilderer. SP 321
Giuseppe Tomasi di Lampedusa Der Leopard. SP 320
Franz Tumler Das Land Südtirol. SP 352
Das Valentin Buch Hrsg. von Michael Schulte. SP 370
Karl Valentin Die Friedenspfeife. SP 311
Vor uns die goldenen neunziger Jahre Hrsg. von Martin Jänicke. SP 377
Cosima Wagner Die Tagebücher. Bd. 1 SP 251, Bd. 2 SP 252,
Bd. 3 SP 253, Bd. 4 SP 254
Richard Wagner Mein Denken. Hrsg. von Martin Gregor-Dellin. SP 264
Paul Watzlawick Die erfundene Wirklichkeit. SP 373
Paul Watzlawick Wie wirklich ist die Wirklichkeit? SP 174
Der Weg ins Dritte Reich. SP 261
Wege zum Sinn Hrsg. von Alfried Längle. SP 387
Johannes Wickert Isaac Newton. SP 215
Wolfgang Wickler Die Biologie der Zehn Gebote. SP 236
Wolfgang Wickler/Uta Seibt männlich weiblich. SP 285
Wolfgang Wieser Konrad Lorenz und seine Kritiker. SP 134
Sighard Wilhelm Geschichte der Bundesrepublik Deutschland. SP 256
Wilhelm Worringer Abstraktion und Einfühlung. SP 122
Wörterbuch der Erziehung Hrsg. von Christoph Wulf. SP 345
Heinz Zahrnt Aufklärung durch Religion. SP 210
Dieter E. Zimmer Die Vernunft der Gefühle. SP 227